Melancholie

Ein deutsches Gefühl

Herausgegeben
und eingeleitet von
Joachim S. Hohmann

éditions trèves

CIP-Titelaufnahme der Deutschen Bibliothek

Melancholie: e. dt. Gefühl / Hrsg. Joachim S. Hohmann.
(Bearb.: Rainer Breuer).— Trier: éditions trèves, 1989
  ISBN 3-88081-267-5
NE: Hohmann, Joachim S. (Hrsg.); Breuer, Rainer (Bearb.)

Bearbeitung: Rainer Breuer
Umschlag: é.t.(Frontispiz auf dem inneren Umschlag unter Verwendung einer Grafik von Prof. Roland Berger, Berlin/DDR).

Alle Bilder in der Einführung sind vom Bildarchiv Foto Marburg im Forschungsinstitut der Kunstgeschichte der Philipps-Universität, Marburg/Lahn.

Auflage 4. 3. 2. 1.
© und Gesamtproduktion im Jahr 93 92 91 90 89
by éditions trèves, Postfach 1550, D - 5500 Trier 1.
Nachdruck und Vervielfältigung jeder Art, auch auf Bild-, Ton-, Daten- und anderen Trägern, insbes. Fotokopien (auch zum »privaten Gebrauch«) sind nicht erlaubt und nur nach *vorheriger* schriftlicher Absprache mit dem Verlag möglich.

INHALT

Johannes Poethen, Vorspann: 2/ *Joachim S. Hohmann*, Danksagung: 7/ Ein Kistchen voller Schwermut: 9/ Zur Einführung: 10/ *Manfred Moßmann*, Definition: 50/ *Margarete Hannsmann*, Melancholie ist nicht häßlich: 52/ *Uwe Grüning*, Der Gast: 56/ *Günter Kunert*, Beim Lesen Lenaus: 61/ *Frederike Frei*, Abendleid: 62/ Immer hab ich Lust auf alles: 63/ Der Unbekannte Bamberger Reitersoldat: 65/ *D.P. Meier-Lenz*, mondlose nacht: 66/ dornröschen: 67/ *Wolfgang Jöhling*, Trennung: 68/ Chopin: 69/ Wagnis: 70/ *Kurt Marti*, spät: 71/ *Elisabeth Alexander*, Lebensabend: 72/ Spanien: 77/ Zum Totensonntag: 78/ Allerseelen: 79/ *Guntram Vesper*, Licht in das Leben: 80/ *Thomas Böhme*, die verleugnung von winckelmann: 81/ vom lebensrhythmus der eintagsfliege: 82/ mandragora: 83/ *Christoph Meckel*, Am Fenster: 84/ Hymne: 85/ *Georges Hausemer*, Der Pfau: 86/ *Frank Geerk*, Ode an die Trauer: 93/ *Annemarie Zornack*, Selbstmord aus Versehen: 96/ heute: 97/ burgenland: 98/ *Uwe Kolbe*, die not zu schreiben: 99/ *Reiner Kunze*, Elegie: 100/ Alter grossstadtfriedhof: 101/ *Walter Helmut Fritz*, Tänzerin: 102/ Degas: 103/ *Ulrich Horstmann*, Rückzugsgefecht für die Melancholie: 104/ *Wolfgang Bächler*, Im Uhrwerk: 112/ Kirschkerne: 113/ *Ute Erb*, Endzeiten: 114/ Indischer Hanf: 115/ *Annerose Kirchner*, Invention: 116/ Concerto lugubre: 117/ *Eberhard Hilscher*, Laß alle Hoffnung schwinden, 118/ Schwermut mit Schwingen: 119/ *Walter Jens*, Briefe des Schritstellers A über seinen Plan, einen Melancholiker bzw. die Melancholie zu beschreiben: 120/ *Friederike Mayröcker*, wesentliche Verwandlung, oder die Tollkirschen vom vergangenen Sommer: 130/ hörst du noch irgendwas: 132/ *Günter Grass*, Helene Migräne: 133/ *Carl Guesmer*, Mein 58. Geburtstag: 134/ Umschau: 135/ *Inge Meidinger-Geise*, Halbdunkles Porträt: 136/ *Hans-Jürgen Heise*, Alltag: 140/ Ich hatte ein Haus: 141/ *Eva Strittmatter*, Trauer nach Süden: 142/ Nach einem Schmerz: 143/ *Josef Enigmatter*, Zillis Zeit: 144/ *Ernst Jandl*, kind und stein: 157/ selbstporträt 18. juli 1980: 158/ begebenheit: 160/ wie eltern zu land: 161/ so ein trost: 162/ *Peter O. Chotjewitz*, Römische Elegie: 163/ Tagung der Gruppe 47 Berlin 1965: 164/ *Peter Schütt*, Depression: 166/ *Dagmar Nick*, Melancholischer März: 167/ *Peter-Paul Zahl*, bürgerliche laster: 168/ *Detlev Block*, Weihnachtsoratorium: 170/ Ende Vierzig: 171/ *Hans-Joachim Nauschütz*, Ein Vergehen: 172/ *Ulrich Berkes*, Strandstück: 175/ *Rupert Schützbach*, Impromptu: 176/ *Richard Pietraß*, Das Wrack: 177/ Was mich im Leben hält: 178/ Klausur: 179/ *Hildegard Maria Rauchfuss*, Widerspruch: 180/ Aug in Auge: 182/ Bilanz: 184/ *Karl Krolow*, Die Überwindung der Schwermut: 186/ *Manfred Hausmann*, Wald der Schwermut: 187/ *Franz Fühmann*, Die schwarzen Zimmer: 188/ *Albrecht Goes*, Verschwendung: 190/ *Heinz Risse*, Über das Melancholische in der Kunst: 192/ *Heiner Kipphardt*, Traumstenogramm: 210/ *Marie Luise Kaschnitz*, Gerontologie: 211/ *Peter Huchel*, Elegie: 212/ *Ingeborg Bachmann*, Dunkles zu sagen: 214/ *Paul Celan*, Mit wechselndem Schlüssel: 215/ *Erich Kästner*, Traurigkeit, die jeder kennt: 216/ *Johannes R. Becher*, Melancholie: 217/ *Hermann Hesse*, An die Melancholie: 218/ Im Nebel: 219/ Yvan Goll, Unheilbare Melancholie des Steins: 220/ Des Dichters Tod: 221/ *Werner Bergengruen*, Abendschwermut: 222 /*Martin Buber*, Zuseiten mir: 223/ *Gottfried Benn*, Melancholie: 224/ *Albert Ehrenstein*, Leid: 226/ Melancholie: 227/ *Elke Lasker-Schüler*, Weltschmerz: 228/ Weltende: 229/ *Jakob Haringer*, Schwermut: 230/ *Oskar Loerke*, Melancolia: 231/ *Franz Werfel*, Fünf Uhr nachmittags Traurigkeit: 232/ *Wilhelm Klemm*, Melancholie: 233/ *Stefan George*, Juli-Schwermut: 234/ Kreuz der Straße: 235/ *Max Herrmann-Neisse*, Der Zauberkünstler: 236/ Türme in der großen Stadt: 237/ *Erich Mühsam*, Allein: 238/ *Rudolf G. Binding*, Trauer: 239/ *Stefan Zweig*, Abendtrauer: 240/ *Christian Morgenstern*, Vöglein Schwermut: 241/ Geier Schwermut: 242/ *Georg Trakl*, Melancholia: 244/ In ein altes Stammbuch: 245/ *Georg Heym*, Hora mortis: 246/ *Rainer Maria Rilke*, München, Mai 1919: 247/ *Friedrich Nietzsche*, An die Melancholie: 248/ Mitleid hin und her: 250/ *Friedrich Hebbel*, Alle Wunden ... : 252/ *Arthur Schopenhauer*, Melancholie in philosophischer Einsicht: 253/ *Joseph von Eichendorff*, Wehmut: 256/ *Annette von Droste-Hülshoff*, Der Schwermütige: 257/ *Gottfried Keller*, Melancholie: 258/ *Conrad Ferdinand Meyer*, Il Pensieroso: 260/ *Georg Büchner*, Unter dem Fatalismus der Geschichte: 261/ Lenz, ein Auszug: 263/ *Friedrich Rückert*, Müde: 269/ *Nikolaus Lenau*, Herbstgefühl: 270/ Der Seelenkranke: 271/ Am Sarge eines Schwermütigen der sich selbst den Tod gegeben: 272/ *August von Platen*, Widerspruch des Lebens (Aus den Sonetten): 274/ *Johann Gaudenz von Salis-Seewis*, Abendwehmut: 276/ *Ludwig Tieck*, Trauer: 277/ *Johann Wolfgang Goethe*, Trübsinn aus Schuldgefühl: 278/ Arbeitstherapie: 280/ *Friedrich Schiller*, Resignation: 282/ *Friedrich Hölderlin*, Hälfte des Lebens: 286/ *Friedrich von Matthisson*, Melancholie: 287/ *Novalis*, Der Himmel war umzogen: 288/ Elegie beim Grabe eines Jünglings: 289/ *Jakob Michael Lenz*, Der Gram: 290/ Auf einem einsamen Spaziergang: 291/ *Ewald Schack*, Verzweiflung: 292/ *Immanuel Kant*, Von der Hypochondrie: 297/ *Andreas Tscherning*, Melancholey redet selber: 299/ *Andreas Gryphius*, Menschliches Elende: 302

Bibliografische Hinweise: 303
Die Autoren/ Quellenangaben: 308

Danksagung

Seit ich vor nun sechs Jahren die Idee entwickelte, eine Anthologie wie die vorliegende herauszugeben, bin ich des Rates und der Hilfe einer Vielzahl von Menschen teilhaftig geworden, die ich wohl nicht alle nennen kann. Danken möchte ich jedoch ausdrücklich: Maria und Alois Hohmann für ihre Geduld, Mühe und Hilfe; Frau Professor Friedhilde Krause, der Generaldirektorin der Deutschen Staatsbibliothek Berlin (DDR), für ihre wertvollen bibliographischen Hinweise; dem Philosophen Eckhard Nordhofen für seine Vermittlung in Sachen Josef Maria Enigmatter; Dr. Albrecht Goes für seinen Hinweis auf Martin Buber; dem Herausgeber der Werke von Max Herrmann-Neiße, Klaus Völker, für seine Textvorschläge; sowie Erich Schleßmann und Franz Josef Görtz für ihrer beider Hinweise auf Georg Büchner. Herzlich danke ich Thomas Wagner, dessen theologische Äußerungen in der meiner Sammlung vorangestellten Einführung ihren verdienten Platz fanden, sowie Dr. Dieter Berner, der mir half, den jüdischen Aspekt der Melancholie zu beleuchten. Besonderer Dank gebührt Astrid Ruppert, bei der ich zugleich Abbitte dafür leiste, daß von den vielen von ihr ausgewählten und ins Deutsche übertragenen englischen Gedichten nach Veränderung des Anthologie-Konzepts und der Konzentration auf deutschsprachige Texte nur so wenige für die Leserschaft dieses Buches zu retten waren – in der Einleitung sind sie zu finden –, und last but not least meinem Freund und Genossen Roland Berger, seines Zeichens Kunstprofessor in Berlin (DDR), dessen bildnerische »Melancholie«-Paraphrase dieses Buch ziert und uns gemahnt, daß sich der »dunkle Engel«, zur Männlichkeit emanzipiert, in eines jeden Menschen Empfinden niederzulassen vermag. Den Genannten und den Ungenannten, die sich doch in mancher Zeile, mancher Strophe wiederfinden mögen, nochmals meinen aufrichtigen Dank!

Im Juni 1989   Joachim S. Hohmann

Giovanni Serodine (1594 — 1631):
Allegorische Figur — Melancholie

Ein Kistchen voller Schwermut

Ein Kistchen voller Schwermut,
dunkel wie Tabak
und zerbrechlich:
Meine Haut bewahre ich darin auf,
wenn ich fortgehe,
um meiner Lust zu gehorchen.

Streife umher, den Körper entzündet
von schmutzigen Begierden,
Krankheit, die niemals ausheilt,
und an der man stirbt
vor der Zeit.

Hölzernes kleines Gefäß,
in dem die Zeilen eines Verschollenen verblassen,
Papier, das zu berühren
Unglück heraufbeschwört und Schmach.

Mein Schatten fällt
auf das gleichgültige Pflaster der Großstadt,
für Augenblicke tritt ein Fremder heran
und bittet um Feuer.

Unsere Zigaretten glühen auf,
sie brennen sich in die Finsternis
und erlöschen;
ein jeder flieht den anderen,
fürchtend den Abschied,
bevor er zu lieben begann.

Joachim S. Hohmann

Zur Einführung

Melancholie erscheint in der vorliegenden Anthologie als eine stets aufs neue moderne, wenn man so will vom »Zeit-Geist« am Leben gehaltene Empfindung in unserer von unzähligen Betrübnissen und Lasten gefährdeten Welt. Den Beweis für diese Behauptung führen namhafte Autorinnen und Autoren der BRD und des deutschsprachigen Auslands, die als unsere Zeitgenossen und Weggefährten »Welt-Schmerz« und »Trüb-Sinn« auf jeweils subjektive Weise, als Mitbetroffene eines oft herz-zerreißenden Alltags interpretieren. Melancholie ist dabei beileibe nicht gleichbedeutend mit Depression, mit Weltversagung und Abkehr von allem Irdischen und Göttlichen. Melancholisch sein heißt, trotz einer pessimistischen, schwarzgalligen Weltsicht, trotz eines ebensolchen Menschenbildes weiterexistieren und -schaffen. Es gibt daher ebensoviele Melancholien wie es Melancholiker gibt – Menschen, in deren Gelächter Schmerz mitschwingt und in deren Weinen sich eine Spur Lächeln entdecken läßt.
Theologen verdammen den Melancholiker als gottleugnenden Abtrünnigen, Marxisten vermissen häufig sein hoffnungsfrohes Streben nach einer besseren Zukunft. Kapitalistische Gesellschaften kritisieren seine unzuverlässige oder gar unproduktive Arbeitshaltung; Ärzte üben ihre grausame Kunst aus, um ihn zu »heilen«. Der Melancholiker – davon zeugt diese Anthologie, ein Längsschnitt durch die Epochen deutschsprachiger Literatur und zugleich durchaus repräsentativer Querschnitt durch das literarische Schaffen der Gegenwart – ist stark und gegen die Anfeindungen gewappnet; er setzt sich erfolgreich gegen das sinnferne Gelächter und den Zweckoptimismus zur Wehr und würdigt die Lebensäußerungen einer kummervollen Zeit, indem er sie ernst nimmt und ihre Wunden, ihre Häßlichkeit nicht übersieht, sondern sich ihrer annimmt, sich ihr verschwistert. Der Melancholiker ist kein schrulliger Griesgram, sondern ein gesellschaftlicher Mensch, ist unerbittlicher Kritiker des Heute mit seinen Scheußlichkeiten und seiner trostlosen Begrenztheit.
Zweifellos ist Melancholie daher, so überzeitlich und universell sie uns erscheinen mag, eine – und wohl die gerechteste – Welt-Anschauung, deren sich ein einzelner Erdenbürger bedienen kann, um seine Existenz mit all den Leiden, Zerwürfnissen und Regungen der Ohnmacht zu deuten und zu ertragen. Das Empfinden, all die auf unbestimmbare Frist überlassene Zeit der Verschwendung und also dem völligen Nichts preisgeben zu müssen, das untrügliche Gefühl, ohnmächtig zu beobachten, wie alles seinem Ende entgegenstrebt, lassen die gewöhnlichsten wie die außerordentlichsten Dinge unter den Augen des Schwermütigen ihren Sinn verlieren. Die Existenz-Not, die ein solches Sehen bedingt und gleichzeitig hervorruft, mit den Mitteln der Psychiatrie oder der Theologie auszutreiben, ist ein ebenso unwürdiges wie erfolgloses Unterfangen. Natürlich erscheint

der Melancholiker unbrauchbar, sich ins Räderwerk des blinden Schaffensprozesses, der die Menschheit speist und beatmet, einzufügen, natürlich verlangt ihn, den nahezu Unbelehrbaren, nicht nach Heilung. Priester welcher Religion auch immer geraten ins Staunen, wenn sie den Schwarzgalligen reden hören: Alles ist eitel, anheimgestellt der Verwüstung, kein Gott rettet mich, eines Fleisches bin ich mit dem Tode. Was aber sollen die Therapien und Strafen, die Gifte und Austreibungen im Namen ärztlichen Fortschritts oder göttlicher Weisung? Der wirkliche Melancholiker schwört nicht ab, weil er nichts weniger besitzt als die Wahrheit – jeder Versöhnungsversuch, jedes Sicheinlassen auf die Versprechungen der Heil-Kundigen und Zauberer wäre Verrat.

*

Wir wissen, daß die Schwermut Bestandteil des menschlichen Daseins ist; Aristoteles gibt zu erkennen, daß es die Heroen, die Weisen seien, die von der Wirkung der schwarzen Galle ergriffen würden. Alle hervorragenden Männer in der Philosophie, der Politik, der Poesie und den bildenden Künsten, so schreibt er in der »Problemata«, seien offenbar Melancholiker, was er, dem ärztlichen Standpunkt seiner Zeit folgend, auf die Wirkungen der Körpersäfte zurückführt. Zwar untergliedern die Ärzte zur Zeit von Aristoteles die menschlichen Gefühlsrichtungen bereits in die bekannten vier Temperamente, aber offenbar ist das melancholische Temperament etwas, das das Gemüt eines jeden zu erfassen vermag:

... Oft kommen wir in eine Stimmung, daß wir traurig sind, ohne einen Grund hierfür angeben zu können. Manchmal aber sind wir vergnügt, ohne daß der Grund dafür ersichtlich wird. In kleinem Maße geschieht ... das mit uns allen, denn mit uns allen ist etwas von der Möglichkeit zu dieser Veranlagung verbunden. Die aber in hohem Maße dazu neigen, in deren ganzem Charakter prägt sich das schon aus. Denn wie sie sich ihrem Aussehen nach voneinander nicht dadurch unterscheiden, daß sie ein Gesicht haben, sondern dadurch, daß sie ein so und so beschaffenes Gesicht haben, die einen ein schönes, andere ein häßliches, noch andere ein in keiner Weise ungewöhnliches (diese aber haben eine mittelmäßige Natur), so sind auch die, die nur in geringem Umfange an diesem Temperamente teilhaben, mittelmäßig – die aber, bei denen das in hohem Maße der Fall ist, den vielen ungleich. Denn wenn das Temperament sehr im Übermaß vorhanden ist, sind sie in hohem Maße Melancholiker, wenn sie aber einigermaßen gemischt sind, dann sind sie hervorragende Menschen. Wenn sie sich aber nicht in acht nehmen, so neigen sie zu melancholischen Krankheiten, die verschiedenen Menschen an ganz verschiedenen Stellen des Körpers, an manchen tritt das durch Epilepsie in Erscheinung, an an-

deren durch Lähmungserscheinungen, an anderen durch starke Depressionen oder Angstvorstellungen, bei anderen zeigt sich große Tollkühnheit, wie es bei Archelaos, dem Könige von Makedonien, der Fall war. Ursache dieser Wirkung ist die Mischung ...

Diese »Mischung« der Säfte scheint verantwortlich dafür zu sein, wie der Mensch mit seiner Melancholie umgeht; sie ist aber grundsätzlich vorhanden und dazu imstande, uns in tiefe, lähmende Depression zu versenken, unseren Geist mit Wehmut zu umfangen oder zu tollkühnem Schaffen anzuspornen – immer aber unter dem unabänderlichen und zentralen Gedanken, daß unser Schaffen und wir selbst nichtig und in ihrer Gefährdung verwundbar seien. Der Melancholiker ist somit nicht notwendigerweise ein hinter kaltem Ofen schläfrig oder voll innerer zielloser Anspannung den Abend erwartender unglücklicher Greis; wir finden ihn überall, zu jeder Zeit und unter Menschen jeden Standes, wobei sich vermutlich die Melancholie beim »einfachen« Menschen anders zu erkennen gibt als beim berufsmäßigen Denker und Künstler, dem man manches nachsieht, auch wenn er unter dem Einfluß eines *Spleens* zu stehen scheint. Dies englische Wort ist dem Begriff der Wehmut und der daraus geborenen Lasterhaftigkeit des Geistes und seiner Entscheidungen durchaus verwandt. Aber es sind nicht, wie bei Aretäus, Platon und Aristoteles, die sauren und salzigen Schleime, die bitteren und galligen Säfte, die den Menschen zur Raserei treiben, in Unwissenheit und Unbelehrbarkeit stürzen und ihn so Lust und Schmerz übermäßig empfinden lassen: der antike leibhaftige Melancholie-Begriff öffnet sich der Erkenntnis, daß die Spezies Mensch von ihrer Wesensstruktur her befähigt ist, die Möglichkeit einer philosophischen Existenz zu ergreifen. So verstanden, dringt der Melancholiker – und nur er – bis zu dem Verlangen vor, den Dingen, Lebewesen und Begriffen eine Antwort auf ihr Sein und ihr vorausgegangenes Entstehen abzufordern. Der Melancholiker fragt nach der Substanz und dem charakteristischen Wesen allen Seins.

Die christliche Religion hat, wie in so vielen Bereichen, die Veränderung auch des Melancholie-Begriffs erreicht und ihn mit Sündhaftigkeit und Abkehr von Gott in Verbindung gebracht. Aus der antiken »Unbelehrbarkeit« des Melancholikers, die Aretäus im Corpus Hippocratium beschreibt, wird der sündhafte Unglaube, der selbst den eigentlich den Ketzern vorbehaltenen Feuertod rechtfertigt. Das Mittelalter mit seinen Finsternissen forderte zur Melancholie geradezu heraus. Wo war denn der Christengott, der Hunger, Pest, Verwüstung und Folter zuließ und von seinen armen Geschöpfen Duldung und Geduld um des Paradieses willen erwartete?

Lag es angesichts einer solchen Welt, zudem flach wie eben eine Scheibe, nicht am nächsten, Gott zu leugnen oder zumindest sein Wohlgefallen zu bestreiten? Melancholie geriet zur Todsünde, die nichts weniger als den ei-

Eduard von Steinle (1810 — 1886): Je länger, je lieber

genen Tod nach sich zog oder wenigstens ziehen konnte. Daß Wehmut, Überdruß und schwarzgallige Nachdenklichkeit dennoch in einer Gesellschaft gediehen, in der die Kirche ihre irdischen Allmachtsansprüche rigoros und blutig durchzusetzen versuchte, haben uns die Minnesänger überliefert; kein geringerer als der unbehauste Walther von der Vogelweide erinnert uns daran, wie hinfällig die menschliche Existenz sei. Liest man seine Verse «*Ich saß auf einem Steine ...*» mit Bedacht, wird einem blitzartig deutlich, daß Melancholie ihre Ausdrucksformen stets im Körperlichen, Körperhaften gewinnt, sei es in der Haltung des Schwermütigen selbst oder in seinen Werken und in seinem Handeln:

Ich saß auf einem Steine
Und deckte Bein mit Beine,
Darauf stützt ich den Ellenbogen,
Und meine Hand war festgesogen
Am Kinn und an der Wange.
So grübelte ich lange,
Wie man hienieden sollte leben.

Halten wir neben diese Beschreibung einmal Dürers »Melancholie« – und erschrecken! Grübeln und auswegloses Sinnen nehmen beide Male wesenhafte Gestalt an, Schwermut verfügt, so scheint uns, über eine ihr eigene Körperlichkeit, die sich gestaltet oder gestalten läßt. Conrad Ferdinand Meyer (»Il Pensieroso«) und Friedrich Nietzsche (»An die Melancholie«) sind auf dies Phänomen übrigens ebenfalls zurückgekommen.
Walther von der Vogelweide (etwa 1170 bis etwa 1230), beherrscht von der Erkenntnis der Flüchtigkeit alles Irdischen, hat in seinem letzten großen, der Alterswehmut gewidmeten Gedicht ahnen lassen, daß sich Melancholie nicht durch Verbote außer Kraft setzen läßt:

O weh, wohin entschwanden alle meine Jahr'?
War all mein Leben Traum nur, oder ist es wahr?
Was ich je wähnte, es wäre, war es mehr als nichts?
So hab ich denn geschlafen und weiß davon nichts.
Nun bin ich wach geworden und ist mir unbekannt
Was mir vertraut einst war wie meine eigne Hand.
Das Land, die Leute, wo ich als Kind ward großgezogen,
Sind mir entfremdet worden: mir scheint es wie gelogen.
Die meine Gespielen waren, die sind träge und alt.
Verödet ist das Feld, zerstört ist der Wald.
Wenn nicht das Wasser flösse, wie es ehmals floß,
Fürwahr, ich müßte glauben, mein Unglück wurde groß.
Manch einer grüßt mich zögernd, dem ich einst gab Bescheid;

Die Welt ist allenthalben voll Mißgunst und voll Neid.
So denke ich an manchen wonnevollen Tag:
Die sind mir ganz entfallen wie in das Meer ein Schlag,
Für immer, o weh!

Große Dichtung charakterisiert sich wohl vor allem dadurch, daß sie, obwohl aus erlebter Wirklichkeit heraus entstanden, überzeitliche Gültigkeit besitzt, denn wer vermag nicht in dies schwermütige Lied einzustimmen und zu sagen: Ja, so ist es, das Feld verödet, der Wald zerstört, die Welt mißgünstig und neidvoll.

Mancher Gelehrte glaubt, den alten Streit darüber ausfechten zu müssen, ob Melancholie wesenhaft dem Menschen eigen oder durch gesellschaftliche Bedingungen hervorgerufen sei. Nutzloses Unterfangen und eine Frage, die sich von selbst beantwortet:

Wo mir die Rosen, wo mir dein Lachen, wo mir der schöne Eppich?
Verwelkt mir die Rosen, verflogen dein Lachen, auf meiner liebsten Grab grünet der Eppich.

Diese Verse eines persischen Dichters mögen etwa tausend Jahre älter sein als die Walther von der Vogelweides, und trotzdem teilen sie dasselbe mit: Hoffnungen schwanden, Glück ging verloren oder stellte sich niemals ein, Wehe und Schwere gesellten sich zu mir und gestalteten fortan mein Leben.

Ein Mensch, dessen Existenz als körperlich, sinnlich und geistig von ihm selbst wahrgenommen wird, findet ohne Zögern zu jenem Ernst, aus dem Schwermut sich zeugt. Es ist nicht die moderne Oberflächlichkeit, die Vereinzelung des Menschen in der Großstadt und in der Masse allein, welche eine melancholische Welt-Anschauung bedingt. Einsamkeit und das damit verbundene Empfinden, in einer erkalteten Welt verloren und ohne Trost zu sein, erscheint uns nicht so sehr von den Umständen, sondern von der Welt-Sicht und dem Sehenden selbst abhängig zu sein. Einer der großen gallischen Theologen im Zeitalter Augustins, Johannes Cassianus (um 360 bis um 430), hat uns die wohl vollkommenste Darstellung der in Mönchskreisen um 400 vorherrschenden Form der Religion überliefert. Innerhalb des anachoretischen Mönchtums unterscheidet er zwei Lebensformen: die vita activa, die in der Übung der Tugenden besteht, und die vita contemplativa, welche nach ununterbrochener Vergegenwärtigung Gottes strebt und daher den erfahrenen Einsiedlern vorbehalten bleibt. In seinem Werk »De institutis coenobiorum et de octo principalibus vitiis« beschreibt Cassianus den ungeübten Mönchsschüler, den wegen der von ihm abverlangten Pflichten »Herzensträgheit« und Wehmut überfällt:

Einen weiteren Kampf müssen wir bestehen, den wir mit Überdruß oder Furcht des Herzens bezeichnen können. Diese grenzt an Traurigkeit und ist den einsamen Menschen mehr gegeben als anderen. Sie ist ein größerer und häufigerer Feind für die in Zurückgezogenheit Lebenden; besonders um die 6. Stunde herum beunruhigt sie den Mönch wie gewissermaßen ein zur festgesetzten Zeit eindringendes Fieber, das glühendste Hitzewallungen zu üblich bestimmten Stunden seiner Annäherung der kranken Seele bringt. Schließlich verkünden sogar einige der Alten, dies sei der Mittagsdämon (...).
Wenn dieser Dämon die elende Seele in Besitz genommen hat, erzeugt er einen Widerwillen gegen die Zelle und auch den Brüdern gegenüber, die mit ihm zusammen leben oder in der Ferne sind; gleichsam eine Verachtung und Geringschätzung der Nachlässigen und weniger Vergünstigten. In jeder Aufgabe, die innerhalb der Schranken seines Raumes gegeben ist, macht der Dämon ihn träge und unfähig. Er läßt ihn nicht in der Zelle ruhig werden, nicht die Mühe für die Lesung aufwenden. Und nichts – so stöhnt er allzu häufig – erreiche er in noch so langer Zeit bei einem Aufenthalt in dieser selben Stätte, und er habe keinen geistigen Gewinn, solange er jener Gemeinschaft verbunden sei – so klagt und seufzt er und empfindet Schmerz dabei, daß er leer und ledig jeglichen geistigen Gewinnes an diesem Orte bleibe (...). In Wahrheit schläft die Seele, die durch Verwirrungen verwundet ist, fern von jeglicher Betrachtung der Tugend und Beachtung der geistigen Anschauungsweisen. Daher eile der wahre Streiter Christi, der den Kampf der Vollkommenheit rechtmäßig auszutragen wünscht, diese Krankheit auch aus den Winkeln seiner Seele auszutreiben, und so möge er auch gegen diesen nichtsnutzigen Geist der Beklemmung nach beiden Seiten kämpfen, daß er weder vom Geschoß des Schlafes erschlagen niedersinke, noch aus den Schranken des Klosters vertrieben, sich als Flüchtiger entferne – obschon unter dem Vorwand eines frommen Antriebes.

Dies von Cassianus so anschaulich geschilderte Fliehen vor der Gewalt der Kirche und der ihr eigenen Frömmigkeit, die Abkehr von Autoritäten, ist wohl ein weiteres Wesensmerkmal der Melancholie. Wo doch alles ohne letzte Gültigkeit und nichts von Dauer ist, gebricht es dem Schwermütigen an Gehorsam und selbstverfügter Unterwerfung. Deshalb verfolgt man ihn bis auf den heutigen Tag, deshalb geriet er in die Halseisen der Inquisition. Da mutet es geradezu tröstlich an, wenn die von Visionen heimgesuchte heilige Äbtissin Hildegard von Bingen (geb. um 1098, gest. 1179) uns vor dem Genuß der Pflaume warnen will, weil sie »den Melancholiestoff im Menschen hochjagt und in ihm die sauren Säfte vermehrt«, aber auch wer »den Honig in der Wabe mit dem Wachs gekaut, rührt das Schwarzgallige auf«, was »zu Schwerfälligkeit führt und Melancholie in ihm wachsen *läßt«.* Dagegen hilft, so teilt uns Hildegard mit, ein »*Nervenkeks«*, in den Süßholz eingebacken ist, oder die Leber vom Vogel Strauß. Die wohlmeinenden Ratschläge der frommen Hildegard mögen nichts mit den Glutzangen der Inquisitoren gemein gehabt haben – und doch begreift auch sie Schwermut als Unheil, nicht als Möglichkeit, die Welt zu betrachten und sich ihr, wie es sich fügt, zu entziehen oder aber sich ihrer zu bemächtigen. Das der Melancholie innewohnende Moment zu zweifeln bzw. – um es »modern« auszudrücken – »in Frage zu stellen«, wurde stets von Theologen im wahrsten Sinne des Wortes »verurteilt« und nicht als menschliches Wesensmerkmal gebilligt.

*

Ein wesentliches Moment des Melancholikers ist jedoch der Zweifel an allem und jedem, auch an sich selbst. Dabei ist der Zweifel von aufgeklärten Geistern stets in seinem Wert erkannt worden. Der methodische Zweifel hat einen seiner Ursprünge in der griechischen Philosophie. Schon Aristoteles (384 - 322 v.Chr.) schreibt in der »Metaphysik«: »*Wer recht erkennen will, muß zuvor in richtiger Weise gezweifelt haben.*« Am Anfang der neuzeitlichen Philosophie kommt der Franzose René Descartes (1596 - 1650) zu einem ähnlichen Satz, wenn er feststellt: »*Zweifel ist der Weisheit Anfang.*«

Nun ist bekannt, daß die Schriften von Descartes von der römisch-katholischen Kirche 13 Jahre nach seinem Tod auf den Index der verbotenen Bücher gesetzt wurden. Und man geht sicher nicht fehl in der Annahme, daß daran auch sein Ansatz schuld war, der den Zweifel an aller herkömmlichen Philosophie, voran der Scholastik eines Thomas von Aquin, forderte. Zwar konnte er sich bei seiner Anschauung auf den Quasi-Kirchenvater Aristoteles berufen, doch sonst stand er quer zu den theologischen Lehrmeinungen der Kirche.

Denn der Zweifel wurde abgelehnt, galt als Glaubenszweifel gar als Sünde. Damit ist schon angedeutet, daß dem Zweifel eigentlich entweder die Gewißheit oder der Glaube entgegengesetzt ist – im Wort »Glaubenszweifel« aber gehen die scheinbaren Gegensätze eine Verbindung ein. Dies war lange so nicht vorstellbar. Im »Römischen Katechismus«, 1566 in Nachfolge des Konzils zu Trient erstellt, wird mit Berufung auf die Kirchenväter vom Beten gesagt, daß der Glaube, d.h. das Vertrauen beim Beten, notwendig sei; und dieser müsse fest und unerschütterlich sein. Glaube schien somit den Zweifel zu verbieten, Zweifel blieben jedoch erforderlich, um die Wissenschaft, das Denken an sich voranzutreiben. Zu den Zweiflern gehörte auch Galileo Galilei. Bert Brecht hat ihm gleich zu Beginn seines Stückes »Leben des Galilei« den folgenden Satz in den Mund gelegt: »*Denn wo der Glaube tausend Jahre gesessen hat, eben da sitzt jetzt der Zweifel.*« Und

im zwölften Bild des Stückes schüttelt darüber gerade der Kardinal Inquisitor im Gespräch mit dem Papst den Kopf: »*Diese Menschen zweifeln an allem. Sollen wir die menschliche Gesellschaft auf den Zweifel begründen und nicht mehr auf den Glauben?*«
Der Kampf der Kirche gegen den Zweifel hat bis in unser Jahrhundert durchgehalten. Eines der Opfer war im letzten Jahrhundert der Theologieprofessor Georg Hermes, der in Münster und Bonn lehrte. Er setzte auch für die theologische Wissenschaft als Fundament den Zweifel voraus und damit ein Stück weit Descartes fort. Seine Verurteilung durch das Breve Papst Gregors XVI. vom 26.September 1835 hat der 1831 gestorbene Hermes nicht mehr erlebt, aber seine Schüler, die vor allem wegen der mehr polemischen Ablehnung lange noch an dieser Lehre festhielten. Daher nahm das I. Vatikanische Konzil (1870) diese Lehre noch einmal auf, um sie feierlich zu verurteilen. »*Wer sagt, Gläubige und solche, die noch nicht zum einzig wahren Glauben gelangt sind, befinden sich in derselben Lage, und so könnten Katholiken einen gerechten Grund haben, den Glauben, den sie unter dem kirchlichen Lehramt schon angenommen haben, unter Aufhebung ihrer Zustimmung in Zweifel zu ziehen, bis sie den wissenschaftlichen Beweis der Glaubwürdigkeit und Wahrheit ihres Glaubens abgeschlossen haben, der sei ausgeschlossen.*« Noch in der Enzyklika »Humani generis« von Papst Pius XII. vom 12.August 1950 wird der Zweifel, der in allen möglichen philosophischen Systemen Verwendung findet, skeptisch betrachtet. Während des II. Vatikanischen Konzils wurde zwar kein spezieller Text über den Zweifel verfaßt, aber die Verteufelung dieses Ansatzes für die Philosophie sowie die des situativen Glaubenszweifels scheint noch nicht vorüber.

Die »Sünde der Melancholie«, in Gestalt des Zweifels und der Verzweiflung beschreibt ausführlich der dänische Philosoph Sören Kierkegaard in der 1849 erschienenen Schrift »Die Krankheit zum Tode«. Für ihn ist Verzweiflung die Krankheit zum Tode, aber eben nicht nur dies, denn sie erscheint ihm auch als Sünde, als Vergehen gegenüber Gott. In »Entweder – Oder« führt Kierkegaard hierzu aus: »*Als unmittelbarer Geist hängt der Mensch mit dem gesamten irdischen Leben zusammen, und jetzt will der Geist sich gleichsam sammeln aus dieser Zerstreutheit heraus und sich in sich selbst erklären; die Persönlichkeit will sich ihrer selbst bewußt werden in ihrer ewigen Gültigkeit. Geschieht dies nicht, kommt die Bewegung zum Stehen, wird sie verdrängt, dann tritt Schwermut ein.*«
Melancholie, Schwermut, Zweifel – diese Themen durchziehen die Werke Kierkegaards. Einer seiner deutschen Übersetzer, der Religionsphilosoph Theodor Haecker, schrieb am 30.September 1940 in sein Tagebuch: »*Die stille Verzweiflung Kierkegaards. In ihr leben viele Menschen, mehr als man glaubt, freilich nicht mit dieser Kraft und Allgegenwart der Reflexion.*

Es gibt, als Gegenstück, auch die stille Seligkeit. Und oft wechseln die beiden im selben Menschen einander ab.«

Für viele Philosophen gilt Kierkegaard als der Prototyp des Verzweifelten, des Schwermütigen. Der katholische Religionsphilosoph Romano Guardini verfaßte 1929 die kleine Schrift »Vom Sinn der Schwermut«, die eigentlich eine Meditation über Texte von Kierkegaard ist. Guardini benennt die Ursache der Schwermut, hier in drei Kernsätze gebracht, so: »*Die Herzkraft der Schwermut ist der Eros; das Verlangen nach Liebe und nach Schönheit.*« Dies steigert dann noch der folgende Satz: »*Die Schwermut verlangt nach dem schlechthin Vollkommenen; Unzugänglich-Geborgenen, ganz Tiefen und Innerlichen; nach dem Unantastbar-Vornehmen und Edlen und Kostbaren.*« In der Synthese wiederholt Guardini dies etwas weiter so: »*Der Schwermütige verlangt danach, dem Absoluten zu begegnen, aber als Liebe und Schönheit. Wiederum aber – und hier schließt sich der Ring: Dieses Verlangen nach dem Absoluten ist beim Schwermütigen mit einem tiefen Bewußtsein verbunden, daß es vergeblich ist.*«

Erst nach und nach veränderte die Ethik und Moraltheologie ihre Position gegenüber dem zweifelnden Christen. So nimmt der 1966 ganz im Zeichen der Öffnung durch das II. Vaticanum geschriebene »Holländische Katechismus« ausführlich zum Thema »Zweifel« Stellung. Und er trennt hier ganz deutlich den im alten Katechismus als »sündigen« Zweifel benannten bewußt herbeigeführten Zweifel ab, der ja mit bewußter Glaubensverweigerung gleichzusetzen ist. Und wer verweigert schon – wider bessere Einsicht – diesen Glauben? Das »Höhere Katechetische Institut« kommt gleich am Anfang zu der Einsicht: »*Das Vorhandensein von Zweifeln sagt an sich noch gar nichts über die Sicherheit, mit der man glaubt. Ein heftiger Zweifel kann zusammengehen mit einer vollkommenen Hingabe, mit einem felsenfesten Glauben. Ja, gerade starker Glaube kennt oft große Zweifel. Je mehr einer liebt, sich vollkommener hingibt, desto mehr hat er das eigene Ich verlassen; nun steht mehr auf dem Spiel.*« Der Text erinnert auch an Glaubens- und Vertrauenskrisen, die in der Bibel beschrieben sind. Und er schließt mit den folgenden Sätzen die drei Kapitel zum »Zweifel« ab: »*Wir haben so lange über den Glaubenszweifel gesprochen, weil er eben auf seine Weise auch zeigt, was der Glaube ist. Er gehört zum Glauben. Er hat in ihm einen Sinn und eine positive Funktion. Er zwingt den Gläubigen, sich Jesu Botschaft deutlicher zu vergegenwärtigen. Er macht die Hingabe bewußter. Er reinigt den Glauben von Nebenmotiven. Er macht den Glauben geräumiger, weil neu entdeckte Wirklichkeiten und Werte – die Quellen vieler Zweifel – nicht mehr erscheinen als etwas, was draußen ist, sondern als etwas, was uns von Gott herkommt ... In einem Wort: Die Krise verinnerlicht und erwärmt eines jeden Kontakt mit Gott – denn sie ist ein Stück unserer Geschichte mit ihm.*«

Der Zweifel erscheint also nach wie vor als einer der zentralen Gedanken gerade des religiösen Glaubens. Im zweiten Band seiner »Ethik« kommt der evangelische Theologe Trutz Rendtorff 1981 dazu, einen Zusammenhang von Selbständigkeit des Christen und religiösem Zweifel festzustellen. *»Der Zweifel tritt im Verhältnis dazu in einem bestimmten Lebensalter auf und in das Leben des Kindes ein. Das hängt damit zusammen, daß die Gottesvorstellung auch immer ein Reflex der Lebenswelt ist, ein Spiegel der Erfahrung derjenigen Welt, in der das Kind mit seinen Eltern und seinen Altersgenossen lebt. In dieser Welt tritt durch den Übergang vom Kindesalter in das Erwachsenenalter ein Umwertungsprozeß auf (...) Das Kind beginnt also den Zweifel zu üben als Kritik an überkommenen Vorstellungen, an überkommenen Instanzen und darin auch und vor allem als Kritik am Gottesbild. Der heranwachsende Mensch sucht die Distanz auch und gerade von dieser Vorstellung.«*

Erinnern wir uns an Guardinis Aussage zur Schwermut: Der Mensch ist ein Wesen der Grenze. Und immer auf dem Weg. Mit Recht schreibt denn auch ein 1984 in Frankreich erschienener Fundamentalkatechismus, der bei uns 1986 unter dem Titel »Glaube zum Leben« erschien, die Sätze: *»Der Glaubenszweifel ist kein Ziel, sondern eine Prüfung und Anfechtung. Er fordert uns dazu heraus, das Glaubensverständnis zu vertiefen, den reichen Sinn des Glaubens für Geist und Herz und seine Kraft für das Leben tiefer zu erfassen.«* Der Zweifel führt also oft zu tieferem Verständnis des Glaubens, indem er sich weiterentwickelt.

*

Auch in der jüdischen Religion hat Melancholie nicht von vornherein ihren zugewiesenen Ehrenplatz, und doch scheint sie – z.B. in Liedern und Versen mit religiösen Inhalten und im Symbol der Lilie – sich in den jüdischen Glauben auf eine bestimmte Weise zu integrieren. Salomea Genin, eine heute in Berlin (DDR) lebende Jüdin, sagt, zum Thema »Melancholie« befragt:

»O ja! Die Melancholie genoß ich schon immer. Mit 12 und 13 lief ich oft langsam, Hände in den Manteltaschen, den wintrigen Strand entlang. Das Meer rauschte, die grauen Wellen spiegelten die Farbe des Himmels, der Wind streifte mir die Haare vom Gesicht. Meist war ich bei diesem Wetter ganz allein am Strand und ich sang aus voller Lautstärke und nach Herzenslust die melancholischen, jiddischen Lieder, die ich, ohne es zu merken, von meiner Mutter als Kind bei der Hausarbeit gelernt hatte. Dann saß ich am Ende der Mole, weit ins Meer hinausragend, starrte in das ständige Auf und Ab der Wellen, horchte, wie sie an die Holzpfähle schlugen, und die Traurigkeit, die Sehnsüchte meiner Mutter, sie mischten sich mit meinen eigenen in den getragenen Melodien. Warum, fragte ich mich

einmal, suchst du dir nur die traurigen Lieder zum singen aus? Ich wußte es nicht. Ja, das ist wohl, was die Dichter Weltschmerz nennen, diese nebulöse, genußvolle Trauer um und Sehnsucht nach Ich-weiss-nicht-was. Es war wie ein Streicheln meiner eigenen Seele. Du bist eben melancholisch, dachte ich damals.

Mit den Jahren wuchs aus der Melancholie die Verzweiflung, die Depression, die Lebensmüdigkeit. Da hatte ich keinen Strand mehr und ging stattdessen in den deutschen Wäldern, um meine traurigen Lieder zu singen.
Drei Jahrzehnte später sagte mir jemand: Du mißbrauchst die jiddischen Lieder!
Wie meinst du das? fragte ich erstaunt zurück.
Du begnügst dich mit melancholischen Liedern, anstatt dein Leiden, deine Ängste hochkommen zu lassen, anstatt sie zuzulassen, anstatt die harte Trauerarbeit um deine Kindheit zu leisten. Der Vorwurf traf.
Wie macht man das? fragte ich verdutzt.
Schau in den Spiegel. In deinen Augen siehst du dein Elend am deutlichsten. Erinnere dich, was du vergessen und verdrängt hast. Weine und schreie wie das Kind in dir vor lauter Angst niemals weinen und schreien konnte.
Das ist nichts für mich, sagte ich mir, sang weiter meine Lieder und fand mich mit dem Weltschmerz als unabwendbar ab – bis er so schwer wurde, daß er mich zu zerstören drohte. Ich hörte auf zu singen.
Endlich, wenige Tage nach meinem 50. Geburtstag, kam der große Zusammenbruch und dann das Erinnern, begleitet vom schmerzhaften Zulassen von seit Jahrzehnten versteckten Ängsten des Kindes in mir, das keine Ruhe fand, bis ich es annahm und seine Gefühle zuließ. Und wieviel Schmerz und Angst kam da zutage, was ich früher mit Melancholie und Weltschmerz zugedeckt hatte!
Angst – vor dem Verlust des geliebten Mannes, wie ich meinen Vater verloren hatte.
Angst – vor der Ablehnung der blonden, blauäugigen Arier, die mich jüdisches Kind ihren Haß spüren ließen.
Angst – vor der so oft erfahrenen Verständnislosigkeit, der mich hilflos machenden Demütigung der Erwachsenen.
Melancholie und Trauer? Ja. Auch heute ist es ein Streicheln meiner Seele. Und wenn mich die Trauer überfraut, weiß ich nun, worum ich traure, weiß ich um die unerfüllbaren Sehnsüchte, mit denen ich leben muß:
Sehnsucht – nach dem Mann, der mich trösten kann.
Sehnsucht – nach der haßfreien, freundlichen Welt.
Sehnsucht – nach Verständnis von und Verständigung mit den blonden, blauäugigen Provinzlern dieses Landes.

Louis Gallait (1810 – 1887): Trost

Für mich ist die Melancholie nicht mehr ein nebulöser Weltschmerz. Es ist die Trauer um vergangenes, erinnertes Leiden, um die letztendliche Einsamkeit des Menschen, um die unrealen Wünsche, die sich mir niemals erfüllen werden.«

*

Die Melancholie, die Salomea Genin an sich wahrnimmt, ist wohl nicht allein aus ihrer persönlichen Biographie, sondern nur im Kontext zur Geschichte, zur leidvollen, tränenübersäten Geschichte ihres Volkes erklärbar. Unter diesem Aspekt wird Melancholie zu etwas, das wie Öl den Wunden ihren Schmerz nimmt oder ihn wenigstens lindert. Als ein »*Streicheln meiner Seele*« bezeichnet sie die Melancholie, die sich im Spannungsbogen zwischen Angst und Sehnsucht befindet.
Wie anders ist doch die christliche Moraltheologie, die wohl bis auf den heutigen Tag Schwierigkeiten hat, dem aus der Melancholie geborenen Zweifel sein Recht zu belassen. Gespeist von den ethischen Vorstellungen eines christlich geprägten Glaubens und Herrschertums entstand und verfestigte sich im Laufe der Jahrhunderte der Irrtum, Melancholie sei ein Zeichen fehlgelenkter Empfindungen, sie trage Merkmale von Dekadenz und Mitleidslosigkeit gegenüber anderen. Gerade das Gegenteil ist der Fall, denn im Welt-Schmerz vergegenwärtigt sich die Trauer über die Leiden derer, die um ihre Qualen nicht können, die unschuldig büßen. Besser als das dem Griechischen entstammende Wort Melancholie vermögen Welt-Schmerz und Schwer-Mut auszudrücken, wie es dem Trauernden ums Herz ist. Dabei will ich bestreiten, daß der von Welt-Schmerz erfaßte Mensch außerstande ist, sich politisch zu betätigen und Einfluß auf Staat und Gesellschaft auszuüben. Die Ohnmacht, der er sich allmählich bewußt wird und die seinen Mut schwer werden und möglicherweise sinken läßt, gehört zu den historischen Bedingungen seines Seins, die es nicht zulassen, daß er sich von den ihn beherrschenden Zwängen befreit, um als Subjekt (das nicht zu handeln angetrieben wird, sondern antreibt) in die Geschichte einzugreifen. Die Teilhabe der Menschen an den Prozessen gesellschaftlicher Veränderung bleibt für viele aufgrund ihrer Herkunft, ihrer Rasse, ihres Geschlechtes usw. ausgeschlossen oder bedroht; das durch seine Zeitlichkeit bestimmte Dasein reicht in der Regel nie ganz hin, sich selbst vollends zum Ausdruck zu bringen und das Räderwerk der Geschichte in neue Bahnen zu führen.

Es sind jeweils verschiedene Ursachen, die zur Situierung des Melancholischen führen, deren Ursprung freilich in der erwähnten philosophischen Existenz des Menschen zu finden ist. Auf Motivsuche geraten Konstitutionsbiologen wie Kretschmar leicht zu dem Fehlschluß, ein gewisser

Fritz von Uhde (1848 – 1911): Studie zur Hagar

schwerblütiger Typus neige zu Verstimmungen« seines Temperamentes, während der Psychoanalyse verpflichtete Ärzte die Verantwortung für die angebliche Störung in der Kindheit suchen, in der der Patient nicht gelernt habe, eine Liebesbeziehung herzustellen und zu bewahren. »Verstimmung« und »Störung« zeigen erneut, wie wenig ernst man die Klagen und den Jammer des Schwermütigen zu nehmen bereit ist. Wer da sein Erdenlos und das seiner Mitmenschen so düster malt, wie es anders nicht zu sein vermag, wird zum behandlungbedürftigen Opfer seiner Veranlagung oder hartherziger Eltern erklärt, als ob sich unser Welt-Schmerz auf so kleinliche Ereignisse einließe wie die Beschaffenheit von Drüsen oder mütterlichem Gestus. Nein, die Schwermut, die uns umfängt, ist nicht das Produkt von Überdruß, Langeweile oder einer seichten Sentimentalität unserer Empfindungen, ihre Wurzel befindet sich im Geist selbst, der über die Geschichte unseres personalen Ichs hinausdenkt und sich gefangen weiß in einer noch immer verunglückten Welt, in der die Antizipation der Todesstunde mit ebensovielen Schrecken verbunden ist wie die Betrachtung des Heute und des Vergangenen. In ihr aufgehoben, gleichsam wie in einem Gefäß, ist Verzweiflung Inhaltsstoff der Melancholie. Das Überhandnehmen der an das Leben, an die menschliche (und vielleicht auch die göttliche) Existenz gerichteten Zweifel – das Ver-zweifeln eben – ist stets nur mittelbar mit einem augenblicklichen Ereignis verknüpft. So lesen wir in den Tagebuchaufzeichnungen Kierkegaards auch: »*Das ganze Dasein ängstigt mich, von der kleinsten Mücke bis zu den Geheimnissen der Inkarnation; ganz ist es mir unerklärlich, am meisten ich selbst. Das ganze Dasein ist mir verpestet, am meisten ich selbst. Groß ist mein Leid, grenzenlos; keiner kennt es, außer Gott im Himmel, und er will mich nicht trösten, keiner kann mich trösten, außer Gott im Himmel, und er will sich nicht erbarmen.*«

Verzweiflung als die entschiedenste Ausdrucksform der Melancholie läßt das Individuum sich selbst fremd erscheinen; die Frage nach dem Wesen alles Wahrnehmbaren mündet im Nichts, und die Zweifel am eigenen Erkenntnisvermögen überschatten die vermeintliche Wirklichkeit, bis sie unkenntlich und für das Dasein des Schwermütigen bedeutungslos geworden ist. Sicherlich ist Verzweiflung oder, wie die Kliniker es nennen, Depression ein Zustand, der die vollständige Lähmung des Menschen in seinen psychischen Bereichen mit sich bringt und zudem häufig in körperlichen Beschwerden weitere Ausdrucksmöglichkeiten sucht. In unseren Tagen nehmen diese psychosomatischen Erkrankungen und depressiven Verstimmungen offenbar zu, während eine melancholische Welt-Betrachtung bestenfalls in den Bereichen von Kunst und Literatur Obdach findet. Es scheint, daß Morgensterns »Vöglein Schwermut« die Psyche im Sinne von Verzweiflung beschattet: »*Wer es hört, der tut sich ein Leides an,/ der mag keine Sonne mehr schauen.*«

Was sich in diesen Versen andeutet, die Hinwendung zum Tode, der überlegte Entschluß zum Selbst-Mord oder Frei-Tod, steht wohl schon außerhalb der melancholischen Existenz, deren Verzweiflung sich ja gerade an die Lebewesen, Dinge und Gedanken richtet, denen sie eine Antwort potentiell zutraut, ohne daß sie auf zufriedenstellende Weise erfolgt. Kierkegaard trauert nicht etwa darüber, daß Gott nicht existiere, sondern daß er sich seinem Geschöpf verweigere; Gott bleibt seinem Kind die Antwort, den Trost, schuldig. Dies Verlassensein von allem, was heilen und trösten könnte, läßt den Entschluß zum Suizid reifen. Nachdem alle Lebens-Freude gewichen ist und Verzweiflung ein ungeheures Ausmaß angenommen hat, stellt sich das Verlangen nach der Auslöschung des eigenen Seins ein. Aber ist das noch eine Variante von Melancholie, die wir doch als eine Daseinsform, eine legitime Möglichkeit der Welt-Anschauung definiert haben? Welt-Schmerz und Schwer-Mut befinden sich in einem andauernden Spannungsverhältnis zwischen Lebens-Bejahung und Resignation, zwischen der Vorstellung einer gedachten heilen Welt und der Versuchung, sie zu schmähen oder zu leugnen. Der Melancholiker glaubt trotz aller Welt-Übel an die Möglichkeit, Heilung zu erfahren und aus dem fremdbestimmten oder selbstgeschaffenen Dunkel hinauszutreten, während jener, der sich ein Leid antut, alle Hoffnung hat fahren lassen, da ihm die letzte Chance, dem Sein einen Sinn abzunötigen, genommen worden ist. Der Melancholiker sieht die geschaffene und schaffende Welt, als deren fremdesten Teil er sich betrachtet, von einem Stand-Punkt aus, der ihn existieren läßt; der zu Tode verzweifelte Mensch jedoch will alles aufgeben, weil es ihm weniger als nichts bedeutet. So ist der Melancholiker weder notwendigerweise verdrießlich noch niedergeschlagen, denn was er empfindet, geht eine oftmals produktive Synthese mit den Gegenständen und Ideen seines Interesses ein.

*

Seit Robert Burtons 1621 erschienenem Buch über die »Anatomie der Melancholie« (das in unseren Tagen — erstmals in deutscher Übersetzung publiziert — jene Aufmerksamkeit auf sich zieht, die ihm zweifellos gebührt) hat man die Schwermut unter dem Gesichtspunkt einer vom Gegenstand der Untersuchung selbst befreiten Wissenschaftsdisziplin — sei es Medizin, Philosophie oder Literatur- und Kunstgeschichte — untersucht, ohne zuzugeben, daß alle Gelehrsamkeit nur unter dem erkennbaren Einfluß der Melancholie etwas taugt, will die Wissenschaft nicht an sich selbst zugrunde gehen und die Menschheit mit sich hinabreißen. Eine Wissenschaft ohne melancholischen Skeptizismus, eine, die den Zustand schwarzgalliger Ohnmacht nicht kennt, ist des Menschen und der Menschheit Feind, weil sie nichts von ihren Leiden ahnt und nichts wissen will von der philosophischen Existenz der Subjekte. Die sogenannten Naturwissenschaften, die uns inzwischen mehr bedrohen als Nutzen bringen, arbeiten blindlings, doch voller Eifer an unser aller Zerstörung, ohne den geringsten Zweifel an den eigenen Qualitäten. Die Kulturschaffenden der kapitalistischen Gesellschaften gefallen sich darin, Unwichtiges und Oberflächliches zur Schau zu stellen und uns die Welt als einen Mustopf zu erklären, in dem jeder Fliegendreck zur Kunst gedeiht oder auf die Existenz eines höheren Wesens hindeutet, dem es zu huldigen gilt. Wo aber bleibt die französische l'ennui, der melancholisch gefärbte Verdruß, wo der englische Spleen, schwarzgallig, von hypochondrischen Klagen geadelt, wo findet sich das spanische desengano, das Enttäuschung und Hoffnungslosigkeit ausdrückt und einem melancholischen, gleichwohl politischen Menschen wie dem großen Garcia Lorca seine Klageschreie entlockt? Wer lauscht noch, hört er das italienische malinconia, den Versen eines Giacomo Leopardi, der mit seinen schwermütigen Gesängen einem Lord Byron, einem John Keats oder den gewaltigen Franzosen Baudelaire, Flaubert und Verlaine in nichts nachsteht und sich als geistesverwandt mit Lenau und Platen erweist?

Die deutsche Literaturgeschichte ist reich an Werken melancholischer Dichter, auch wenn bei weitem nicht alle Texte die Schwermut ihrer Verfasser bezeugen. Der Schriftsteller, das dürfen wir nicht vergessen, verstellt und maskiert sich – um des Geldes oder des Lobes willen verleugnet er zuweilen seine Trauer. So entdecken wir hinter den Kulissen des Spottes, der Ironie und der leichtfertigen Launen den Melancholiker, wie fast niemand ihn kennt. Die unbehausten Minnesänger, gefangen in ständiger Abhängigkeit von ihren fürstlichen Auftraggebern, wußten davon; nicht allein der bereits zitierte Walther von der Vogelweide beklagt dies unwürdige Los des fahrenden Sängers, der gezwungen wird, den Leuten nach dem Munde zu reden und die ihm auferlegte Heimatlosigkeit klaglos zu ertragen.
Heimatlosigkeit, ungestilltes Verlangen nach menschlicher Anteilnahme, Sehnsucht nach Zuneigung und sozialer Wärme – das sind Grundmotive, welche die melancholische Dichtung im deutschen Sprachraum – und sicher nicht allein hier – stets neu befruchten. Da die Unbehaustheit menschlicher Existenz angelegt ist, in allen Literaturepochen gegenwärtig zu sein, wird man auf der Suche nach dichterischen Zeugnissen des Gefühls der Einsamkeit und der Vereinsamung wohl jederzeit fündig werden, und doch scheinen bestimmte Zeitabschnitte prädestiniert, die Melancholie der einfachen wie der privilegierten Menschen durch den Dichter reden zu lassen.
Das Mittelalter als eine Epoche, in dem sich das Augenmerk der fahrenden Sängerpoeten auch auf die Leiden der Menschheit und die eigenen Be-

schwernisse und Bürden richtete, wäre für die vermeintliche Sünde Melancholie zweifellos besonders geeignet gewesen, hätte das Christentum es nicht vermocht, die nur allzu berechtigte Empfindung gewaltsam zurückzudrängen.
Die großen Religionskriege des 17. Jahrhunderts bereiten jedoch den Boden für die trübsinnigen und schwermütigen Verse eines Andreas Gryphius (1616 - 1664), der seine psychische Qual und seine Klage über den Zustand der Welt in strenge Strophengebilde faßt:

An sich selbst

Mir graut vor mir selbst; mir zittern alle Glieder,
Wenn ich die Lipp' und Nas' und beider Augen Kluft,
Die blind vom Wachen sind, des Atems schwere Luft
Betracht' und die nun schon erstorbnen Augenlider.

Die Zunge, schwarz vom Brand, fällt mit den Worten nieder
Und lallt, ich weiß nicht was; die müde Seele ruft
Dem großen Tröster zu, das Fleisch riecht nach der Gruft,
Die Ärzte lassen mich, die Schmerzen kommen wieder.

Mein Körper ist nicht mehr als Adern, Fell, und Bein.
Das Sitzen ist mein Tod, das Liegen meine Pein.
Die Schenkel haben selbst nun Träger wohl vonnöten.

Was ist der hohe Ruhm und Jugend, Ehr und Kunst?
Wenn diese Stunde kommt, wird alles Rauch und Dunst,
Und eine Not muß uns mit allem Vorsatz töten.

Bei Gryphius, der den Vater mit fünf und die Mutter mit elf Jahren verlor und dessen Leben durch körperliche Gebrechen gekennzeichnet war, treten die beiden gleichberechtigten Triebkräfte einer melancholischen Weltschau klar hervor: die persönliche Biographie, die eigene, gleichsam habituelle Lebensgeschichte steht im Zusammenhang mit dem Leiden der Menschheit, den »Tränen des Vaterlandes«, die der barocke Dichter darüber vergießt, daß sich die Menschen zugrunde richten oder zugrunde gerichtet werden; nichts als Unheil und Verwüstung zeigen sich ihm. Die Zerstörung der Städte und ihrer Bewohner und seine eigene innere Wüstenei werden bei Gryphius, dem Melancholiker, eins. Immerfort denkt er dabei an die Sinnlosigkeit aller Leidensprozesse, denen er und andere unterworfen werden. Er ist der geborene Antiheld, sein Sterben vollzieht sich — ihm vollends bewußt — ohne erkennbaren Sinn. In dem Sonett »Tränen in schwerer Krankheit« heißt er die menschlichen Taten einen »*mit herber Angst durchaus vermischten Traum*«, ein anderes betitelt er gar mit der

als Lebensgrundsatz gemeinten Zeile »*Es ist alles eitel*«, sinnlos also, ohne gültige, gar ewige Bedeutung. »*Wie Rauch von starken Winden*« vergehn die Menschen (»Menschliches Elende«), ihr Leben entflieht »*wie ein Geschwätz und Scherzen*«.
Die Zeit des Dreißigjährigen Krieges war nichts anderes, als Gryphius beschreibt, seine drastischen Schilderungen sind durch historische Fakten verifizierbar. Was der Dichter ausspricht, ist ein melancholisches Fühlen, das über bloßen Subjektivismus hinausreicht und nichts weniger als dem erlebten Zeitraum adäquat erscheint.
Sehen wir einmal von dem im 18. Jahrhundert kultivierten Lebensgefühl der Langeweile ab, so bemerken wir vor allem in der Romantik einen starken Hang zur Melancholie. Soweit sie kraftlose und epigonal anmutende Manier bleibt, bedarf sie nicht unserer Beachtung. Dort aber, wo wirkliche, notwendig ungestillte Sehnsucht nach Zuneigung, Gemeinschaft, der Erkenntnis des Innersten, aus den Zeilen spricht, ist Aufmerksamkeit geboten. Die Romantik ist mehr als eine Epoche, in der Kunst und Literatur Hochzeit feierten; in ihr vergegenständlicht sich die Suche nach der äußersten Begrenzung der Empfindungen ebenso wie die nach der vollendeten Symbiose zweier Menschen. Liebe und Freundschaft nehmen nun die Wichtigkeit wissenschaftlicher Disziplinen wie Mathematik und Astronomie an, ja die exakten Wissenschaften selbst werden hereingezogen in eine romantische, eine von melancholischen Augen-Blicken berührte Betrachtungsweise.
Aber obwohl vielen Dichtern der Romantik Melancholisches anhaftet, können wir nur wenige von diesen als im engeren Sinne schwermütig bezeichnen. Und bei diesen wenigen vermischen sich eigene Hoffnungslosigkeit und die Empfindung, Heimat nicht zu kennen, mit der meist nur allzu berechtigten Klage über politische und gesellschaftliche Zustände der Zeit. Auch hier ist der Melancholiker also keineswegs der lediglich auf sich allein bezogene dichtende Eremit, sondern er nimmt – leidend, zuweilen auch versucht, in das Geschehen einzugreifen – Anteil an den Geschicken der Menschen, ihren Qualen und der Unterdrückung, die sie erdulden.
Wohl niemand hat dies Anteilnehmen stärker und eindringlicher vermocht als Nikolaus Lenau (1802 - 1850), der zwischen Spätromantik und Realismus unglückliche Liebe, faustische Suche nach den letzten Wahrheiten und politische Empörung gleichermaßen zu Gegenständen seiner melancholischen Dichtung werden ließ, so daß er völlig zu recht in seinen Versen »*An die Melancholie*« sagen kann:

Du geleitest mich durchs Leben,
Sinnende Melancholie!
Mag mein Stern sich strahlend heben,
Mag er sinken – weichest nie!

Führst mich oft in Felsenklüfte,
Wo der Adler einsam haust,
Tannen starren in die Lüfte
Und der Waldstrom donnernd braust.

Meiner Toten dann gedenk ich,
Wild hervor die Träne bricht,
Und an deinen Busen senk ich
Mein umnachtet Angesicht.

An der Dichterpersönlichkeit Lenaus läßt sich ablesen, wie ein schwermütiger, gleichwohl kämpferischer, politischer Mensch über lange Zeit mißverstanden werden kann, bevor ihm jene Wertigkeit zugesprochen wird, die ihm zweifellos gebührt. Allzu häufig sieht man in Lenau den Romantiker, der zigeunerhaft die Länder durchstreift und den Herbst besingt. Seine heftigen Auseinandersetzungen mit der muckerhaften Zensur, seine literarische Begeisterung für die Rebellen seiner Zeit, die Flucht nach Amerika, nicht zuletzt seine unbotmäßige Zuneigung zu einer verheirateten Frau und seine offenkundige Gottlosigkeit – sie werden von der bürgerlichen Literaturhistorie nicht im Zusammenhang mit der Lenau umgebenden Gesellschaftsgeschichte gesehen, sondern sozusagen privatim abgehandelt. Hier weicht die Auffassung der Germanisten hiesiger Provenienz grundsätzlich von der Ansicht marxistisch orientierter Fakultäten, etwa in Ungarn, ab. Aber verwundert dies wirklich, sieht man doch Welt-Schmerz in dichterischen Werken bis zum heutigen Tag gern als schöngeistiges Ergebnis eines habituellen Defekts – durch die Meisterschaft der Sprache allenfalls geadelt und ein weiterer Beweis für die elitäre Behauptung, große Literatur entstehe häufig auf dem Boden psychischer Labilität und seelischer Krankheit.

Als wolle er gerade diese Annahme bestätigen, hat uns Friedrich Hebbel (1813 - 1863) ein titelloses, tagebuchartiges Gedicht hinterlassen, in dem er anscheinend etwas von seinem Wesen, seiner persönlichen Grundstimmung verrät:

Alle Wunden hören auf zu bluten,
Alle Schmerzen hören auf zu brennen
Doch, entkrochen seines Jammers Fluten,
Kann der Mensch sich selbst nicht mehr erkennen.

Mund und Augen sind ihm zugefroren,
Selbst des Abgrunds Tiefe ist vergessen,
Und ihm ist, als hätt' er nichts verloren,
Aber auch, als hätt' er nichts besessen.

Wenn Hebbel von einem imaginären »*ihm*« dichtet, so maskiert er seine eigene schwermütige Empfindung, wie sie sich auch an vielen Stellen seiner Tagebücher zeigt. Aber dies ist nicht eigentlich ein Melancholiker, der zu sprechen anhebt, sondern ein in tiefe Depression verstrickter Mensch, dem die Psyche, dies innere, unberechenbare Geschöpf, die Sinne lähmt und ihn hilflos gegenüber dem Leben werden läßt.

Die wenigen Zeilen beschreiben denn auch ziemlich genau den verheerenden Zustand eines depressiven Menschen, dessen Schmerz und Jammer zurückweichen, um einer stummen Ohnmacht Platz zu machen, die die Geschichtlichkeit des Subjekts nicht mehr zuläßt und sein Bewußtsein atomisiert. In gewisser Weise nimmt Hebbel hier ein Lebensgefühl vorweg, wie es in den Literaturen der zwanziger Jahre unseres Jahrhunderts – in Kriegstagebüchern, Großstadtromanen, situativ bestimmter Erinnerungslyrik – zur Entfaltung kommen wird. Die »Ortlosigkeit« menschlicher Existenz, die Beliebigkeit der Regeln und Plätze, nach denen und auf denen der zufällige Mensch sein Leben fristet, dem kein Sinn entnehmbar sein wird – das sind die »modernen« Themen des Säkulums der Kriege und der Massenmorde, der großen Ängste und der völligen Ohnmacht der Individuen.

Im Ausgang des 19. Jahrhunderts aber finden Dichter wie Conrad Ferdinand Meyer (1825 - 1898) noch einmal zu neoromantischen, gelassen-wehmütigen Versen, in denen die besungene Vergänglichkeit ohne Stachel bleibt und schicksalhaft hingenommen wird:

Eingelegte Ruder

Meine eingelegten Ruder triefen,
Tropfen fallen langsam in die Tiefen.

Nichts, das mich verdroß! Nichts, das mich freute!
Niederrinnt ein schmerzensloses Heute!

Unter mir – ach, aus dem Licht verschwunden –
Träumen schon die schönern meiner Stunden.

Aus der blauen Tiefe ruft das Gestern:
Sind im Licht noch manche meiner Schwestern?

Wie bei Hebbel ist der Seelenzustand Meyers durch Schwermut charakterisiert, nichts freut, nichts verdrießt ihn, schmerzlos verrinnt die verbleibende Zeit, aber offenbar gibt es für den sein Lebtag lang gepeinigten, psychisch zerrütteten und hochsensiblen Conrad Ferdinand Meyer tröstende Erinnerung, ein Echo, das die eigene Biographie aufbewahrt und zu retten vermag. Viel herber dagegen muten die Zeilen Stefan Georges (1868 - 1933) an, die wir seinem Poem »*Nacht-Gesang*« entnehmen:

Was ich tat
Was ich litt
Was ich sann
Was ich bin:
Wie ein brand
Der verraucht
Wie ein sang
Der verklingt

George ist sicher kein typisch melancholischer Mensch, die seiner Sammlung »Die Lieder von Traum und Tod« entnommenen Zeilen erscheinen aber bedeutsam, um den Spannungsbogen zu verdeutlichen, der die melancholische Dichtung vom 17. bis zum 20. Jahrhundert beschreibt. Bemerkenswerterweise verändern sich zwar Stilmittel und Sprachduktus, selten aber Motive und Bilder der Texte. Der Melancholiker sieht stets aufs neue sein unbehaustes, erbärmliches Leben wie Rauch verwehen, verklingen »*wie ein Sang*«, er findet sich plötzlich unfähig, Lust oder Leid zu empfinden, innerlich gelähmt und ohne die Möglichkeit, sich um Gottes oder um seiner selbst willen zu retten. Im letzten Stadium der Schwermut ist also nicht einmal mehr auf den Schmerz Verlaß, auch er zieht sich von uns ab und läßt nichts zurück als atmendes, verstummendes Fleisch.

Was einer Sinngebung unzugänglich blieb, nämlich das Leben des Melancholikers in seiner schmerzhaften Begrenztheit, wird auch von Gottfried Benn in einem seiner bekanntesten Gedichte (»*Nur zwei Dinge*«) als wesenhafte Leere erlebt, der es an tragenden Bedeutungen mangelt. Dies bedeutungslose Schreiten durch mannigfaltige Formen der Beziehungsweisen drängt ihm die »*ewige Frage*« auf, wozu alles Leiden geschehe, und mündet in der pessimistischen Erkenntnis:

Ob Rosen, ob Schnee, ob Meere,
was alles erblühte, verblich,
es gibt nur zwei Dinge: die Leere
und das gezeichnete Ich.

Was der Lyriker und Arzt Gottfried Benn (1886 - 1956) in greller Einsicht in die hoffnungslose, entgötterte moderne Welt in seinen Anrufungen der Melancholie an Ohnmacht und psychischer Erschöpfung als Triebfeder seines Schaffens beschwört und oft zynisch formuliert, steht in deutlichem Kontrast zu seiner Schönheitsverherrlichung, der es an der endgültigen Kraft gebricht, sich von der tiefer gehenden schwermütigen Empfindung

zu lösen. Benns Verse atmen die Einsamkeit großstädtischen Lebens, sie sind angefüllt mit den Schlacken vergeblichen Mühens um Aufmerksamkeit und die Zärtlichkeit eines Gegenübers.
Der Mensch wird zurückgeworfen auf sich selbst, dem Ich Benns tritt kein Du zur Seite. Bei Robert Walser (1878 - 1956) wiederum wird die Trauer selbst zum Gesprächspartner, die bei aller Bitterkeit ihrer Frucht einen süßen Kern bewahrt zu haben scheint, der Trost zu spenden imstande ist:

Bangen

*Ich habe so lang gewartet auf süße
Töne und Grüße, nur einen Klang.*

*Nun ist mir bang; nicht Töne und Klingen,
nur Nebel dringen im Überschwang.*

*Was heimlich sang auf dunkler Lauer:
Versüße mir, Trauer, jetzt schweren Gang.*

Dies Bangen des frühzeitig aus der bürgerlichen Lebensbahn geworfenen Schweizers, in dessen Romanen sich melancholische Klänge im Übermaß finden lassen – versetzt man sich nur einmal in die stillen Helden, die bei ihm immer auch Versager sein müssen – gilt der Ungewißheit, ob die sozusagen übrig gebliebene Empfindung, Resignation oder Traurigkeit das verwundete Herz ein wenig bewege und tröste. Robert Walser wird in der Einsamkeit des Irrenspitals, auf seinen Fußmärschen und Klettereien etwas von den spärlichen früheren Glücksmomenten erinnert haben, die er – stets zumindest an der Peripherie der Bürgerlichkeit, immerzu eine Persönlichkeit mit Borderline-Syndrom – nun zu vermissen gezwungen war. Seine Verse wirken gegenüber den skandierten Zeilen Benns geradezu rührend, obgleich beide zur selben Zeit lebten und schrieben. Der »moderne« Mensch Benn reklamiert Trauer und Melancholie als Bestandteil seiner Existenz, für Walser bleibt sie ein dunkles Wunder, unergründlich und übermächtig bis zum Schluß.

Blicken wir zurück, fällt auf, daß unser Augenmerk vor allem auf Autoren gerichtet war, die als Lyriker in die Literaturgeschichte Eingang gefunden haben. Dies scheint kein Zufall zu sein, ist doch gerade das Gedicht prädestiniert, menschliches Empfinden unmittelbar und unverfälscht zum Ausdruck zu bringen. Gleichwohl ist festzustellen, daß den Charakteren in Romanen und Theaterstücken melancholische Empfindungsweisen keineswegs fremd sein müssen, ja daß die Erzählwerke und Dramen selbst völlig von melancholischer Weltsicht ihrer Verfasser durchdrungen sein können.

Beispiele hierfür finden sich nicht nur bei Robert Walser, sondern auch bei anderen Autoren, nicht zuletzt bei Thomas Manns stilistisch durchgearbeiteter Prosa.
Doch die Zeit der enzyklopädischen Melancholie-Darstellungen eines Robert Burton sind vorüber; wer melancholisch fühlt und denkt, schreibt und lebt, entscheidet der Leser und in letzter Konsequenz der Dichter selbst. Ihm ist es aufgegeben, in sich hineinzuhorchen und nach seinem Standpunkt innerhalb des wackligen Weltgerüstes zu forschen.

Daß naive Begeisterung über den im Grunde Mitleid erregenden Zustand der Welt und ihrer Bewohner jeder Zeit ins Gegenteil umschlagen und den Betrachter mit Schwermut erfüllen kann, erlebt Sonja Schüler (Jahrgang 1950), eine in der DDR lebende hochbegabte Lyrikerin, in ihrem Gedicht »*Begeistert bin ich gewesen*«:

Begeistert bin ich gewesen, so, daß
Schmerz nicht ausbleiben konnte.
(...) ans Ziel
bin ich oft nicht gekommen.

Schwermut als Bestandteil eines uns auferlegten Daseinsprinzips spricht aus diesen Zeilen, die auch vom im wahrsten Sinne des Wortes flüchtigen Mut erzählen:

Begeistert bin ich gewesen, so, daß
der Mut, mein bester Hüter, schwieg
und mich stehen ließ, mit zitternder
Haut überzogen.

Die Enttäuschung, die Trauer über Verlust oder Versagen, werden körperlich spürbar, der Mensch erlebt den ungewohnten Zustand als Ganzes und in seiner Ganzheit. Das heißt auch: Melancholie stellt eine wertvolle Erfahrung dar, sie weist über das Alltägliche hinaus und eröffnet Erlebensbereiche, die den Wert des Behütetseins zu erkennen geben.
Ganz anders mutet die »*Späte Elegie*« des 1958 geborenen DDR-Autors Steffen Mensching an, die noch einmal die alten Verbündeten der Melancholie – Trauer, Zorn und Schmerz – zum klingen bringen. Ein heller Funke Ironie leuchtet zudem aus den letzten Zeilen, die sich mit der Spießigkeit derer befassen, die wegen der Flachheit ihrer Empfindungen nicht verstehen wollen, daß es jenseits ihres gedachten oder realen Gartenzauns eine Welt der aussichtslosen Kämpfe und der Morde gibt, bezogen hier auf den Spanischen Bürgerkrieg und den von Faschisten liquidierten Garcia Lorca:

Spanien, Tropfen Jod
In meiner unordentlichen Erinnerung,
  Ich werde
Dein Knabengesicht in meinem Hinterkopf,
Dein Lächeln, nicht los.
  Du
Von menschlichen Mistsäuen zerbissener Mund,
Der das Wort Bruder ausgrub,
  Für dich
Stecke ich heut drei schwarze Rosen
In die pessimistischen Löcher
Meiner Großhirnrinde.
  Auf dich
Komme ich immer wieder zurück,
Der ich nicht zu dir kam, damals
Neunzehnhundertsechsunddreißig,
  Als sich
Die Spanier aller Länder
Bei den Händen faßten, als mein Vater
Im Kirschbaum in Görlitz herumturnte,
Abrutschte und sich die neue
Braune Hose zerriß.

Es mag Epochen gegeben haben, von denen Wolf Lepenies in seiner Studie »Melancholie und Gesellschaft« zurecht meint, sie seien geeignet gewesen, Menschen in Schwermut zu tauchen, weil ihnen keine gesellschaftliche Verantwortung aufgetragen worden sei. Heute stehen die Dinge anders. Die Literatur des 20. Jahrhunderts ist zu einem Großteil geprägt von der Einsamkeit und Machtlosigkeit ihrer Verfasser, deren Mahnen und Deuten weitgehend folgenlos bleibt. Auch hohe Auflagen und Publicity dürfen nicht darüber hinwegtäuschen, daß das gedruckte Wort heftigen Prozessen der Verdrängung und Unterdrückung unterworfen wird. Was der vorliegende Anthologieband jedoch auch zeigt, ist die Tatsache, daß Melancholie, die dunkelste aller Empfindungen, wandlungsfähig scheint und auf starken Schwingen Grenzziehungen innerhalb der deutschsprachigen Literaturen außer acht läßt.

*

Es war die Absicht des Herausgebers, eine Anthologie zusammenzustellen, die den verschiedenartigen literarischen Strömungen in Europa gerecht werden sollte. Ein solches Buch ließ sich jedoch — des damit erforderlichen vorauszusehenden Umfanges wegen – nicht realisieren. Trotzdem möchte ich an dieser Stelle unseren Blick wenigstens auf das angebliche Geburtsland der »Melancholy«, England, richten, um zu sehen, wie dies finstere Lebensgefühl dort seinen Ausdruck findet. Beginnen wir – wie könnte es anders und gerechter sein – bei William Shakespeare (1564 - 1616), der uns ebensoviele Rätsel wie Stücke hinterlassen hat; er war, liest man zum Beispiel in den »Sonetten«, ein wirklicher Melancholiker. Nehmen wir daraus nur einmal das Sonett *LXXIII*, hier übersetzt von Astrid Ruppert:

Die Jahreszeit kannst Du in mir erleben
Wenn gelbe Blätter, keine oder wen'ge hangen
An kahlen Ästen, die vor Kälte beben
Gleich Chorruinen, wo einst Vögel sangen.

In mir kannst Du die Dämmrung dieses Tages sehen,
Der westwärts mit der Sonne bald verglimmt,
Von schwarzer Nacht ist er bald ganz umgeben
Gleich einem Tod, der alles mit sich nimmt.

In mir siehst du das Flackern dieser Glut,
Die auf der Asche ihrer Jugend schwebt
Gleich einem Totenbett, auf dem sie balde ruht,
Verzehrt von dem, wovon sie einst gelebt.

Wenn Liebe wächst, dann wird es dir bewußt
Daß du besonders liebst, was du verlassen mußt.

Der große Shakespeare, der trotz aller Unvergnügtheit die Bühnen seiner Zeit mit immer neuen Werken beehrte, vergleicht sich hier mit dem fahlen Autumnus und sogleich, um dies Bild von einem Stärkeren abzulösen, mit der erlöschenden Flamme, die ganz »*von schwarzer Nacht*« umgeben sein wird. Es ist ein Liebesgedicht, wie die beiden Schlußzeilen des Sonettes preisgeben, aber es gehört zu den Geheimnissen der Literaturgeschichte, ob Shakespeares Liebe einem bestimmten Menschen oder dem eigenen Leben galt.
Hat William Shakespeare das Abschieds-Motiv in den Mittelpunkt seines Gedichtes gestellt, so begrüßt John Milton (1608 - 1674) in seinem Poem *»Der Schwermütige«* – hier auszugsweise in einer Prosa-Übersetzung von Otto von Gemmingen aus dem Jahre 1782 – die Melancholie als Klage und heilige Göttin:

*(...) Heil aber dir, Göttin! kluge und heilige; Heil dir,
göttlichste Melancholie, deren heiliges Antlitz zu leuchtend
ist, um erreicht zu werden vom Sinn des menschlichen
Gesichts, und so unserm zu schwachen Auge
beschleiert ist, mit Schwarz, der Weisheit ernsten Farbe. (...)*

Milton ist ein Beispiel dafür, in welcher Weise Melancholie und Skeptizismus menschliches Handeln beflügeln können. Gleich groß als Mensch, politischer Denker und Dichter, bekämpfte er im Bürgerkrieg als Parteigänger Cromwells die Übergriffe der absolutistischen monarchischen Regierungsform und leistete mit dem Pathos seiner durch Gedankenschärfe und klassische Sprachschönheit ausgezeichneten Schriften einen wesentlichen Beitrag zum politischen Ideengut der folgenden Jahrhunderte.

Miltons »*göttlichste Melancholie*« versteht sich als die innere, geistige Kräfte beflügelnde Gabe, die der mit 44 Jahren erblindete, in der Restaurationszeit verarmte und vereinsamte Dichter mehr schätzte als die Flittergestalten, »*die den Sonnenstrahl bewohnen*« und – für jeden sichtbar – doch bedeutungslos bleiben.

Eine völlig andere ästhetische Auffassung von Melancholie begegnet uns bei John Keats (1795 - 1821), der in seiner »*Ode über Melancholie*« dazu rät, die Schönheiten der sinnlich wahrnehmbaren Natur mit Schwermut zu vermählen, wohl um den Schmerz zu lindern und um Morgenrosen, Regenbogen, süße Trauben und die Augen eines jungen Mädchens auf diese Weise zu verehren:

*(...)
Wenn aber Schwermut schauernd niederrieselt
Jählings vom Himmel wie verweint Gewölk,
Das neu erquickt schon welke Blumenkelche
Und in Apriltuch grünen Hügel hüllt:
Dann sättige den Gram an Morgenrosen,
Am Regenbogen über Sand und Flut,
An der Päonien ungebärdigem Prangen;
Und wenn dein Mädchen herrisch zürnt und grollt,
Nimm ihre sanfte Hand und laß sie tosen,
Empfinde tief ihr makelloses Aug!*

*Harm wohnt bei Schönheit – Schönheit, die entschwindet;
Bei Lust die, immer Hand an Mund, »Lebwohl«
Entbietet; wohnt bei quälendem Genießen,
Das Gift wird, während Bienenmund noch trinkt.
Ja, mitten selbst im Tempelhaus der Wonne
Verschleiert steht der Schwermut hoher Schrein,*

Den keiner sieht als wer entschloßner Zunge
die Traube Lust im Kennermund zersprengt:
Der Schwermut bittre Macht schmeckt seine Seele
Und schwebt als Siegsgewinst in ihrem Dust.

Melancholie weiß bei Keats um die Schönheit der Dinge, denen der Trauernde, der in letzter Konsequenz ihre Vergänglichkeit sieht und fürchtet, doch enträt; man erinnert sich an August von Platens Tristan-Gedicht mit den Zeilen: »Wer die Schönheit angeschaut mit Augen,/ ist dem Tode schon anheimgegeben ...«
Die flüchtige Begegnung mit rätselhafter Schönheit als einem Naturereignis ist thematisiert in dem Poem »*Es gibt ein Licht im Frühling*« von Emily Dickinson (1830 - 1894), hier wiederum ins Deutsche übertragen von Astrid Ruppert (ebenso die Übersetzungen der folgenden Seite):

Es gibt ein Licht im Frühling –
Zu keiner andern Zeit im Jahr
Ist es zugegen –
Wenn März sich langsam naht.

Liegt eine Farbe draußen
auf einsam verlassenem Feld,
Die Wissenschaft nicht fassen kann,
Die Menschen doch erfüllt.

Es wartet auf dem Rasen,
Weist auf den fernsten Baum;
Am fernsten dir bekannten Hang
Spricht es beinah zu dir.

Wenn dann Horizonte steigen
Oder Mittage scheiden
Ohne den geringsten Laut,
Vergeht es, und wir bleiben –

Ein Gefühl von Verlust
Bedrängt unseren Frieden,
Als hätte die Welt
Ein Heiligtum vertrieben.

Das Wort »Melancholie« wird in diesen Versen nicht erwähnt, und doch wird sofort deutlich, worum es geht: Das geheimnisvolle Licht, mit dessen Hilfe wir die Natur durchdringen und als Teil unserer selbst erleben könn-

Hans Thoma (1839 – 1924): Einsamkeit

ten, entschwindet und läßt »a quality of loss« — »*ein Gefühl von Verlust*« in uns zurück. Wir müssen schmerzlich erkennen, daß wir Außenstehende bleiben, die für alle Zeit des »*Heiligtums*« Natur verlustig gingen. Was romantische Dichter wie Shelly, Lord Byron oder auch Keats an Naturerleben auskosteten, findet bei Emily Dickinson ebenso wenig seinen Nachhall wie bei Edward Thomas (1878 - 1917), der zwar von einem unbestimmten melancholischen Gefühl inspiriert wird, dessen Schwermut sich jedoch offenbar an der Begegnung mit Menschen — selbst den Freunden — entzündet:

Regen und Wind, Regen und Wind braosten endlos nieder,
Der Sommersturm, Melancholie und das Fieber
Verzauberten mich; und fürchtet' ich auch die einsame Öde,
Weit mehr fürcht' ich Menschen: zu schrill, zu spröde
Klang selbst die Freundesstimme, sonst weise, mir lieb.
Was ich begehrte, weiß ich nicht. Der Wunsch, der mir blieb,
Muß eitel vergehen. (...)

Walter de la Mare (1873 - 1956) sinnt in seinem Gedicht »Fare Well« (»Abschied«) darüber nach, daß die gegenständliche und lebendige Welt vom Staub toter Leiber zehre und aus ihm gedeihe. Seine Strophen spiegeln nicht eigentlich Weltschmerz, sondern eine geradezu indifferente Wehmut wider, die zuletzt mit dem eigenen Schicksal einverstanden ist:

Abschied

Wenn ich da liege, wo dunkle Schatten
Mein Auge nicht mehr umdrängen,
Und der Regen nicht mehr klagt, wenn der Wind seufzt;
Wie wird es dann der Welt ergehen,
Deren Wunder mir mein Sein bewies?
Gedächtnis schwindet, muß denn Erinnerung vergänglich sein?

Oh wenn dieser mein Staub
Hand, Fuß und Lippe dem Staube wiederschenkt
Mögen diese lieben Gesichter dann andere Menschen beglücken,
Mag die rostrote Hecke im Herbst
Von Waldrebe noch umwunden sein,
Mögen glückliche Kinder die Sträuße dann pflücken, die vor
[kurzem noch mein.*

Blick noch einmal auf all die Schönheit.
Zu jeder Stunde. Laß nachts dir

Anselm Feuerbach (1829 — 1880): Melancholie

Von tödlichem Schlummer die Sinne nicht rauben,
Eh du der Freude den höchsten Segen gegeben;
Denn alle Dinge, die du preisen willst
Nahm Schönheit denen, die sie lieben, vor langer Zeit.

Zeilen wie diese erinnern an die Gedichte Lenaus, der in den letzten Lebensjahren vor seiner geistigen Umnachtung ebenfalls sich Trost zusprach, da er — Teil der Natur und für die Spanne seines Daseins von ihr entfremdet — durch den Tod wieder mit ihr vereinigt werde.

Es fällt bei den ausgewählten Texten aus dem englischsprachigen Raum auf, daß Natur in verschiedener Gestalt für den Verfasser von Bedeutung ist und dies meist in dem Sinne, daß sie sich ihm entzieht und ihn wissen läßt, daß er in einer entfremdeten Existenz gefangen ist. Die Verdrängung der Natur aus den Städten und ihre unentwegte Zerstörung bringen es jedoch mit sich, daß sich Weltschmerz — die Trauer über die Vergänglichkeit des Menschen und die sein Leben bestimmenden Augenblicke anderer — gleichsam »moderner« Bilder bedient. Ein Beispiel hierfür ist das Gedicht »*Piano*« von D.H. Lawrence (1885 - 1930), in dem das menschliche Subjekt mit seinem dem Tode zustrebenden Alterungsprozeß in den Mittelpunkt rückt:

Sachte in der Dämmerung singt eine Frau für mich,
Führt mich an vergangenen Bildern entlang,
Bis ich ein Kind unterm Piano sitzen sehe, inmitten der klingenden Saiten,
Und es hält die kleinen, zarten Füße der Mutter, die lächelt,
                    [während sie singt.

Unwillkürlich verführt mich die Zauberkraft des Liedes
Bis mein Herz danach weint,
Wieder Sonntagabenden daheim anzugehören, mit dem Winter draußen
Und Gesängen in wohliger Stube, vom klingenden Piano begleitet.

So ist es denn vergeblich, wenn die Sängerin laut die Stimme hebt
Zu dem großen, schwarzen Piano appassionato. Der Zauber
Der Kindertage umhüllt mich, der Mann in mir ist gestürzt
In die Fluten der Erinnerung. Und ich weine wie ein Kind um Vergangenes.

Während Lawrence der schmerzhaften Trauer über die allzu schnell verstrichene Kindheit hilflos erliegt, spricht Rupert Sencelecott (geboren 1903) seine »*Dunkle Schwester Melancholie*« souverän an. Die Vertrautheit, in der dieser Dichter (hier in einer Übersetzung des Herausgebers) mit seiner Schwermut umzugehen weiß, führt dazu, daß er keineswegs ihr

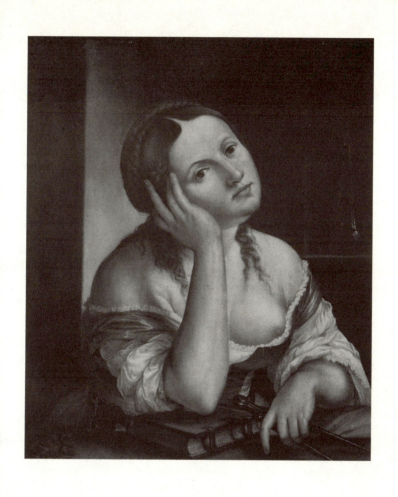

Georg Pencz (ca. 1500 — 1550): Die Melancholie

Opfer wird, während jene, die sie beschworen, ihr als »*trübsinnige Toren*« verfallen mußten:

Meine dunkle Schwester Melancholie
verließest auch in Manhattan mich nie,
im kalten Regen traf ich dich an,
als ich über Huxley und Orwell sann;
über alle Zeiten hinweg, über Länder und Utopien,
weht dein Atem als Schwermut oder Spleen;
und jeder, der dich, meine dunkle Schwester, beschwor,
verfiel deiner Schönheit – trübsinniger Tor.
Ich sah im Fluß dein Spiegelbild
und bei Nacht zwischen Sternen am klaren Gefild:
ein Mädchen schien mir dein Antlitz zu tragen,
es wollt den Sprung in die Tiefe wagen;
meine dunkle Schwester Melancholie
verließest auf meinen Reisen mich nie,
und fährt mein Schiff in den Hafen ein –
meine dunkle Schwester wird bei mir sein.

*

Die vorgestellte Auswahl melancholischer Gedichte aus dem englischen Sprachraum gewährt Einblicke in eine Literatur, die Ausdruck des angeblich melancholischsten Volkes überhaupt ist. Erinnern wir uns aber zugleich an die übrigen europäischen Sprachen und vergewissern uns, daß viele Dichter gestern wie heute nichts anderes im Sinn haben als den alles umfassenden Weltschmerz, der, wie Paul Verlaine es unnachahmlich sanft in einem unbetitelten Gedicht – abgedruckt in dem Band »Romance sans paroles« – ausdrückt, nicht einmal einen besonderen Anlaß für sein Erwachen benötigt:

Der schlimmste Kummer aber ist der,
nicht zu wissen, weshalb mein Herz,
das ohne Liebe und Haß lebt,
soviel Kummer mit sich trägt.

Die kleine literarische Exkursion läßt erkennen, daß Weltschmerz ganz unterschiedlich empfunden und zum Gegenstand eines Gedichtes erhoben wird, ja, daß Melancholie offenbar wirklich der »*Urlaut des Gedichts*« (Johannes R. Becher) zu sein scheint. Bei Verlaine und den ihm geistesverwandten Dichtern treten Schwermut, Verzweiflung und eine schmerzhaft wirkende Langeweile ihre Herrschaft über den Menschen an, der sich jedes

Haltes, jeder Bindung beraubt sieht. Bei anderen sind die Auslöser des Weltschmerzes benennbar und können somit zur Verantwortung gezogen werden. Sie treten als Schmerz über die Vergänglichkeit irdischer Herrlichkeit und Schönheit, als Ekel über Welt und Leben und als innere Zerrissenheit in Erscheinung und geben der bestürzenden Erkenntnis Ausdruck, in eine unheile, flüchtige Existenz hineingeworfen worden zu sein, aus der es – außer durch Suizid – keinen Ausweg gibt. Des Trostes, einmal in Seligkeit das Angesicht Gottes schauen zu dürfen, wie Jean Paul in »Selina« (1827) es hofft, können wir uns in »*frommer Melancholie*« wohl nicht mehr ernstlich versichern. Er jedoch betrachtete »*Weltschmerz*« als »*Inbegriff des irdischen Leides*«; in »Selina« heißt es: »*Nur Gottes Auge sah alle die tausend Qualen der Menschen bei ihren Untergängen – diesen Weltschmerz kann er, so zu sagen, nur aushalten durch den Anblick der Seligkeit, die nachher vergütet.*« Vom »Jungen Deutschland« und den ihm nahestehenden Autoren wurde dieser hier erstmals belegte Begriff »Weltschmerz« aufgegriffen und mit jeweils durchaus unterschiedlichen Bedeutungsinhalten in Beziehung gesetzt. Die im ausgehenden 18. Jahrhundert offenbar häufig beanspruchte Diskussion der »religiösen Melancholie« – betrachten wir nur einmal die Veröffentlichungen von Kosegarten (1777), die des Zuchthauspredigers Seltenreich (1799 erschienen) oder die bereits 1785 publizierte, von dem Hannoveraner Pastor Joachim Friedrich Lehzen ins Deutsche übersetzte Arbeit des englischen Theologen Benjamin Fawcett – fand sich bereits zu Jean Pauls Zeiten weitgehend von einer sozusagen weltlichen Interpretation der Melancholie-Bedeutung verdrängt, und wenn man die italienische, spanische, französische und eben auch die englische Literatur dieser Zeit besieht und vergleicht, so darf man bei aller Verschiedenartigkeit doch behaupten, daß sie, die Schwermut, eine quasi europäische Dimension erreicht hatte, indem sie den Poetengeist über die Grenzen der heraufkommenden Nationalstaaten hinaus beflügelte. Und dennoch steht uns nicht an, die zu Beginn dieses Essays geäußerte Behauptung zu revidieren: Es gibt ebensoviele Melancholien, wie Melancholiker unter uns weilen. Aufgrund ihrer psychischen Grundbefindlichkeit werden sie noch immer mißverstanden und zu Opfern von rücksichtslosem Mitleid erniedrigt. Dies gelingt umso leichter, als sich Disziplinen wie die Medizin einzig als Naturwissenschaft begreifen und nach dem einer »*unvergnügten Seele*« (Heinz Otto Burger) innewohnenden Geist zu fragen längst außerstande sind. Aber wenn schon die Wissenschaften ihre philosophischen Grundlagen liquidiert haben, so wäre es doch an Kunst und Literatur, sich ihrer zu erinnern. Unweigerlich kämen sie in Berührung mit der ermatteten Melancholie, wie sie Dürer uns vorstellt. Aber aus ihrer Körperhaltung, der Mimik, dem sie umgebenden Szenarium entziffern wir anderes als uns die berufsmäßigen Deuter vorgeben wollen: Melancholie hat die Dinge um sich her nicht voller Unmut sinken lassen oder als unbrauchbar und ohne Nutzen verstreut, sondern die gegenständliche Welt ist es, die sich ihr, dem körperhaften Sinnbild der Welt-Deutung, versagt, die sie ablehnt und als untauglich betrachtet. Die Dinge treten nicht an sie, die geflügelte Melancholie, heran, sie fordern zur Tätigkeit, zum nützlichen Gebrauch nicht mehr auf, der Himmel versagt sich, eine Idee einzugeben, die dem Zirkelstift Sinnerfülltes abverlangt, die Lebewesen verhalten sich gleichmütig und ohne Interesse. Der Melancholiker befindet sich in eben derselben so oft fehlinterpretierten Situation; von ihm wird erwartet, daß er sich einfügt ins Uhrwerk der Gegenwart, indem er seinen Kummer und seine Verdrießlichkeit, die ihn zugleich unzuverlässig werden lassen für den geschäftlichen Teil des Daseins, freiwillig von sich abzieht. Er soll sich zurichten lassen oder selbst Hand an sich legen, um — nun nicht länger von Schwermut und Weltschmerz umfangen — tauglich und nützlich zu sein, das Rad der Geschichte ein Stückchen voranzutreiben. Diese Zurichtung ist es, mit der man den Melancholiker seit Menschengedenken quält und erniedrigt; der Demütigungen ist noch immer kein Ende. Einziger Ausweg aus dem Kreis der Verteufelung, der Krankschreibung und des Spottes scheint bis auf weiteres die Literatur und die Kunst, in denen der Melancholische Asyl erhält, da er, weitgehend seinem Ego und seinen Talenten überlassen, sich selbst einzurichten vermag. Aber es ist eben nichts als ein behelfsmäßiges Lager, eine vorübergehende Angelegenheit, denn was wir fordern, ist nichts weniger als die Einlassung des melancholischen Denkens in die Naturwissenschaften, die Mathematik, die Entscheidungsprozesse des politischen Lebens. Hier ist das eigentliche Wirkungsfeld des Melancholikers, wie ihn Aristoteles dachte.

*

Die abendländische Kultur hat es unter dem Einfluß des Christentums bewirkt, daß das melancholische Denken aus den lebens-wichtigen Bereichen verdrängt und mit dem Makel des Kranken, Untüchtigen behaftet wurde. So entstand eine zweitausendjährige Geschichte aus Grausamkeit, Torheit und existenzbedrohenden Fehlern, die dem Zweifler, dem Pessimisten, eben dem von Welt-Schmerz umfangenen Denker, den Garaus zu machen versuchte. Indem er das Leid der Verfolgten beklagte, begann man, auch ihn zu verfolgen. Weil er die Verheerung der Mutter Natur hinausschrie, erklärte man ihn zum Verrückten und zerstörte auch ihn. Zur Machtlosigkeit verurteilt, mußte er mit ansehen, wie der Krieg alles in Schutt und Asche sinken ließ, vor dem er, bespuckt oder überzogen von ungerechtem Spott, voll Angst und Trauer zu warnen versucht hatte. Vergessen Herakles, Lysander, Ajax und Bellerophontes, die griechischen Heroen, von denen Aristoteles bezeugt, sie seien erfüllt gewesen von der »*heiligen Krankheit*«, der Melancholie, vergessen auch oder gescholten die

Mitzlaff: Mondnacht (1942)

Entrückten und Seher unserer Tage, deren Warnungen und angsterfüllte Trauer erfolgreich bekämpft wird mit modischer »Tempo«-Literatur, den Schicki-Micki-Moden der Vernissagen und Insider-Festivitäten, die für Melancholiker allenfalls die Rolle des Pausenclowns erübrigen wollen.

Es liegt wohl in der Natur ganz besonders dieses literarisch gemünzten melancholischen Unterfangens, daß manche Bitte um einen Beitrag für das nun vorliegende Buch auf der Strecke blieb. Überraschenderweise sandten Autorinnen und Autoren aus der Bundesrepublik Deutschland, der Deutschen Demokratischen Republik, Luxemburg, Österreich und der Schweiz in großer Zahl Essays, Prosa und Lyrik; zu einem nicht geringen Teil handelt es sich dabei um eigens für die vorliegende Anthologie verfaßte oder ausgewählte, jedenfalls bisher unveröffentlichte Originalbeiträge. Junge, kaum dreißigjährige und solche, die die Siebzig längst überschritten haben, ausgesprochen politisch linksorientierte wie bürgerliche Dichter traten in Auseinandersetzung mit ihrer eigenen und der Melancholie unserer menschlichen Existenz.
Eine Anthologie wie die vorliegende wäre unvollständig und bliebe Fragment, wenn der Anteil der DDR-Autoren an Thema und Buch fehlen würde. Deshalb galt mein besonderes Interesse ihrer Beteiligung, was zwischen politischem Tauwetter und überraschenden zwickenden Nachrösten auch jetzt noch nichts Selbstverständliches scheint.

Besser als »Melancholie« hätte wohl »Weltschmerz« oder »Schwermut« ausgedrückt, was der Erfinder dieser Anthologie literarisch wie gesellschaftlich verfolgt. Gleichwohl will ich auch mit diesem Titel einverstanden sein, wenn man den Untertitel »Ein deutsches Gefühl« nur nicht mißversteht. «Deutsch« ist dies Menschenfühlen allein im Zusammenhang mit jenen Prinzipien, die diesem Buche zugrundeliegen, nämlich «Melancholie« als Thema deutschsprachiger Literaturen in Längs- und Querschnitten, also in Vergangenheit und Gegenwart, den Lesern zu erschließen. Auch wenn die Anthologie in gewissem Sinne die verschiedenartigen Deutungen des fraglichen Gefühls vieler namhafter zeitgenössischer Dichterinnen und Dichter und somit ein bestimmtes Gebiet deutschsprachiger Literatur (-geschichte) repräsentieren mag, so bleibt sie dennoch durch persönliche Auswahl subjektiv, und es findet sich in ihr, was dem Herausgeber wertvoll genug erschien, die schwärzeste aller Empfindungen zu vertreten. Damit sollen zugleich alle zum Scheitern verurteilten Versuche beiseite geschoben werden, die den Anschein erwecken, man könne so etwas wie eine literarische Enzyklopädie der Schwermut herausgeben, indem man alles aufhäuft, was irgendwer zu irgendeiner kümmerlichen Stunde verbrochen und ob der Erkenntnis eigenen oder fremden Versagens »Melancholie« benannt hat. (So bedeutet es auch keineswegs eine Irritation für mich, daß Jean-Paul Sartre seinen Roman »Das Ekel« eigentlich »Melancholia« nennen wollte; allein sein Verleger Gallimard verhinderte dies.) Nein, was melancholisch ist, will ich selbst bestimmen, so daß es mir auch entbehrlich erschien, auf die zahlreichen klugen Aufsätze und Bücher zurückzugreifen, etwa um mich zu vergewissern, was denn nun weltschmerzlich sei oder wer als trefflicher Melancholiker zu gelten habe. Ich verkenne nicht den Fleiß, mit dem Binswanger über »Melancholie und Manie« grübelte und Guardini – wie gesagt – »Vom Sinn der Schwermut« erzählte, ich weiß um die Verdienste des gelehrten Lepenies, der den Zusammenhang zwischen »Melancholie und Gesellschaft« deutlicher als andere herzustellen wußte, und ich habe in dem Widmungsexemplar von »Melancholie in der Dramatik des Sturm und Drang« gelesen, das mir mein Kamerad Gert Mattenklott, unermüdlicher Wanderer zwischen den Welten, einst übergab. Ich will, da es in einer literarischen Anthologie nicht daran ist, als Literaturhistoriker und -soziologe Verrat zu üben an der Sprach-Kunst der Dichter, der Analyse all dieser und anderer wissenschaftlicher Texte vorerst entraten und stattdem den Blick öffnen für die Poesie – geflügelte Schwester der Trauer, die auch mich heim-sucht und mir zu Hilfe eilt, da es gilt, für eine gerechte, stolze Welt zu streiten, zu kämpfen und zu klagen.

Definition

Die Melancholie
    ist eine Frau
mit Flügeln bei Dürer

Manfred Moßmann

Albrecht Dürer (1471 – 1528): Melancholie

Melancholie ist nicht häßlich

Als Kind, nach Meinung der Erwachsenen ein scheinbar heiteres, unbändiges Kind, kannte ich die Melancholie, denn ich hatte Zeit. Reste von Erinnerung, wie ich damals gewisse Erscheinungen in der Natur betrachtete, welche Bedeutung ich Ereignissen des Lebens unterstellte, wie Bilder auf mich wirkten, Musik, Theaterstücke und Gelesenes, sind mir geblieben. Zustände atemlosen Glücks wechselten mit Trauer, Nachdenklichkeit, die länger anhielten; so wenigstens schien es mir.
Die mittleren Jahre des Lebens ließen mir kaum Zeit für Melancholie: meine Umgebung hielt mich für ein leidenschaftliches Geschöpf, das aus der Fülle lebt. Ich überließ mich allem, was über mich verhängt war, das Leben suchte mich heim in seinen schönsten und häßlichsten Formen, himmelhoch jauchzend, zu Tode betrübt nahm ich Glück und Erniedrigungen hin, kein Nährboden für Resignation, Depression. Leicht würde ich vermutlich auch die Schwelle zum Altern nehmen; Sinn gab es ja für mein Tätigsein, schon Schreiben allein enthielt mehr als genug davon. So schien es mir.
Doch es kam anders. Im Garten unter der Trauerweide, rosenumrandet, Stunde um Stunde bewegungslos in den blauen, den grauen Himmel starrend, nachts unter Sternen, wechselnden Monden, nichts mehr wahrnehmend als diesen Abgrund über mir, fiel es mich an, das Wort MELANCHOLIE: Alles zu Ende gehört, gesehen, gefühlt, gerochen, geschmeckt, was es auf der Welt zu Sehen, zu Hören, zu Fühlen, zu Riechen, zu Schmecken gab. Auf die versäumten Variationen kam es nicht an: »Meinen Sie Zürich zum Beispiel/ sei eine tiefere Stadt ...«
Stunde um Stunde auf meinem Bett hinter den Regenvorhängen, keines der abertausend Bücher, gesammelt lebenslang für solche Stunden, rühre ich an, keines der Bilder an meinen Wänden betrifft mich mehr, keine Musik. Ich besitze alles, womit ich die Leere füllen könnte, doch sie ist absolut. Einzig

die Uhr kommuniziert mit mir: Sieh, wie die Zeit vergeht. Wieviele Jahrzehnte, in denen ich nichts sehnlicher wünschte, als die Zeit anzuhalten. Vorbei. Kein Achselzucken, kein Kopfschütteln mehr bei der Frage Melancholie. Die Kindheit kehrt zurück und mit ihr Zeit als vergessene Dimension: ich bin alt.
Ein Kind lebt den Tag. Sein Tag ist lang. Es entdeckt ihn. Und seinen Körper. Es denkt nicht an Zukunft, weil sie abstrakt ist. Der alte Mensch lernt den Tag zu leben. Er kann lang sein. Entdeckungen: wie sich der Körper verändert. Er denkt nicht an Zukunft, weil er keine hat.
Gleichzeitig weiß ich: Resignation, Depression sind anderen Ursprungs. Äußern sich, wenn auch oft kaum unterscheidbar, anders. Depression kann ein beißender Schmerz sein; wenn man die Finger ans Sonnengeflecht legt, ist es wie eine Wunde. Resignation kann eine Summe von Mißerfolgen, von Erkenntnissen sein, schlimmere Übel können nachfolgen, Lethargie, Zynismus. Melancholie ist ambivalent; ein Tropfen Tinte im Glas bisher klaren Quellwassers. Aber sie ist auch wie Schweben inmitten einer gläsernen Kugel. Melancholie scheint endgültig und zugleich jederzeit aufhebbar: ich kann sie durchbrechen. Ohne Hilfe. Depression nicht. Nennt man die Melancholie deshalb eine Sünde: weil ich mich ihr überlasse? In Untätigkeit verharre? Tätigsein schließt Melancholie aus.

Melancholie hat mit Denken zu tun. Dem an die Ränder getriebenen Denken: wo es nicht mehr weitergeht, wölbt sie sich hoch zur Kuppel, verharrt dort, kein Grübeln, kein Bohren mehr, sie hat noch irdisches Maß, braucht keine Milchstraßen und Schwarzen Löcher, die Resignation auslösen, hat nichts zu tun mit Mißhandeltwerden, was zur Depression führen kann. Melancholie ist nicht häßlich. Ich hole das vergessene Dürer-Blatt, betrachte es, um mich zu prüfen: Ruhe ich nicht ebenso in dem Gerümpel, das Weltinhalt war? Bin ich nicht ebenso bekränzt? Sind die Flügel nicht meine

Poesie? Dann schlag ich das Buch zu; ich hab es um zwanzig Jahre versäumt.
Gibt es eine deutsche Melancholie? Eine englische, russische? Nordische, südliche, östliche, westliche? Gibt es eine schwarze, weiße, gelbe Melancholie? Hat sie Einsprengsel von Landschaft, Charakter? Kommt Melancholie von der Wiederholung? (Ich hab mein Leben nicht nur gehabt, gemacht, ich habs – für alle Zeit, wie die Poeten meinen – ins Gedicht gebracht.) Mein Gedicht ist besser als die Wiederholungen der Wirklichkeit. Ist meine Melancholie die Angst, unter dem Erreichten zu bleiben? Hier überschneiden sich die Traurigkeitsformen. Sarkastisch notiere ich, daß ich kein Wort, keine Wendung mehr erfinden kann, die nicht andere vor mir, mit mir, nach mir benützten, die ich selbst nicht schon längst verbraucht habe. Wenn ich nun einfach aufhören, nicht schreiben würde, nie wieder schriebe? Dann würde alles aufhören. Nahrung, Kleidung, Bewegung genügen nicht zum weiterleben. Nur, wenn ich unablässig die Erscheinungsformen des Lebens umkreise, kann ich noch eine Weile durchhalten. (Mich der Melancholie überlassen, um zu schreiben?) Sollte Melancholie biochemisch bedingt sein? Naturwissenschaftliche Ursachen haben?
Es liegt mir nicht, meine Physis, meine Psyche abzufragen. Und doch sind es mein bisheriger Lebenshunger, die Signale zum Gehirn oder vom Gehirn, die funktionieren, sobald es gefährlich wird. Ich befreie mich durch Bewegung. Das Wort Kreislaufübungen mag ich nicht, es klingt wie der Name eines Medikaments gegen Melancholie, die ich ja nicht ausrotten will. Auch ein Glas Wein, ein Ouzo können genügen, sie für eine Weile zu verjagen.
Weil der Regen nicht aufhört diesen Sommer, flog ich nach Griechenland. Doch die Melancholie ist mitgeflogen. Während ich dieses schreibe, liege ich gegenüber von Kap Sunion auf einem Pinienhügel, vor Augen den Tempel Poseidons. Ich nehme nichts wahr vom Menschengewimmel, gedenke Lord Byrons Namenszug, in die Säule geritzt. Im Maquisge-

strüpp hängen die leeren Puppen der Zikaden, glitzern die verlassenen Hornhäute der Augen. Über mir, unter mir, um mich das Geschrei der Ausgeschlüpften, Monotonie, motorisch in blauer Leere. Der Erdboden drückt. Ich registriere, mein alter Körper beklagt sich über Steine, Wurzeln, Dornen, Getier. Dabei beginnt die Melancholie sich aufzulösen, was ich wahrnehme, ist zu aggressiv, Segel vorm Wind, Konturen der Berge, Flugzeuge fliegen, Schiffe fahren, die Sonne brennt die Melancholie aus, die Zikaden zerhämmern sie, es soll Arten geben, die siebzehn Jahre Verwandlung brauchen, bevor sie zum Singen kommen; ich sehe die Formen der Zapfen von Kiefern, Pinien in allen Stadien, die unablässige Hochzeit des Meereshorizonts mit dem Himmel, das Glanzlicht, wie Müll und Beton auch hier die Landschaft zerstören, ringsum allgegenwärtig Plastik, der Thymian blüht, noch gibt es Schmetterlinge und Eidechsen, die Menschen erkennen es nicht, der Sonnenschutzfaktor ihres Hautöls ist wichtiger, ob meine Melancholie mit dem Ozonloch zu tun hat? Mit der Kernspaltung, dem Overkill jeglichen Lebens, dem Sterben der Bäume, der Flüsse, der Täler, des Wattenmeers, dem Verschwinden der Tiere, der wilden Blumen, die ich liebte? Morgens wenn ich die Augen öffne, nichts als Sinnlosigkeit, ich weiß nicht, warum ich geboren wurde, ich weiß nicht, warum ich sterben muß, ich zwinge mich aufzustehn, steig in den Badeanzug, geh zum Meer, tauche ein, wenn sich die Sonne erhebt, Kühle umfängt mich, belebt mich, das Meer macht mich mutig und alterslos, rechts leuchtet fern schon der Tempel auf, doch mit einer kleinen Drehung schwimm ich der Insel Makronissos entgegen. Nur einige Alte noch in den Tavernen machen eine Handbewegung bei diesem Namen, Erinnern glimmt auf, ich erkenne in ihren Augen die griechische Melancholie und weiß: sie kommt und geht, ich will vollends mit ihr zu Ende leben.

Margarete Hannsmann

Der Gast

1.
Wenn sich das Jahr neigt und die kurzen Tage beginnen, kommt sie, ein unerbetener und dennoch erwarteter Gast. Sie setzt sich zu uns, wenn wir allein sind. Sie bläst ins Kerzenlicht, bis heißes Stearin auf unsere Hand tropft.
Wir spüren den Schmerz, wohltuend wie eine Erinnerung. Einen Lidschlag lang wähnen wir, unserer Schwermut entronnen zu sein. Aber sie ist noch im Zimmer. Sie sitzt uns gegenüber im gleichen Sessel, wo unlängst eine andere gesessen hat. Ihr Glas ist leer. Die Bedeutungen sind ausgetrunken bis auf einen unbedeutenden Rest. Ihretwegen brannte die Kerze.
Wir spüren den Atem der Schwermut. Er ist nicht kalt und unfreundlich, aber er wärmt nicht. Er ist nicht leblos, doch das Leben ist in ihm gleichsam geronnen, durchscheinend wie farbiges Glas und wie ein Wunsch, wenn er zu altern beginnt.
Unbehagen beschleicht uns. Wir schalten das Licht ein, wir löschen die Kerze. Das Zimmer liegt unbeteiligt und fremd in der Helle. Wir hatten geglaubt, es sei schön. Aber wie könnte es schön sein, wenn wir es nicht lieben?
Unser Gast gibt sich nicht zu erkennen. Wir wissen, daß er keine Gestalt besitzt außer im Zwielicht, in der nahenden Dämmerung. Da trägt er zuweilen die Züge einer kaum der Adoleszenz entwachsenen Frau. Sein Gesicht ist traurig, gehärmt von einem sinnfernen Weg. Nur in den Augen glänzt es, als lauere dort ein unbegreifliches Fremdes, eine Botschaft aus Glücksländern, die unter dem großen Schaufelbagger des Wohlstands verschwunden sind, teils aufgehaldet mit anderen nutzlosen und gar nicht seltenen Erden, teils zu nutzbarem Staub geschlämmt und aufbereitet, zu Kunstdünger zum Beispiel, der, auf die Felder gestreut, kein Glück, einzig Überfluß hervorbringt.
Wir wollen das Gesicht der Schwermut nicht sehen. Wir ken-

nen es wie die Dämmerung, die den Dingen ihre Kontur nimmt, sie vielgestaltig macht und, die Schlagbäume unserer durch Papiere und Pässe geregelten Welt umgehend, einen Sinn über Gebirgsstöcke führt, der doch bei Strafe des Todes zeitlebens verbannt ist. Wir dulden die Dämmerung nicht. Wir vertreiben sie durch Straßenleuchten und Scheinwerferpaare. Ihr Lichtkegel schweift über die Wegränder, hinter denen sie lauert.
Doch die Schwermut läßt sich nicht vertreiben. Sie wird unsichtbar, wie es der von uns verachtete Tod seit langem geworden ist. So haben sich beide, wie es Paria tun, miteinander verbündet. Von allem gehaßt, geloben sie, uns zu hassen. Sie vermögen es nicht, denn nichts liegt ihrem Wesen so fern wie der Haß. Doch manchmal beginnen sie, uns zu quälen. Oder sind wir es selbst, die sich martern, wir, die wir mit der Dämmerung auch alle Schatten verbannt haben? Unsere Lebensnamen lauten anders: Freude, aber da ist keine Freude; Liebe, aber da ist keine Liebe; Glück, doch das liegt aufgehaldet oder wie Mist ausgestreut auf dem unüberschaubaren Feld der Verwandlungen, wo aus Hoffnung Trübsinn wird, eine ergiebige, lagerfähige Frucht, geboren aus der rainlosen Unendlichkeit, der Nutzbarkeit, die keine Grenze kennt, der Gewaltsamkeit, die keine Flursteine achtet. Sie, die wie eine Saat wächst, unscheinbar und vielfältig, eine Dutzendware, ein Jedermannskraut, reicht für Millionen und ist allzeit von gleicher Fadheit und überaus sättigend.
So ist das neue Jerusalem auf der Asche des alten Glücks, auf seinem Phosphorpulver erbaut. Und die Metropolen sind das neue Jerusalem, die Wabenstädte: Beton-an-Betonwand.
Die Schwermut verliert ihren Namen, nachdem sie ihr Wesen verloren hat. Nun heißt sie Depression oder gar endogene Depression. Meiner Freundin Melancholie gleicht sie nicht. Sie ist ohne Freundlichkeit, kein Gast, sondern ein Eindringling, ein Störenfried. Sie verschafft sich gewaltsam Zutritt zu unseren Zimmern. Sie haust darin, als sei sie der angestammte Besitzer und dennoch ohne Achtung für ihr Eigen-

tum. Sie breitet sich aus, sie vertreibt uns. Wir fliehen, unsere Wohnung preisgebend, in vergitterte Stuben und weiße Klinikbetten. Alles ist hier so sauber, daß selbst sie keinen Zutritt hat, die Reingewaschene, die Saubermännin.
Keinen Zutritt, so sagen die Ärzte. Keinen Zutritt, so trösten die Pfleger. Gern wollen wir ihnen glauben und vermögen es nicht, weil wir zu glauben verlernt haben. Und da kein Zuspruch hilft, brauchen wir stärkere Mittel: Tabletten, aus der gleichen, zu Pulver zerstoßenen Glücksasche gepreßt, wie sie auf die depressiven Felder gestreut worden ist: Ein Gift, das zu töten versteht, vermag auch zu heilen.
Langsam werden wir still, und auch die dunklen Stimmen, die wir vernommen hatten, schweigen in uns. Als geheilt entlassen, ziehen wir in unsere einstige Wohnung ein. Es ist nicht wahr, daß sie uns nicht mehr gehört, es ist nicht wahr, daß wir sie mit einer Herrschsüchtigen teilen. Wir sind die Herren unserer Wohnung, wie wir die Herren der Erde und unserer Herzen sind. Wie der Kammerjäger in unvordenklichen Zeiten gegen Ratten und Wanzen zu Felde zog, haben, während wir fort waren, Glücksjäger unsere Räume gereinigt. Alles ist blendend hell, die unbefleckten geschmackvollen Tapeten strahlen in unbesieglichem Glanz.
Fröhliche Musik empfängt uns aus Lautsprecherboxen, ebenso eine um uns besorgte Frau – ja, die haben wir auch, wie konnten wir sie nur vergessen, wie die Kinder und die einst vertrauten Dinge, an die wir uns kaum noch erinnern! Manisch, mit hoher Tatkraft beginnen wir unseren Tag. Aber er will nicht mit Tatkraft, er will mit geziemender Gleichgültigkeit, ohne Verdruß, doch auch ohne Freude begonnen werden. Und wie Kakerlaken, die, einmal eingezogen, aus ferngeheizten Räumen nie gänzlich vertrieben werden, kehrt die Depression, und zwar in immer kürzeren Fristen, in unsere blitzsauberen Zimmer zurück.

2.
Der Melancholiker zeigt uns ... eine großartige Ichverarmung. Bei der Trauer ist die Welt arm und leer geworden, bei der Melancholie ist es das Ich selbst.
Sigmund Freud

Eine großartige Ichverarmung kenne ich nicht, obwohl ich ein Melancholiker von Geburt und durch mühvolle Selbsterziehung bin oder weil eines dem andern entgegenkam in jener merkwürdigen Wahlverwandtschaft, die Kristalle und Seelen hervorbringt. Meine Trauer macht die Welt nicht arm und leer, ebensowenig meine Melancholie: Sie ist herbstlich. Sie schenkt die »tiefen Blicke« aus einer Zeit, da eine Frau zu lieben nicht weniger galt, als mit ihr zu schlafen. Eros, der alles Erfüllende, der Unerbittliche, der zerstört und hervorbringt, tritt als dritter herein.
Ich weiß, daß er wie ein Jugendgestirn, so ein Sternbild des Alters ist. Als jenes belebt und begeistet er, er verlockt und fordert als dieses, bis wir, unsere Kraft überschätzend, uns an ein Spiel wagen, dem wir nicht mehr gewachsen sind. Wir handeln wie Josef Knecht, der, dem Jüngling und der jungen Sonne nacheifernd, die Kleider ablegt und sich der klarsten und kältesten Flut anvertraut, die ihn beleben und töten wird.
Soll ich von Eros sprechen, wenn von meiner Gefährtin, der Melancholie, die Rede ist? Ja, denn auch sie trägt ein Doppelgesicht. Das Verborgene und das Wortlose erschließend, das Gedanken- und Herztiefe zugleich, ist sie ein Quell des Schöpferischen in der Kunst und im Leben. Sie beseligt und durchglüht uns mit einer Schönheit, wie sie vertrauter und zugleich fremder nicht sein kann. Man muß stark sein, sich ihr hinzugeben, ohne verführt zu werden von den tausend Stimmen im Grund, die immer Stimmen der Sehnsucht sind. Vielleicht nimmt mir das Alter die Freudigkeit und läßt die Saiten, die schwingen könnten, erschlaffen. Vielleicht wird die Welt einmal arm und leer für meine Augen. Dann hört die

Melancholie auf, meine Lebenserneuerin zu sein. Dann wird sie ein Scheinbild. Der Wind des Vergessens, der Lagunenwind, weht dann seeher mit dem feuchten Atem einer gottungefälligen Schwermut, mit Luftspiegelungen und Halluzinationen beladen. Sie entstammen einem zum Sterben verurteilten Meer und erfreuen das Herz nicht, das zu verzweifeln beginnt ...

Heute, wo ich die Lebensmitte bereits überschritten habe und die dürftig gewordenen Schatten wieder zu wachsen beginnen, langsam und dennoch merklich, wie sie es nahe dem Mittagspunkt tun, heute, da ich sorgen muß, daß die Melancholie keine Macht über mich gewinnt, heute ist es an der Zeit, ihr zu danken: ihr, meiner Freundin, die sich weigerte, je meine Geliebte zu sein, doch die ich wie kaum eine andere geliebt habe; ihr, die mir verwehrte, jäh in eine Leidenschaft zu stürzen, wie ich es so oft gehört und so selten gesehen habe; ihr, die hinderte, daß ich mich gänzlich verlor, die mir viele Freunde und wenige Bindungen schenkte, weil ich durch sie gebunden blieb. Jede Liebe erfüllte sie und gab ihr ihren Atem. In jedem Mädchengesicht sah ich zugleich ihr Bild, aus jedem schönen Auge fiel auch ihr Blick.

Wie deutlich sehe ich sie an jenem Novemberabend vor mir, da, die ich so gern bei mir sah, mich verlassen hatte und ich dennoch nicht allein war. Denn die Melancholie ruft die entfliehenden Bilder zurück und läßt uns die Anwesenheit des Geliebten empfinden. Eine Musik klingt in uns nach, ein Buch, das uns bewegte, ein rauschhaftes und zugleich schmerzliches Glück.

Auf dem Spiegel, der sonst kein Bild zurückbehält und von keinem getrübt wird, steht jetzt ihr Name, und ich weiß nicht: Ist sie mein Geschöpf oder bin ich das ihre? Kann sie einen Augenblick leben, wenn ich sie aus meinen Gedanken entlasse, und ich ein Jahr, wenn sie mir fernbleibt?

Uwe Grüning

Beim Lesen Lenaus

Gleichgültigkeit des Regens und der Wolken,
Gleichgültigkeit: ein trister Flüsterlaut,
ergeben seinen Kopf dem Regen hingehalten,
der ihn beweint bis auf die bleiche Haut.

Absterben bei belebtem Leib, mit offnen Augen,
verhängt von dichten Schleiern aus Melancholie,
verfolgt vom ewig gleichen Regen allerorten,
bis daß er endet: doch er endet nie.

Günter Kunert

Abendleid

Der November hockt in der Kneipe
abends wird man dort älter
und über einer kalten
Hühnersuppe
gleichgültig

Jetzt wohnt der November
noch nebenan
der Winter wohnt dann
bei mir

Frederike Frei

Immer hab ich Lust auf alles

Immer hab ich Lust auf alles. Schrecklich. Immer freu ich mich voll. Grausig. Alles macht Spaß. Ob ich zum Griechen geh oder zuhause hungere, immer bin ich begeistert in meiner Gesellschaft. Kauf ich Kuchen, ist es toll, daß ich Kuchen gekauft hab, kauf ich keinen, ist es toll, daß ich keinen Kuchen gekauft hab. Ich bin doch eine arme Irre. Nie fall ich tief und fall ich tief, bin ich froh, die Welt von unten zu sehn. Es ist so gleich, wer oder was ich bin und ob überhaupt. Immer sperr ich den Schnabel auf: ein Wörtchen für Oma, eines für Opa, die schlechten ins Töpfchen, das böse im Köpfchen. Alles atzt. Ich kann überhaupt nicht trauern. Schon bin ich begeistert vom Tränenstrom. Was er wegschwemmt! Wie er mitreißt! Und wie zierlich er versiegt! Aufgeweicht der Wald- und Wiesenboden, hoch aufgeschossen das Gras, das drüber wächst. Mich bedrückt nicht einmal das Wetter. Es wechselt sein Kleid, um mich zu überraschen. Hat es lange dasselbe getragen, kann ich es vergessen und alles andere denken. Immer ist es für mich da und will nur mein Bestes, das es auch kriegt. Nie stöhn ich mit anderen und sehe Grund, mich zu beklagen. Wie soll ich denn etwas zu sagen haben, wenn ich alles nehme, wie es kommt. Hauptsache, es kommt. Wie soll ich denn den Roman eines Lebens schreiben, wenn ich schon glücklich bin, fünfzig Pfennig zu finden. Schon fünf! Naja, fünf ist leicht übertrieben. Und doch, wenn es da liegt, das dümmliche Fünferl in ranzigem Gold, dann steigt das Blut auf die Barrikade. Die Finger grapschen hin und kennen nur Haben und Reichersein, und die Lust fährt Paternoster in der Brust oben um die Kurve und juckelt wieder nach unten, so geht das schon ewig, ich hoffe auch noch im Tod. Nur die letzten drei Tage, das würde mir reichen. Natürlich drückt mich das Leid drumherum und inhierdrin, wohl wahr, wohl...wohl...wohlig wahr. Allen Sätzen glaub ich aufs Wort. Was denn sonst. Jedes Wort ist doch eine Welt. Jede Welt stimmt doch. Auch dieser Text macht mich kaputt, weil

er mich nicht kaputtkriegt. Das kenn ich schon. Wenn es wenigstens eine Satire wäre. Das Peinliche ist, ich glaub, es ist keine. Adorno hatte es gut. Dem ging es wenigstens schlecht. Ich bin vielleicht zu dumm dazu. Aber klug genug, das zu befürchten.
Und nie Lust, aufzuhören.

Frederike Frei

Der Unbekannte Bamberger Reitersoldat

Was hat er hier zu suchen
im Dom mit seinem Pferd,
fragt sich jeder und sucht
das Zugpferd der Touristen.
Sein kurz an den Zügel
gebundener Arm schützt ihn
vor Blicken nicht. Wer er
bloß ist. Diese Frage macht
ihn berühmt. Er schaut auf
uns herab, ohne auf uns
herabzuschauen. Er gibt sein
Gesicht preis, die Müttermiene,
die er nie ablegt. Ihn rührt
unser Unglück, er krümmt den
Rücken, er ahnt, was kommt.
Es kommt schon so lange,
es kommt immer noch und wird
immer wieder und wieder noch —
er wittert es in unseren Blicken,
Tritten, Auftritten. Er spricht
nicht, er schürzt Lippen vor,
Puffer.
Seine Augen sind Höhlen, Gräber,
vor die ein Stein gewälzt wurde.
Er ängstigt sich täglich, von
Jahrhundert zu Jahrhundert.
Die Sorge steht im Gesicht.
Je weniger sie gelesen wird,
umso deutlicher. Er bleibt dabei,
zu verkümmern. Das ist sein
einziger Sieg.

Frederike Frei

mondlose nacht

der vorrat
an wolken
ist aufgelöst
die luft
trägt ihr langes kleid
aus nacht

auf der netzhaut
ein violettes nachbild
als erinnerung
an die sonne

der wind übernachtet
auf einem
anderen stern

es kommt nichts mehr
über den horizont

der zenit
hat uns
überfallen

D.P. Meier-Lenz

dornröschen

da sitzt du
mit spinnradgedanken
deine liebe schläft
mit der spindel im schoß
deine augen bleiben
wie tropfen
auf dem mittag
liegen

draußen balanciert
mein ermüdender kuß
über dornen

allmählich
legt sich staub
auf meine träume

D.P.Meier-Lenz

Trennung

Ein Pfiff durchschneidet ertrinkende Augen
Die Flut wird erstickt vom Stampfen des Zugs
Dann —
        ungewöhnlich hängende Stille
Wer spannt jenen Bogen
Daß er nicht zerbricht über mir
Kein Tor steht mehr offen zur Zitadelle
Der hellgrüne Traum ist restlos vergilbt

Herbst ist im Nebelland durchscheinend die Hecke
So ziehe zum Winterschlaf unter mein Lid

Verspäteter Bergstrom treib uns in die Schluchten
Bis daß dereinst wir vielleicht sommern

Wolfgang Jöhling

Chopin

Draußen ziehen die Birkenfäller vorbei
Da blickt er auf es rauschen die Flügel
Tropfen beginnen auf ihnen zu blitzen
Fallen und rieseln die Rinde herab

Fiebernde Hände durchstreichen die Heere
Ihr A-Dur-Schlag wirft die Äxte zu Boden
Und wieder ist Nacht in der Ungesagtes
Gesagt werden wird auf blassenden Segeln

Die mischen im Wirbel sich unter
Sehr ferne Flocken die langsam
Bedecken ein harziges Herz das
Unterm dämmernden Sandweg noch zuckt.

Wolfgang Jöhling

Wagnis

Nie hatten wir mit dem Wagen
Hinterm Berge gehalten und doch
Ergreift mich das Morgengrauen
Heimlich wird unsereiner die Latte
Vom Zaune unserer Heimstatt brechen
Von der geborgten Geborgenheit
Wo Zweisamkeit aufging
Wie Saatgut in der Gleichung doch
Einmal ist der unheimliche Berg abgetragen
Dann heißt es aussteigen für einen von uns
Den grausigen Morgen begreifen
Mir graut

Wolfgang Jöhling

spät

der lunapark schließt
der mond bleibt lakonisch
die brücke nun leer
der fluß weiß von nichts
der tag ist vorbei

sie meinte: so gehts
doch uns allen —
aber nein
aber nein
mir geht es ganz anders

schwarz die fenster
fluglichter am himmel
ein mann radelt heim
ein spätzug noch
stille dann

Kurt Marti

Lebensabend

Er wollte nicht zurückblicken, wollte nicht wissen, was er versäumt hatte. Die Hauptstraße war ihm fremd geworden. Die Fußgänger modern. Die Geschäfte waren anders, verwirrender, mühseliger. Der Weg hin bis zur Milch war weiter als der zum Brot und die Flasche Bier lag wieder in einem anderen Regal. Sein Rücken war nicht mehr so gelenkig wie noch vor zwei Jahren, aber der Schlaganfall hatte ihn trotzdem verschont.
Mit Mutter war das so eine Sache. Die wollte schon gar nicht mehr einkaufen gehen. Sie ging nur mit ihm in den Werderpark, möglichst auf die gleiche Bank, und er dachte an die stillen und langen Wintertage, die ihnen am meisten zu schaffen machten. Dann waren sie gezwungen, zu Hause zu bleiben, in der Küche zu sitzen, am Abend vor dem Fernseher, der ihn einschlafen ließ, wenn seine Augen dem schnellen Zeug nicht folgen wollten.
Er sprach mit Mutter über den Krieg, das brachte ihn in muntere Erinnerung, das war nämlich die einzige Zeit seiner Freiheit gewesen. Er traute sich nicht, das einem laut zu sagen, weil er allein wissen mußte, was er sagte. Natürlich wollte er keinen Krieg mehr für die anderen Leute jetzt, aber die waren ohne den Krieg frei. Die konnten ohne den Krieg umherfahren, umherreisen, umherwohnen. Die brauchten das nur zu wollen, dann gelang es auch schon. Wie die das anstellten mit der Wunscherfüllung, blieb ihm wohl bis er neunzig war ein Geheimnis. Jetzt war er sechsundsiebzig. Mutter war Fünfundsiebzig. Nur manchmal erinnerte er sich daran, daß sie Sophie hieß. Den Namen Sophie las er höchstens noch in Todesanzeigen. Für was die Todesanzeigen doch gut sind, dachte er dann, dann lernen die Schulkinder wenigstens noch die alten Namen kennen. Er hieß Nikolaus. Das traute er sich keinem Kind zu sagen.
Die Mutter konnte nicht mehr so recht hören, das war ganz gut so, so konnte er, ohne etwas wegzulassen, seine Erinne-

rungen, wenn sie ihn manchmal bedrängten, loswerden. Er spürte das genau, die Erinnerungen machten ihm bloß zu schaffen, wenn er sie nicht loswurde. Die Erinnerungen, die seine Gefühle einmal in Bewegung gesetzt hatten. Er wollte keine zwanzig sein und auch keine dreißig. Er hatte gewußt, wann er Hunger hatte, wann er keine Arbeit hatte, und wann er ein Mädchen wollte. Alles zu seiner Zeit. Schön langsam und abwarten, das war seine Lebensdevise gewesen. Dabei konnte er rennen wie ein Zirkusgaul und klettern wie ein Dachdecker. Aber der Krieg hatte ihn nach Frankreich gebracht. Da war er eine Weile geblieben. Er hatte sogar ein richtiges Theater kennengelernt von innen und viel Musik gehört und auch halbbekleidete Tanzfrauen gesehen.

Das Haus, in dem er geboren war, stand in einem Dorf in Thüringen, das nicht einmal eine eigene Schule hatte. Das waren lange Schulwege gewesen. Für ihn war das immer praktisch, da konnte er die Rechenaufgaben auf dem Schulweg lösen. Da gab es natürlich auch keine solchen Tanzfrauen. Gearbeitet hatte er später auf den Feldern mit dem Vater und dem alten vergichteten Opa, der sich noch verflucht gut bücken konnte bei den Kartoffeln.
Der Krieg war endlich die Abwechslung für ihn. Endlich mal fort aus dem Dorf, fort von der ganzen Verwandtschaft, fort von den Mädchen, die er fast alle kannte, von denen er aber keine heiraten wollte. Zwischendurch hatte er von jedem Handwerk das Nötigste gelernt. So war er ganz brauchbar im Krieg. Er hatte nämlich ein Augenleiden, so kam er nie nahe an den Feind heran. Das störte ihn nur am Anfang. Als er nämlich die Halbtoten und Halblebenden zurückkommen sah in die Rotkreuzzelte, da dankte er für die Augen.
Er staunte, wenn er am Morgen die Zeitung las, wohin die Leute, schon die ganz jungen, reisten und reisen konnten. Er kannte keinen einzigen Menschen, der soviel Geld gehabt hatte für solche Reisen, und wenn es nur die Hälfte des Weges gewesen wäre. Deshalb war er froh, daß er wenigstens

durch den Krieg andere Städte, andere Dörfer, auch andere Mädchen kennengelernt hatte. Er stand gern auf der Hauptstraße, wenn wegen etwas demonstriert wurde. Er sprach dann mit keinem, obwohl er das gern gewollt hätte, aber seine Kriegsmeinung hätte ihm vielleicht noch Prügel eingebracht, und Prügel wollte er keine mehr haben, die hatte er auch schon weit in der Gefangenschaft hinter sich.

Sophie war Krankenschwester gewesen, und wenn er die nicht kennengelernt hätte, dann hätte er wohl keine mehr mitbekommen. Sie war nicht die schönste und nicht die schmalste Braut gewesen, dafür hatte sie aber Hände in die Heirat gebracht, die zupacken konnten. Es hat immer was zu essen auf dem Tisch gestanden, oft Leckerbissen.

Mutter mußte jetzt krank sein, denn sie hatte keine Lust mehr. An nichts. Sie packte nicht mehr zu. Seit die Enkelkinder, die drei, die sie hatten, nicht mehr zu Besuch kommen durften. Das hatte er davon, daß er dem Sohn jedes Stückchen Lohn in die Konditorei gesteckt hatte. Der hatte jetzt das feine Geschäft. Es war fast so fein, wie er mal eins auf einem Kalenderbild aus Eisenach gesehen hatte. Damals ging er in die siebte Klasse, aber der unsichtbare Duft all der Torten und Kuchen ging nie mehr aus der Nase.

Er wunderte sich, daß noch keiner darangegangen war, die alten Leute einfach abzuschaffen. Es gibt doch Pillen und Tabletten für alles, die, die kein Kind kommen lassen, und weshalb dann nicht die, die die Alten stoppen. Dann hätten sie es erreicht. Wer weiß, ob sie ihm nicht heimlich was in den Kuchen getan haben, seit er den letzten vom Sohn geschickt bekommen hat. Aber solche Gedanken behielt er für sich. Das gab doch so einige Geheimnisse, die er vor der Mutter hatte.

Die Enkelkinder waren genauso schön und langhaarig wie im Fernsehen, manchmal dachte er, sie alle drei spielten jeden Abend mit. Für ihn waren die Leute nicht mehr auseinanderzuhalten. Ob das an seinen Augen lag, das wußte er nicht. Er hatte aber noch die Gesichter so einiger Leute aus dem

Dorf im Sinn. Vielleicht waren das andere Gesichter.
Die Supermärkte bedrängten ihn, und wenn die Wege zu den kleinen Lädchen nicht umsonst wären, er ginge nie zu einem Supermarkt. Die Wege waren zwar noch da, doch die Lädchen waren weg. Milch und Brot und Eier und Zucker gab es woanders. Er haßte das Drängeln hinter seinem Rücken an der Kasse, die albernen Bemerkungen, daß alte Männer Zeit zum Warten, zum Stehen hätten.
Wenn Mutter bloß nicht auf die Idee käme, unbemerkt zu sterben. Wenn er wüßte, was es noch Neues gäbe für sie. Ob er mit ihr in so ein modernes Altenheim gehen sollte? In eines, in dem die Wände alle weißgekachelt waren in den Toiletten? Er war nämlich einmal dort gewesen, um seinem letzten lebenden Vetter, kurz vor dem Sterben nochmal zu sagen, daß er eigentlich immer ein Scheißkerl gewesen sei, weil er nie eine Meinung lange beibehalten konnte. Der Vetter hatte ihm das nicht übel genommen und ihm dafür den Farbfernseher vermacht, den er auf seinem Zimmer stehen hatte. Egal, wo einer ist im Leben, dachte er, wenn er für die fremden Augen und Ohren was vorzuweisen hat, ist er gleich besser angesehen.
Er wußte genau, ihm erginge es im Altenheim nicht gut. Erstens müßte die Stadt seine Unkosten zahlen, für einen Monat mehr, als er hier mit Mutter für drei Monate bekam. Das war eine solche Unsinnigkeit der Soziologischen, wie er alle Sozialleute nannte. Dann wußte er nicht, wieviel der Sohn freiwillig zuzahlte.
Er läge jetzt gern in einem Lazarett und ließe sich zu Tode pflegen, da hätten sie ihm wenigstens ergriffen die Augen zugedrückt, so wie er das auch oft machen mußte. Vielleicht sollte er sich gar nichts mehr aus dem Leben machen, und es den Jüngeren überlassen, die doch schon lange genug darauf warten. Von Rechts wegen sollte er noch schadenfroh sein, denn es ist ein Unterschied, ob einer das Leben selbst in die Hand nimmt oder es von anderen gemacht bekommt.
Er weckte Mutter und sagte, er wolle am Abend mit ihr ins

Ballett gehen. Ins Ballett, fragte sie ungläubig, ist dir nicht gut, Nikolaus, fragte sie vorsichtig. Es dauerte drei Stunden, bis Sophie alles gebügelt und gerichtet hatte, und sie saßen geduldig mit den ersten in der fünften Reihe Parkett Mitte. Er dachte an seine Enkelkinder, die das bestimmt unnötig fänden, er dachte an Mutter, die mit dem Essen ein bißchen sparsamer wirtschaften müßte. Wenn er bloß bessere Augen hätte.

Elisabeth Alexander

Spanien

Apfelsinenröcke
Flamencomädchen
Toreromänner
zwischen Blut
allein
in heißen Arenen.
Rot ist das Leben.

Fromme Frauen
stehen am Rand —
beweinen
Fischerknaben
und suchen
im Meer —
Vergangenes.

Elisabeth Alexander

Zum Totensonntag

Das leere Haus steht offen —
Windschatten
schleichen bescheiden
über kalkweiße Trennung.

Gestern noch blühte
eine Rose im Beet —
geschlossene Augen
halten die Sonne fern.
Der Todesschütze
trifft den Dorn in der Mitte —
gleich bleiben Blätter
im verästelten Schein
der Nacht.

Die Mutter friert.
Der Herd trägt kein Feuer mehr.
Die alte Treppe stöhnt —
im knarrenden Gebälk
erschrickt die Zeit.

Topfkuchen schmückten einmal
den Tisch —
doch das ist lange her —
und Tote zeichnen zart
geliebte Worte in Mütterherzen.

Elisabeth Alexander

Allerseelen

Als Kind schritt
Ich ehrfurchtsvoll
Hinter den Eltern
Zu den Gräbern.
Die Toten lagen
Vorbereitet
Auf diesen Besuch,
Festlich geschmückt
Mit frischen Tannenzweigen
Und herrlichen Chrysanthemen.
Die Einsamen tröstend,
Standen auf jedem Grab
Kleine Lichter, farbige,
Bunte Lämpchen.
Die Dämmerung kroch
Aus den Bäumen und
Alles Lebendige
Wurde zu Schatten.
Flüsternd neigten
Sich die Stimmen.
Gebannt fühlte ich
Die kalte Pracht
Und die ferne Gelassenheit
Des Todes.
Mich fröstelte —
Und schaudernd floh ich
Zurück
In die Helle des Lebens.

Elisabeth Alexander

Licht in das Leben

Der Ort irgendwo im Land, abseits und
allem ausgesetzt.
Eine Straße, ein Haus.
Halbleeres Zimmer im ersten Stock
mit vierzig Jahre alten Tapeten
die hohen nackten Fenster
gehen auf den Hof, dort
erzählen zwei Kinder bei Sonne und Regen
blutige Geschichten
die Nachmittage hindurch
in immer
dunkleren Farben.

Guntram Vesper

die verleugnung von winckelmann

melancholie sprachst du sei ein vertrauen
bildender zustand wie das nachdunkeln
von alabaster in überglasten sälen

aber es klang wie ein abschied
vom milchigen licht der museen
und den unveränderbar starren figuren

an die sich vergebens die schatten
zu schmiegen versuchten da zog schon
die dämmerung ein in die stilvolle halle

wir nickten den steinernen einen gruß
beim verlassen und rieben uns wund
am gedanken den olymp niemals mehr zu betreten

Thomas Böhme

vom lebensrhythmus der eintagsfliege

sie haftete an der weißen gardine die nacht
und den halben tag lang. ich sah beinah
jede stunde nach ihr. sie bewegte sich nie.
schließlich dachte ich sie sei tot ich

berührte sie sanft mit dem zeigefinger
der linken hand doch als hätte sie nur
in erstarrung verharrt bis sie einer erlöse
schwirrte sie durch den raum. ich verlor

das interesse an ihr. wie kann man ein drei
viertel leben einfach verschlafen? fragte
ich jeden der an meine tür trat und das
waren etliche in jenen tagen. doch keiner

doch keiner
        gab antwort.

Thomas Böhme

mandragora

erwachend an diesem 23. juni mit dem wort mandragora
im munde mein körper war schweißgebadet ich preßte
die zungenspitze gegen den morschen zahn ich dachte

die zähne wurzeln wie nachtschattenpflanzen im kiefer.
dann lag ich im zahnarztsessel und konnte noch sagen
ich kämpfe um jede ruine in meinem mund bitte halten

Sie ihn noch ein jahr oder zwei und schon hatte ich
haken und bohrer dazwischen ich zwang meine angst
in die finger sie krallten sich ineinander ich konnte

auf alle fragen nur lallen es klang mir wie mandragora
als ich schrie lachte er, das ist der nerv na probiern
wirs nochmal aber ziehen wär schließlich das beste.

ich lief leichenblaß durch den blutjungen sommer und
fand einen stehplatz im hörsaal bei michel tournier
der französisch sprach ich verstand ein paar worte

la lune le soleil poesie eine bitterkeit lag auf der
zunge das lachen im auditorium schmerzte ich wußte
vom mythos alraune mandragora die wurzel la racine.

Thomas Böhme

Am Fenster

Heute zwischen den Steinen
sah ich die Sonnenblumen welken,
Astern und Zinnien und Welschkornblätter,
hörte im nahen Gehölz
die Galläpfel platzen.

Am Fenster stehend, dachte ich
mein Hemd zu färben,
ehe ich reise.

Christoph Meckel

Hymne

Ich lebe in einem Land, das seine geschundenen
und geflickten Garderoben den Spiegeln des Himmels
vorführt ohne besondere Koketterie,
in einem Land unter Tränengloriolen,
dessen ewige Grenzen Klagemauern sind.

Ich lebe in einem Land, das verliebt ist in den Tod,
seine Erde ist mit zahllosen Särgen möbliert
und ausgestattet mit Knochen, die abgeklärt
den Schankwirt des Todes um neue Gefährten bitten,
dem Himmel des Landes steht die Sonne gut,
doch seine Sterbefabriken schließen sich nie.

Ich lebe in einem Duft von abgestandenen Seufzern,
der Gewißheit des Todes, der Ungewißheit des Lebens,
zwiefach unwillig verbunden und verpflichtet
durch Angst und unausweichliche Vorsicht,
die ein Zirkusaffe auf dem Rücken
eines Elefanten braucht, um nicht zu stürzen.

Ich lebe in einem Land, das verliebt ist in den Tod,
ein Tränenkrug ist sein Wappen und Souvenir,
ein Blutegel sein Maskott, seine Fahnen Vogelscheuchen,
der tausendste Enkel meiner Hoffnung kam um.
Der letzte Schild meiner Zuversicht ist zerborsten.

Christoph Meckel

Der Pfau

Es war Charla, die den Kontakt nach sechs Jahren, vier Monaten und siebzehn Tagen wieder herstellte. Ich stand im Badezimmer und war gerade dabei, mir die Rasierseife ins Gesicht zu pinseln, – da klingelte das Telefon. Drei Tage zuvor war eine der vier Badezimmerspiegellampen kaputtgegangen, doch die Helligkeit ließ nichts zu wünschen übrig. Ich trug meine graue Trainingshose und ein ärmelloses Unterhemd, mit dem Rasierstick ging es allmählich zu Ende, mit allem Leben geht es ständig langsam zu Ende. Die Rasierklinge mußte noch nicht ausgewechselt werden, an einem Papiertaschentuch hatte ich ihre Schärfe geprüft, ihretwegen brauchte ich mir keine besonderen Gedanken zu machen.
Da klingelte das Telefon. Mit dem Frotteetuch, das griffbereit am Handtuchhalter an der Duschwand hing, wischte ich mir den Schaum aus dem Gesicht, eine dicke, saftige Flocke fiel ins Waschbecken. Es war 15 Uhr 28, die winzige Batterie in meiner Armbanduhr hatte ich erst kürzlich ausgewechselt, ich ging davon aus, daß es tatsächlich 15 Uhr 28 und einige Sekunden war.
Charla entschuldigte sich, sie würde nur anrufen, sagte sie, um zu fragen, ob es mich noch gäbe, wirklich nur deswegen würde sie anrufen, sagte sie.
Ich hatte die Tage, die Monate, die Jahre gezählt, eine lange Liste.
Nun stand ich da mit dem Telefonhörer in der Hand. Ich wußte, daß du anrufen würdest, sagte ich, eines Tages würdest du anrufen, davon war ich überzeugt, sechs Jahre, vier Monate und siebzehn Tage habe ich darauf gewartet.
Charla lachte. Geht es dir denn gut? fragte sie.
Ich importiere Kitschbilder aus Nordkorea, sagte ich, und warte immer noch auf das Geschäft meines Lebens. Diese Pseudokunstwerke aus gefärbten Muscheln sind tatsächlich unbeschreiblich gräßlich, sagte ich, was sich leider noch immer nicht genug herumgesprochen hat.

Während knapp zehn Minuten erzählte Charla mir von sich, ich stand in meinem Unterhemd da und spürte die Kühle auf den Schultern.
Einen Bankbeamten aus Gent, wiederholte ich, als sie mich wissen ließ, daß sie geheiratet hatte, vor fünf Jahren etwa. Ja, in Gent lebe sie nun, sagte Charla, was mir bestimmt merkwürdig vorkäme. Genau das tat es auch.
Anschließend ging ich ins Bad zurück, pinselte mir neuen Schaum ins Gesicht, nahm die Klinge und langte zu. Den restlichen Nachmittag verbrachte ich mit Fernsehen. Voll konzentriert schaute ich mir zwei Kindersendungen und die Musikhitparade an. Bei einem Lied von Nick Kamen mußte ich kurz weinen. Als das Lied vorbei war, beruhigte ich mich wieder. Eine Ähnlichkeit mit Charlas und meiner Geschichte war eigentlich nicht festzustellen.

Kurz nach sechs kam Linde, meine Frau. Nach dem Abendessen spielten wir eine Partie Scrabble. Als ich das Wort *Scharnier* setzen wollte, klingelte das Telefon. Ich sprang auf und rannte an den Apparat. Es war meine Schwiegermutter, sie wollte mit Linde sprechen, was sie dann auch tat. Es ging um die Nachbarstochter, die sich scheiden lassen wollte. Soweit ich die Sache verstehen konnte, stellte sich urplötzlich die Frage nach den Hochzeitsgeschenken. Die waren noch nicht einmal zwei Jahre alt. Beruhige dich doch, hörte ich meine Frau sagen. Derweil suchte ich die Steinchen heraus, mit denen sich das Wort *Charla* bilden ließ. Blöder Hund, sagte ich halblaut zu mir. Leg dich hin, wenn du Kopfschmerzen hast, sagte meine Frau zu ihrer Mutter. Statt *Scharnier* legte ich *Nascher* auf das Brett. Das gibt es nicht, behauptete Linde. Doch, erwiderte ich.
Leider konnten wir uns nicht einigen, und das Resultat blieb auf ewige Zeiten in der Schwebe.

Am übernächsten Tag fuhr ich nach Gent. Zufällig zeigte die dortige Städtische Galerie gerade neuere Arbeiten der luxemburgischen Bildhauerin Marie-France Kerschenmeyer. Man-

che Skulpturen sind schöner als die schönsten Frauen, das war schon damals meine Meinung.
Charla besuchte mich in meinem Hotelzimmer, ich lag noch im Bett. Sie war in Begleitung ihres etwa viereinhalbjährigen Sohnes. Ist das denn die Möglichkeit! dachte ich. Ricki hatte nur wenig Haare auf dem Kopf, und mir war, als würde das Kind ein wenig lispeln.
Als ich angezogen war, gingen wir zusammen in den Frühstücksraum. Ricki lief die Treppe hinunter, Charla und ich nahmen den Aufzug. Unterwegs faßte ich sie kurz am Ellbogen und roch an ihrem Nacken. Es war wie damals, nur komplizierter. Auch Charla wußte nicht, was sie sagen sollte. Ab und zu erinnert das Kind mich an dich, sagte sie schließlich. War es das, was ich befürchtet oder mir womöglich sogar erhofft hatte, all die mehr als sechs langen Jahre über?
Als wir unten ankamen, war Ricki schon da. Als die Aufzugstür sich öffnete, sprang er mir in die Arme und flüsterte mir etwas ins Ohr, was ich aber nicht verstehen konnte. Als wir den Frühstücksraum betraten, steckte Charla mir einen winzigen Briefumschlag in die Jackentasche und blinzelte mich kurz an.
Mehr als ein Brötchen mit Aprikosenmarmelade schaffte ich nicht. Charla und ihr Sohn tranken heiße Schokolade. Schließlich setzte sich das Kind zu seiner Mutter auf den Schoß, legte den Kopf auf ihre Schulter und tat so, als würde es schlafen. Da konnten wir endlich reden.

Linde holte mich am Bahnhof ab. Ihre Mutter wartete draußen, auf dem Parkplatz im Wagen. Ich setzte mich hinten rein und erzählte von den Nordkoreanern. Für Geld kann man von ihnen alles haben, sogar die Muttergotteskathedrale vor dem Fujiyama unter feuerrotem Himmel, alles aus bunten Muscheln, sagte ich.
Ach ja? erwiderte meine Schwiegermama.
Das Problem ist, daß sie mich für einen Feigling und Versa-

ger hält. Allerdings habe auch ich von ihr keine allzu gute Meinung. *Grande dame* mit zugebrettertem Horizont, so ungefähr schätze ich sie ein. Für ein Muschelbild des erbgroßherzoglichen Paares würde sie nämlich sogar Lindes Vater verraten, das steht fest. Wie soll ich eine solche Person also jemals respektieren können?
Zuerst brachten wir Lindes Mutter heim, dann fuhren auch wir nach Hause. Meine Frau war von erstaunlicher Eleganz, auch im übertragenen Sinn. Natürlich wußte sie ganz genau, daß ich mir bewußt war, daß sie bescheid wußte ... Doch was Linde tat, das tat sie mit Stil.
Fick mich, sagte sie, als wir abends im Bett lagen, schnell und mit blinder Kraft. Das versuchte ich dann auch. Doch mir brannten die Knie, ich hörte meinen eigenen Atem. Am Ende knickten meine Arme ein und ich sackte auf meiner Frau zusammen. Flink befreite sie sich aus dieser unbequemen Lage, wischte sich mit einem Papiertaschentuch zwischen den Beinen trocken und drehte sich zur Seite.

Einen Monat später fuhr ich zum zweitenmal nach Gent. Ricki war an einer Gehirnblutung gestorben, was die Sache ein wenig erleichterte. Charla trug eine hellgraue Strumpfhose mit winzigen schwarzen Rosen drauf. Wir ließen uns durch nichts stören, durch gar nichts. Mit Rickis Tod waren alle Wege für uns frei geworden. Oder fast. Schließlich waren da noch Linde, meine Frau, und Charlas Mann. Irgendwo würde ihr Verständnis aufhören, das wußten wir.
Über Zimmertelefon nahm ich mit dem Hotelportier Kontakt auf. Charla packte die Kleider aus meinem Koffer in den Schrank. Ich bestellte Sekt und eine kalte Platte für zwei Personen, wenn möglich mit Austern und einigen hartgesottenen Eiern. Bei den Austern mußte ich an Lindes Mutter denken: sie haßt alles, was aus dem Meer kommt, vor allem wegen des Geruchs. Charla bot sich an, mir einen Satz neuer Unterwäsche zu schenken. Lieb von dir, sagte ich, du hast dich in all den Jahren kaum verändert!

Vergiß Ricki nicht, gab Charla zu bedenken.
Gut, antwortete ich, das arme Kind, du hast es auf die Welt gesetzt, so was hinterläßt Spuren, das gebe ich zu.
Als der Zimmerboy unsere Bestellung brachte, fragte ich ihn nach der Möglichkeit, einen Psychologen für uns ins Hotel zu bestellen. Nach seiner Reaktion zu schließen, schien dieser Wunsch keineswegs mit größeren Problemen verbunden.
Zu Ihren Diensten, sagte er nämlich.
Knapp zwei Stunden später saß der Psychologe Charla und mir gegenüber. Sein Name war Dirk van Slootelaer, Doktor der angewandten Psychologie. Zu Beginn unterhielt ich mich mit ihm über den Genter Fußballverein, der kürzlich aus der obersten belgischen Spielklasse abgestiegen war.
Der Clubpräsident sei ein hochambitionierter Politiker aus dem konservativen Lager, erklärte mir van Slootelaer, er habe sich geweigert, ausländische Spieler einzukaufen, wo doch jeder wüßte, daß ohne ausländische Spieler kein einziges Lorbeerblättchen mehr zu gewinnen sei.
Natürlich teilte ich diese Meinung des Psychologen. Auch Charla nickte zustimmend. Anschließend kamen wir zur Sache. Zuerst unterbreitete Dr. van Slootelaer uns einen graphologischen Test. Charla und ich mußten einen bestimmten Satz auf ein Blatt Papier schreiben; der Satz, den der Psychologe mit großer Andacht diktierte, lautete: »An tollen Tagen legt der Pfau dem Säugling seine prächtigen Federn auf sämtliche Ohren.«
Charla schrieb mit Bleistift, ich hielt einen Füller in der Hand, van Slootelaers Füller aus Elfenbeinimitation.
Dann kamen wir auf unsere eigentlichen Themen zu sprechen: die etwas mehr als sechsjährige Vergangenheit, Ricki, Linde, Charlas Mann, der Genter Bankbeamte, meine geschäftlichen Verbindungen zu Nordkorea, die Muschelkitschbilder. Lindes Mutter ließ ich einstweilen aus dem Spiel. Van Slootelaer durchleuchtete uns förmlich mit seinem konzentrierten Blick. Manchmal nickte er, manchmal kratzte er sich am Ohrläppchen. Die leergeschlürften Austernschalen lagen

auf dem leergegessenen Silbertablett. Einmal kitzelte der Psychologe sich unter dem Kinn.
Und was möchten Sie nun von mir wissen? fragte er zum Schluß, nachdem er seinen falschen Elfenbeinfüller erneut in die Innentasche seiner Jacke gesteckt hatte.
Sie sollen uns helfen, sagte ich, wir steuern auf eine ungewisse Zukunft hin!
Gut, antwortete van Slootelaer, kommen Sie morgen um 14 Uhr in mein Büro!

Den halben Vormittag lang blieben wir im Bett. Charla trug ihr silberschwarzes Nachthemd und rote, mondsichelförmige Ohranhänger. Die erste Zeit ihrer Ehe mit dem belgischen Bankier habe sie in ihrem abgedunkelten Schlafzimmer verbracht, erzählte sie mir in einem Moment des Verschnaufens, freiwillig natürlich, aber mit dem vollen Einverständnis ihres Mannes. Eine Art Trotzreaktion vermutlich. Erst nachdem Ricki geboren war, habe sie wieder ein einigermaßen normales Leben führen können.
Gegen elf rief ich zu Hause an. Linde hatte nicht viel Zeit. Sie wartete auf eine Bekannte, mit der sie sich zum Saunabesuch verabredet hätte und die sie jeden Augenblick abholen würde. Na dann viel Spaß, und vergiß das Badetuch nicht! sagte ich und lachte. Mehr war in diesem Moment wirklich nicht drin, was auch Linde spüren mußte, denn sogleich hängte sie wieder ein.
Punkt zwei standen wir in van Slootelaers Büro.
Wenn wir Glück haben, erklärte der Doktor, wird die ganze Meisterschaft annulliert, es besteht nämlich Verdacht auf eine riesige Bestechungsaffäre. Unsere allerletzte Chance!
So war das also. Die Dinge hatten eine unerwartete Wendung genommen, mit einem Mal schien wieder alles möglich. Was auch Charla begriff. Sie nutzte diese Gelegenheit und verlangte, ja forderte von Dr. van Slootelaer eine klare Antwort, jetzt sofort. Doch leider hatte der Psychologe keine solche zur Hand, sondern mußte gestehen, daß er uns, nach

allem, was er von und über uns erfahren hatte, im Grunde gar nicht helfen konnte. Was mir völlig unbegreiflich war, zumal meine Schwiegermama, Charlas erstes Ehejahr, das abgedunkelte Schlafzimmer und einige andere merkwürdige Einzelheiten mehr noch gar nicht einmal zur Sprache gekommen waren. Was ist denn eigentlich los mit diesen belgischen Seelenärzten? fragte ich mich.
Also verabschiedeten wir uns und machten uns auf den Weg zurück ins Hotel. Charla ließ den Kopf ein wenig hängen. Ricki? Ihr Bankier? Oder was war geschehen?
Auf unserem Zimmer wurde es nur noch schlimmer. Charla verlangte von mir, die Gardinen zuzuziehen und das Licht zu löschen. Doch ins Bett legte sie sich völlig nackt. Austern wollte sie keine, Eier wollte sie keine, doch ich mußte mich zu ihr legen, am hellichten Tag.
Bis gegen acht liebten wir uns, mit Unterbrechungen zwar, aber ziemlich hektisch und oft. Als das nicht mehr ging, bestellten wir über Zimmertelefon eine kleine Auswahl von Zeitungen und Illustrierten, die vom Zimmerboy prompt gebracht wurden. Fast synchron blätterten Charla und ich die Druckwerke durch, ohne Geduld und ohne wirkliches Interesse. Stumm saßen wir nebeneinander auf dem Bett.

Linde war nicht zum Bahnhof gekommen, um mich abzuholen. Ich nahm ein Taxi. Der Fahrer grinste mich an und wollte wissen, ob ich eine angenehme Reise gehabt hätte. Ich schwieg. Er wisse ganz genau, wo ich herkäme, sagte er. Ach so? sagte ich. Ja, antwortete er, er hätte erst neulich im Fernsehen gehört, sieben von zehn Männern würden ihre Ehefrau betrügen, die restlichen drei seien in Autounfälle verwickelt. Ach so? wiederholte ich und forderte den Fahrer auf, unverzüglich anzuhalten und mich aussteigen zu lassen. Dort stand ich dann, mitten in der Stadt, mit einem Koffer in der Hand und Charlas Schrei im Ohr.

Georges Hausemer

Ode an die Trauer

Als Kind war ich traurig,
Wenn mir ein Auto kaputtging
Oder ein toter Vogel am Strassenrand lag.
Aber das war nicht die Trauer,
Die zunimmt mit jedem Geburtstag,
Die dich
Mit einem immer dichteren Netz umschließt
Und gleichzeitig aufsteigt aus deinem Gebein.

Sie besuchte mich erst, als ich dreizehn war
Und zum ersten Mal eine Frau umarmte
Und meinen Kosmos
In sie ergoß —
Aber danach war da nichts
Als ein ausgetretener Teppich
Und ein kläglicher Ejakulat.

Ja, mit dem Ende der Kindheit,
Setzte die Trauer ein
Und blieb mir treu.
Treue,
Das ist deine unbestreitbarste Tugend;
O Trauer,
Als mich alles verließ,
Bist mir zum Schluß
Nur du geblieben,
Das letzte
Gefühl vor dem Nichts.

Trauer ist fast so umfassend
Wie die Liebe,
Aber sie weiß noch mehr,
Sie hört auch am Grab ja nicht auf!
Sie weiß, wie ein Blatt sich fühlt,

Das keinen Saft mehr bekommt,
Weiß, was mein Schreibtisch empfindet,
Wenn ich ihn abends verlasse.

Die Trauer weiß alles,
Kein Wunder, daß sie so traurig ist!
Verschwistert der Müdigkeit,
Manchmal dem Schlaf,
Lullt sie dich ein.
Sie schmeckt manchmal süß,
Manchmal bitter
Und ist niemals brutal;
Trauer ist sanft, aber kennt keine Gnade.

Wenn ich Zeit für sie habe,
Kommt sie pünktlich um fünf Uhr nachmittags
Und setzt sich auf meinen Stuhl
An meinen Schreibtisch.
Was will sie mir sagen, sag?
Sie summt ja
Nur immer das gleiche Lied
In meinen Knochen —
Gehe, wohin du willst,
Aber vergiß nicht,
Daß mit jedem Schritt
Ein Schritt vergeht.

Trauer, Staub ist dein erstes und letztes Hemd,
Staub deine Schuhe,
Staub dein Haus,
Staub, aus dem wir uns aufraffen,
Staub, in den wir zurückfallen.

O Trauer, Staub dieser Welt,
Du hast mir das Leben gerettet.
Damals, als ich mich aufhängen wollte,

Fiel ich hinein in dich, haltlos,
Und du hast mich umarmt,
Ich war nicht allein –
O Trauer, Mantel aus dunklem Staub,
Du hast mich bewahrt vor dem letzten Schritt,
Ich danke dir.

Frank Geerk

Selbstmord aus Versehen

Jesus kommt herein. Er legt die Dornenkrone auf den Hutständer. Auf seiner Stirn sind kleine Löcher, Narben. Ich flechte, um sie zu bedecken, einen Kranz aus Kleeblüten. Jesus sagt, daß er Klee zwar sehr liebe, daß aber so ein Schmuck sein Image verdürbe. Wenn ich ihm schon eine Kopfbedeckung anfertigen wolle, dann müsse sie von ähnlicher Art sein wie jene, die die Leute schon kennen.

Ich gehe ans Meer. Suche mir eine schöne große Feuerqualle aus, daran lasse ich mich langsam – wie an einem Fallschirm hängend – hinunter.

Hier sind herrliche Funde zu machen, die sich für meinen Zweck eignen: Seeigel, zerbrochene Muscheln, Schiffsschrauben. Aber als ich zurück will, wird mir klar, daß ein Fallschirm nur nach unten schwebt.

Annemarie Zornack

heute

heute in der badewanne
dachte ich jeder mensch
muß sterben meine güte
als ob ich das nicht längst
wüßte — sterben!
wo ich mich doch grade
so schön ausstrecken
wollte im fruchtwasser
aus algemarin

Annemarie Zornack

burgenland

die störche sind schon
anderswo
und im ried
streitet sich der wind
mit den angepflockten booten
etwas klägliches klagt
aus dem wasser
                leergefegt
die buschenschenken
sie zeigen her
was sie nicht haben
der wein — so kalt
ein heuriger / heuer
ist der himmel fad
alles hat zu

Annemarie Zornack

die not zu schreiben

auf die hoffnung hin sie käme
schreibt er den ganzen abend lang
die hoffnung irgendeine käme
schreibt auf ihr lachen hin
und hofft den ganzen abend lang
daß sie des schreibenden licht bemerkt
im hoffenden fenster den abend lang
daß irgendeine käme schreibt er lächelnd
schreibt von seiner hoffnung darauf
schreibt des abends lange darum nur
beim licht der hoffnung
abend für abend
er schreibt nur für die ihn hoffen läßt
abend für abend jahrelang nur für sie
die längst nicht mehr kommen muß

Uwe Kolbe

Elegie

Weimar totenglöckchen
an der deutschen eiche

Du läutest
zur Fürstengruft

Du läutest
zum Ettersberg

Du
läutest

Wo aber bleiben
die vögel

Reiner Kunze

Alter grossstadtfriedhof

Eines tages stirbt auch der friedhof

Der toten sind ihm zuviel
und vor marmor kann er nicht mehr atmen

Die menschen wissen nicht wohin mit ihm –
es gibt keinen friedhof für friedhöfe –
und überlassen ihn der zeit

Dann gehen sie hin und schauen nach,
was übrigbleibt

Reiner Kunze

Tänzerin

Jetzt ist sie zwanzig Jahre bei diesem Ballett, hat nie eine besondere Chance gehabt, vergleicht ihren Weg mit dem von Kolleginnen, die mehr erreichten als sie. Doch man darf nicht vergleichen, sagt sie, sonst hat man überhaupt keine Kraft mehr. Zwanzig Jahre in dieser Stadt, an diesem Theater. Überall Enge. Aber das Leben ist ein Gang über Treibsand. Bleibt man einen Augenblick stehen, um Atem zu holen oder sich umzusehen, sinkt man ein und ist verloren.

Walter Helmut Fritz

Degas

Ah! Das Sehen! Das Sehen, das Sehen, rief er aus, schrieb er, als die Blickschärfe abnahm, das Augenlicht zu verlöschen begann, das Aufbegehren keinen Sinn mehr hatte, er nicht mehr zeichnen konnte, dafür mit den Fingern plastische Studien zu entwerfen anfing. Das Sehen! Erst jetzt verstand er es. Er hatte sie gesehen, die Bewegungen und Haltungen des weiblichen Körpers, die Tänzerinnen vor oder hinter den Kulissen, an der Stange oder in Schrittstellung, mit Fächer oder Bukett, im Gegen- oder im Seitenlicht, mit ausgestrecktem Arm, aufgestelltem Bein, die Hand im Nacken, das Schulterband knüpfend, den Gürtel bindend, den verstauchten Knöchel massierend, einen Strumpf richtend, in die Schuhe schlüpfend, an einem Pfeiler, auf einer Bank oder bei der Modistin. Er hatte sie gesehen, beim Baden und Waschen, am Wannenrand, die Beine, Hals und Rücken trocknend, sich kämmend oder ein Kleidungsstück überziehend. Er hatte sie gesehen, gezeichnet, gemalt in seinem stillen Atelier am Montmartre, mit großer Ausdauer, als fürchte er unaufhörlich, was er eines Tages einem Brief anvertraute: So viele Pläne hatte ich gemacht, und jetzt stehe ich ohnmächtig da. Ich habe ganz einfach den Faden verloren. Ich habe geglaubt, immer Zeit zu haben … ich häufte alle meine Pläne in einem Schrank auf, dessen Schlüssel ich immer bei mir trug, und diesen Schlüssel habe ich verloren.

Walter Helmut Fritz

Rückzugsgefecht für die Melancholie

Nein, die Melancholie war nie auf dem Vormarsch. Ausgeschlossen. Es wäre gegen ihre Natur. Vielleicht, daß der Fortschritt sich in den letzten Jahren verlangsamt hat und dieser Eindruck entstehen konnte — so wie sich die Welt zu bewegen beginnt, wenn das Karussell anhält. Das ist möglich. Mehr nicht.
Jene Evangelisten der guten Hoffnung, die jetzt in den Parteien und Medien mobil machen gegen die Miesepeter, Unken, Defätisten, sitzen also einer optischen Täuschung auf und könnten auf die ideologische Nachrüstung ihrer Klientel getrost verzichten. Im Ländchen Wohlgemut ist noch kein Fußbreit Boden an die Schwermut verlorengegangen.
Vielmehr steht alles zum besten — mit der Regierung, die ihren Optimismus nicht halten kann, mit der Industrie, die das Füllhorn der Zukunftstechnologien ausgießt über Gerechte und Ungerechte, mit der Jugend, die zu neuen Ufern aufbricht, mit den großmütigen Freunden und Verbündeten, die auf der Durchreise versprechen, das Ganze im luftleeren Raum zu verteidigen.
Aber wer hört schon auf solche Beteuerungen. Ein altböser Feind muß her, der das Übel herbeiredet, ein Scheusal mit dem bösen Blick, das die Wachstumskurve verhext, eine kopfhängerische Hydra, die den Willen lähmt und die Kinder verdirbt.
Und wo landet der Schwarze Peter? Bei der schwarzen Galle natürlich! Es ist nicht das erste Mal. Im Gegenteil, gäbe es den Anschauungsunterricht der »großen« Historie nicht, müßte einen schon die Binnengeschichte der Melancholie melancholisch werden lassen angesichts jenes unermüdlichen Verkleinerns, Verkennens, Verunglimpfens und Verketzerns, das in ihr den Ton angibt.
Über Zeiträume, in denen Zivilisationen entstehen und verschwinden, Weltreiche die Saat der Gewalt ausbringen und ihren Hunnensturm ernten, Erlöser geboren werden und man

ihren letzten Priester verscharrt, hört das Kesseltreiben gegen die Schwermut nicht auf. Und es sind keineswegs Einzelkämpfer, die diesen Feldzug führen, es ist eine unheilige Allianz von Medizinern, Theologen und Philosophen ansonsten höchst unterschiedlicher Couleur, die sich zum Zweck der Pathologisierung und Diabolisierung des Melancholikers zusammengefunden haben.

Seit der Ausbildung der antiken Säftelehre bei Hippokrates und Galen ist die Melancholie so für die ärztliche Kunst eine eindeutige Krankheitserscheinung, und zwar eine um so herausforderndere, als der »Patient« gar nicht geheilt werden will und sich dem medizinischen Sanierungsstreben entzieht. Die Diagnostik nennt solche Verweigerung »Unzugänglichkeit« und »Krankheitsuneinsichtigkeit«, erklärt sie flugs zum Bestandteil des Symptomkomplexes und entmündigt den Betroffenen. Die Kur zielt dann auf die faktische Brechung seines Widerstandes, und sie tut das – gegen die landläufige Humanisierungsthese – seit mehreren Jahrhunderten mit immer rabiateren Methoden, weil der erste Schritt zur Besserung ja erst dann konstatierbar ist, wenn der Behandelte sich krank zu fühlen beginnt und damit die Diagnose seines Arztes akzeptiert.

Während die antike und mittelalterliche Medizin noch auf sanfte Behandlungsformen setzte und eine komplizierte Diätetik mit Bewegungstherapie, Luftveränderung, Unterhaltung koppelt, ist seit der Renaissance nicht nur ein plötzlicher Prestigegewinn des Intellektuellenleidens der Schwarzgalligkeit zu verzeichnen, sondern auch eine analoge, allerdings phasenverschobene Eskalation der medizinischen Interventionsbereitschaft. Purgation und Aderlaß werden empfohlen. Robert Burton, Verfasser der mehr als tausendseitigen quellensüchtigen, zitatwütigen und fabulierlustigen »Anatomie der Melancholie« (1621), berichtet von Brenneisen, die auf die Schädelnaht aufgesetzt wurden, oder vom Durchbohren des Schädelknochens, um die melancholischen Dämpfe und Dünste entweichen zu lassen.

Von den Exzessen der Psychiatrie des 18. und 19. Jahrhunderts sind solche Formen medizinischer Körperverletzung allerdings noch weit entfernt. Sie nämlich tauchte die Schwermütigen, wo die elementaren Disziplinierungsinstrumente des Hungers, des Durstes und der Schläge nicht mehr ausreichten, fast bis zum Ertrinken in Bäder oder stellte sie unter eiskalte Duschen.
Nach dem Abklingen ihrer Wassersucht brachte diese sonderbare Art auskurierender Vernunft, die sich auch für künstliche Verbrennungen und die Ansteckung mit Krätze erwärmen konnte, noch die Drehmaschine hervor, die dem Kranken seine Halsstarrigkeit aus dem Leib pirouettierte, dann den Magnetismus, Hypnotismus, die »Faradisierung« des Schwermütigen, darauf seine Ätherisierung und Chloroformierung und schließlich – nach Versuchen mit Haschisch, Opium und anderen Drogen – seine bis zum heutigen Tag praktizierte pharmako-therapeutische Depersonalisation.
Sie ist als scheinbar gewaltfreie Behandlungsfom in Wirklichkeit die radikalste Variante medizinischer Freiheitsberaubung, eine chemische Zwangsjacke, die nicht mehr nur physisch ruhigstellt, sondern die Entkernung des Ichs gestattet. Mit dem Einsatz der Psychopharmaka ist das Ziel ärztlicher Bemühungen, nämlich den Melancholiker zunächst krank zu machen, damit er dann gesundgepflegt werden kann, erreicht. Denn während die Vorläufermethoden nur äußerlich angriffen und den Schwermütigen allenfalls dazu veranlassen konnten, seinen Gemütszustand zu verheimlichen, setzt eine zeitgemäße Medikation im Kopf selbst an und bewirkt ein tiefes Koma des melancholischen Selbstbewußtseins.
Was die Medizin und ihre Zulieferindustrie dergestalt chemisch zersetzt und verätzt, war auch für das Christentum immer schon des Teufels und ist mit jener Erbarmungslosigkeit verfolgt und verfemt worden, die der »Religion der Liebe« eigen ist.
Für die Mystikerin Hildegard von Bingen beispielsweise ist die schwarze Galle kein natürlicher Körpersaft mehr, der

physiologisch außer Kontrolle geraten kann, sondern ein diabolisches Gift, das in unseren Adern rinnt, seit Adam und Eva den Einflüsterungen der Schlange erlagen. Und Thomas von Aquin weist der jetzt »acedia« genannten schwermütigen Heillosigkeit entsprechend einen Platz unter den Todsünden an.

Als mit Beginn der Neuzeit erst einzelne, dann immer größere Gruppen solchen frommen Deutungsmustern entwuchsen, blieben manche Feindbilder der Kirche dennoch ein problemloses Erbe. Die Melancholie war eines von ihnen, denn auch für den das Gottesvertrauen ersetzenden gesunden Optimismus und eine neue fortschrittsgläubige Vernunft war der Schwermütige, der das geforderte Quantum an zukunftsfroher Progressivität nicht aufbringen konnte, untragbar.
In dieser Hinsicht blieben fast alle bedeutenden Aufklärungsphilosophen Exorzisten, die sich — ihren theologischen Vorgängern und Rivalen darin zum Verwechseln ähnlich — auf die »Abschaffung der Melancholie« verpflichtet sahen. Das Toleranzgebot war dabei außer Kraft gesetzt, galt die Schwermut doch nicht nur als »große Schiefheit des Kopfes«, sondern als »falsches Räsonnement«, also wiederum als »Todsünde« — als Abfall von der einzig legitimen, der aufgeklärten Form des Vernunftgebrauchs.
Das neuzeitliche Projekt der kalkulierenden Verbesserung menschlicher Existenz ist nicht minder totalitär als das christliche der Weltüberwindung oder das medizinische der Erhaltung quicklebendiger Jugendfrische möglichst bis zur Agonie. Und entsprechend unwirsch springt auch die dritte Variante des richtigen Bewußtseins mit den im »Hotel Abgrund« logierenden Zeitgenossen um, die — frei nach Günter Grass — die Atmosphäre hier immer noch für ungleich anheimelnder halten als bei der Konkurrenz, im »Hilton Hybris« also.
Sobald der soziale Missionarismus den Büchern entsteigt und staatstragend wird, ist es mit der Langmut und dem guten

Zureden vollends vorbei. Das Domizil der weltanschaulichen Gegner wird mit einer hohen Mauer umgeben, der Empfang von weißbekittelten Schwestern übernommen, die Beschilderung an der Zufahrt ausgetauscht, eine Lautsprecheranlage installiert.

Die inzwischen volkseigene Psychiatrie erledigt den Rest und verhilft auch dem hartgesottensten Abweichler zu der beseligenden Einsicht, daß die kauernde und geduckte Haltung seiner Mitbürger und Mitpatienten als untrügliches Zeichen dafür zu gelten hat, wie unmittelbar der letzte große Sprung nach vorn und in entfremdungsfreie Gefilde bevorsteht.

Bei uns läßt die staatliche Melancholievorsorge in dieser Hinsicht zwar noch zu wünschen übrig, aber auch so existiert eine tiefsitzende Scheu, ja Angst vor jenem Affekt, der »das Denken begleitet, welches zu Ende denkt« (Schweppenhäuser), und man hütet sich davor, die Psyche den Sirenenklängen der Schwermut für mehr als ein kurzes Intervall und ohne doppelte und dreifache Sicherung auszuliefern.

Ein paar Zigarettenlängen, vielleicht einen Abend lang überläßt sich der verantwortungsbewußte Zeitgenosse dieser abgründigen Stimmung, die er mit der richtigen Dosierung von Musik und Alkohol zu erzeugen, zu stabilisieren und vor der Einmischung des Nachdenkens zu schützen weiß. Bei richtiger Handhabung erschwert am folgenden Morgen nicht einmal ein emotionaler Kater die Ableistung jenes Pensums an Tatkraft und Schaffensfreude, das ja auch nach anderen Stundenvergnügen ganz im gewohnten Umfang zu erbringen ist.

Die Beeinträchtigung der sozialen Funktionsfähigkeit, der Vitalität und des Unternehmungsgeistes ist denn auch das Kainsmal, das der nicht zum Freizeitkitzel verdünnten schwarzen Galle seit über zwei Jahrtausenden anhaftet, das für ihre Ausgrenzung als Krankheit, Sünde, Unverstand verantwortlich ist.

»Der Geist ist ein Wühler«, heißt es bei Jacob Burckhardt, und die Melancholie inventarisiert seinen Nachlaß, die Zusammenbrüche von gestern, den Ruin von heute, die Verheerungen von morgen. Sie weiß, daß wir nicht bauen können, ohne zu untergraben, nicht aufrichten, ohne zu zertrümmern, nicht konsolidieren, ohne zu zersetzen, und daß gerade dort, wo der Überbau des Wirklichen festgefügt den kommenden Äonen zu trotzen scheint, die Tunnel am längsten, die Mineure am eifrigsten, die in die Fundamente getriebenen und wohlgefüllten Sprengkammern am größten sind.

Unsere Geschichte überstürzt sich in zerstörerischem Konstruktivismus, im Vulkanismus heiligster Überzeugungen und bester Absichten, in visionären Eruptionen, die Pech und Schwefel regnen lassen und blühende Kulturen in Asche begraben; sie ist ein die eigenen Sinterungen zerfressendes Säurebad, ein den Atem abschneidendes Gebrodel. Und dessen Ausdünstungen nähren den Wirklichkeitswahn — das Hirngespinnst eherner Wahrheiten, wie sie die Religion und eine in die »Geschichtsmächtigkeit« des Menschen verrannte Philosophie verkünden, den Irrwisch eiserner Gesundheit, in deren Namen der Moloch Medizin Opfer um Opfer verlangt.

Und doch rumort da noch etwas anderes in unseren Köpfen, das nie völlig zum Verstummen zu bringen ist, durch Gebete nicht, durch die Roßkuren der Therapeuten nicht noch durch ideologische Selbstzensur. Es ist das jenes feine Stechen der Vernunft, in dem sich der Ekel meldet vor den Leichenbergen der Weltverbesserer, die Schwermut über die Unausrottbarkeit der emanzipatorischen Sklaventreiberei und einer despotischen Philanthropie.

Unser Intellekt mag sich mit Projekten betäuben, in Großtaten ausrasen, in Experimenten vertrösten, in dogmatischer Sklerose erstarren; sobald sich das Wissen auf sich selbst und seine Geschichte zurückwendet, springen es die eigene Ohnmacht, die Perversion seiner Absichten, die schamlose Käuflichkeit seiner Erfindungen an, und vergebens sucht es etwas von jenem Feuereifer, jenem Wahrheitsdurst und Wahrheitsglauben in sich zu erwecken, die es so lange beseelten. An deren Stelle ist das Kopfschütteln getreten als eine Art symbolischer Revokation, ein Ungeschehenmachenmögen, das sich nicht mehr zu Taten aufraffen kann, weil es um die Unberechenbarkeit guter Absichten weiß und entstellt und zernarbt ist von den bösen Folgen früherer Neuanfänge.

»Je mehr der Mensch weiß«, folgert Giacomo Leopardi, »desto weniger, schwieriger, langsamer und zaghafter entscheidet er sich«, und die wahre Philosophie gilt ihm deshalb als »entschieden tatenfeindlich«. Kein Melancholiker wird das in Abrede stellen. Sein praktisches Desengagement, seine Toter-Mann-Haltung in der Sintflut des Verschlimmbesserns, die Taubheit gegenüber den allseitigen Appellen zum Ärmelaufkrempeln und Mitanpacken sind deshalb keine psychischen Defekte, keine Ausfallerscheinungen, wie das die Diagnostiker mit Befunden wie »endogene Gehemmtheit« oder »Stockung des Aktflusses« glauben machen wollen, sondern Resultat jenes Erfahrungslernens, auf das sich die Empiriker so viel zugute halten.

Zwischen dem schwermütigen Sichabfinden mit der Tatsache, daß alles eitel ist, und den Eitelkeiten der Melancholiekritik ergibt sich damit ein Erkenntnisgefälle. Denn wer etwa dem melancholischen Dichter vorhält, er bewege sich im »Teufelskreis von Entfremdung und ästhetischer Ersatzbefriedigung«, ihm fehle »die Einsicht in die ›schuldhafte‹ Unangemessenheit eben dieser Form ästhetischer Existenzbewältigung«, der hat noch gar nicht begriffen, daß diese Existenz nicht zu bewältigen ist, weder ästhetisch noch anderswie.

Und wer ideologiekritisch moniert, man müsse sich »der therapeutischen Kraft« solcher Kunstwerke bedienen und doch verhindern, daß »Versöhnung auf Kosten konkreter Lebenspraxis gewonnen wird«, der glaubt offenbar noch an saubere und definitive Lösungen und ist naiv genug, den Primat der Praxis als Maßstab an etwas anzulegen, das doch erst als Reaktion auf die unsäglichen Folgen menschlichen Tatendurstes entstand und dem er gleichwohl zumutet, ein hoffnungsblindes Darauflosoptimieren und -harmonisieren abzusegnen, als wäre nichts gewesen.

Gewiß, solche Vorhaltungen fechten die Gegner des melancholischen Zu-Ende-Denkens nicht an. Melancholie war ihnen immer schon das ganz andere ihrer selbst, den Gläubigen die gottlose Verzweiflung, den Heilenden das chronische Siechtum, den Geistreichen der Ungeist, der wider Vernunft, Fortschritt, Freiheit löckt, den Pragmatikern die Tatenlosigkeit, den Planern die Obstruktion.
Immer geht es damit im Kampf gegen das angeblich Kranke, Verrannte und Schädliche auch um den Beweis der eigenen Gesundheit und Effizienz, der sich am ehesten in der Überwältigung und Vertreibung des Widerparts, in der Auslöschung seiner Gegenbildlichkeit also, erbringen läßt.
Dazu ist jedes Mittel recht, und die Betreiber der neuen Kampagne gegen Trübsinn und Kopfhängerei werden in der Wahl ihrer Mittel wohl auch nicht sonderlich zimperlich sein.
Die Erfolgschancen ihres Unternehmens betragen einhundert Prozent; der gesunde Optimismus hat sich nie mit weniger zufriedengegeben. Seine Triumphe sind endlos, während die Melancholie Schlacht um Schlacht verliert, von Niederlage zu Niederlage taumelt und – sich in jeder einzelnen wiedererkennt und wiedergebiert.

Ulrich Horstmann

Im Uhrwerk

Der Tod sitzt in den Uhren.
Ich trag ihn am Armband
mit mir herum,
einen vertrauten Begleiter,
auf den ich schaue,
wenn ich verabredet bin,
bevor ich den Rundfunk
oder das Fernsehen einschalte,
wenn ich Termine, wenn ich es eilig habe
und wenn es mir langweilig ist.

Nachts hör ich ihn leise ticken.
Bevor ich einschlafe,
gilt ihm mein letzter Blick, mein erster,
wenn ich erwache.

Wolfgang Bächler

Kirschkerne

Sie hat über ihrem Brief an mich
einen Kirschkern aufgebissen,
schreibt mir ein fremdes Mädchen.
Es sei eine kleine Frucht darin,
vertrocknet wie eine Rosine,
die nach nichts schmeckt,
nur nach bitterem Saft.
Die Mittelritze müsse man treffen,
damit der Kirschkern leichter zerspringt ...

Bevor ich es las, hatte ich wieder
eine Landschaft für meine Schwermut entworfen
mit Seen,
die mitten im Sommer zufrieren.
Immerhin,
so kann man über das Wasser gehen
und Wiesen und Bäume grün sein lassen,
vielleicht auch am anderen Ufer
einen Kirschbaum erfinden.

Wolfgang Bächler

Endzeiten

1
Seit Tagen eingeweicht in einem Bottich
unter anderen verdreckten Wäschestücken:
aufgebrochen der krustige Lehm,
gesättigt von gärender Lauge,
Dampfschwaden halten Gestank.

Als wären wir nicht
längst ertrunken,
schon verfault,
steht die Furcht mir bei,
daß andere sich rühren
und den Müll erbrechen,
der in ihnen hochsteigt,
auf uns, in den Bottich.

2
Auf einer Eisscholle,
wohnlich eingerichtet,
treibe ich
in Erwartung des Sommers
dem Meer zu, wo ich
aus Gewohnheit
nicht ertrinke.

3
Auch mir wird es gelingen,
meine letzte Zigarette zu rauchen,
ohne sie
mit meinem Henker zu teilen.
Ich bin ein erfolgreicher Mensch

Ute Erb

Indischer Hanf

Was ich auch auf mich nehme
an Not und Erniedrigung,
niemandem nützt es.
Wem hilft meine Nachsicht?
Den Tatbestand menschlicher Schwäche
habe ich übererfüllt.
Mut züchte ich in einem Blumentopf,
und auf der Bank im Park
sitz ich in weiser Gesellschaft.

Das Treiben hat mich in seinen Strudel gezogen,
rings um mich das Ende.
Ein Hubschrauber aus Stroh rettet mich.

Im Himmel ist ein Arbeitsplätzchen frei,
in der Hölle werd ich im Lotto gewinnen.
Meinen Blumentopf habe ich schon ...

Ute Erb

Invention

Mich verfolgt die Messingspitze eines
zusammengeklappten Regenschirmes. Du kennst
dieses Gefühl nicht, jetzt oder nach dem Zählen
bis einhundert könnte es dich im Rücken
treffen. Wo liegt Böhmen, der aufgesprengte
Fels? Dort wartet die Freiheit, dort sind wir
zuhaus. Abgespannt und leergesprochen dein
Gesicht. Komm, umschlinge mein Bein. Zweimal
sind wir uns geblieben und werden dem hetzenden
Waldhorn entfliehn.

Ich weiß, die Erfindung ist das Leben selbst.

Annerose Kirchner

Concerto lugubre

Die Bratsche wiederholt schroff,
woran ich denke: Eden gefallen,
die Freudenlieder erstickt, das Netz
überm Abgrund zerrissen. Paukenwirbel
treibt aufwärts das Blut
und zerdehnt die Stirn. Laß dich
erschießen oder schaffe selbstlos
grünende Gärten. Nimm der Träne die Trauer
und träume dich im Entsetzen wach.

Annerose Kirchner

Laß alle Hoffnung schwinden

Der Dichter möchte das Leben loben,
den Menschen willkommene Worte schenken
wie Geld, Gesundheit, Lottogewinne.
Drum glaubt er an Liebe, Vernunft und Frieden,
die Weisheit globaler Steuermänner
und Lotsen ins dritte Jahrtausend.
Ein braver Humanist.

Doch als der Dichter konkret wird
und singt: Ich bin Pazifist;
als er beschreibt, wie es war
in Wahrheit in Deutschland und daß er Unrecht,
Gewalt noch immer beklage,
entzieht die Gewalt ihm das Wort.
Und höhnt: Bleib Optimist.

Nun ist der Dichter verurteilt zum Schweigen.
Er warnt nicht mehr vor Gefahren und Wahnsinn
des atomaren Abyssus, vor Kernkraft,
Raketen, Noxen der höllischen Pforte.
Er senkt die unpublizierten Gedichte
und Stories in die Berliner Domgruft.
Bei Gott, als Skeptizist.

Am Ende wählt er die Sutra-Ruhe.
Besinnt sich auf Salomos »Alles eitel.«
Er resigniert im Glück, nichts zu wissen,
und hegt den Frieden des Namenlosen.
Im Nicht-Tun erlebt er die Nichtigkeit
des Seins und die letzte Verzweiflung.
Auf ewig Pessimist.

Eberhard Hilscher

Schwermut mit Schwingen

Der klarste Maler hat die Welt genarrt
mit einem Kupferstich. Symbol-Gedränge
um eine stämmige Gestalt; erstarrt
und doch geflügelt thront sie. Glockenklänge
entfliehn und stummer Schrei der Fledermaus,
ein Spruchband brüstend sonder den Applaus:
Melancholie.

Nicht das Weltall allein
ist meßbar in Zeit und Raum,
denkt Dürer.
Auch das Menschengesicht,
die Seele, der Leib, Futur
sind Chiffren.
Doch die Geometrie
besiegt nicht den Krieg, den Tod,
das Weltweh,
nicht die Inquisition.

Wer hat das Flügelweib herabgedrückt?
Umringt von Logik, Polyeder, Waage,
von Sand- und Sonnenuhr sitzt sie entrückt;
ein magisches Quadrat als Schirm und Frage
der Depression. O Geist, verzage nicht,
vertrau auf des Saturns gebündelt Licht
der Energie.

Eberhard Hilscher

Briefe des Schriftstellers A über seinen Plan,
einen Melancholiker bzw. die Melancholie
zu beschreiben.

Es gilt einen Ton zu treffen, der meiner Legende das Air der melancholischen Satire gibt und die Chronik mit einer ganz kleinen Prise witziger Traurigkeit würzt. Wer aber trifft diesen Ton? Wer könnte Luthers Zeitgenosse sein und doch eine Sprache sprechen, die schlicht und melodisch zugleich ist, modern im besten Sinn, vom Geist der Schwermut erfüllt? Wer könnte — wie haben Sie mich mißverstanden, mein Freund! — das bunte Schreckensspiel mit einem zarten chinesischen Pinsel markieren? Sie wissen? Haben es erraten? »For you intent in going back to school in Wittenberg ...«: Hamlet natürlich, wer sonst?
Eine Stelle in Gides Tagebüchern wies mir den Weg: »Hat man bei der Erklärung von Hamlets Charakter schon einmal in Betracht gezogen, daß er von einer deutschen Universität zurückkommt?« — Nur war es nicht allein, wie Gide vermutete, die deutsche Metaphysik, die Spekulation und der abstrakte Gedanke, denen Hamlets Geist zum Opfer fiel, nein, seine Schwermut war vielmehr identisch mit Luthers Traurigkeit, identisch auch — jetzt kommt die Pointe — mit jener Dürer'schen Melancholie, deren Philipp Melanchthon in seinem Buch über die Seele an erlauchter Stelle gedenkt.
Nicht wahr, nun rundet sich der Kreis? Hamlet, ein dänischer Prinz, der mit seinem Gefolge nach Wittenberg kommt (drei Edelknaben, einem Magister, einem Koch und einem Barbier, der zugleich als Kellermeister fungiert), Hamlet studiert an der Universität Theologie, hört Luther Jesaja auslegen und Bugenhagen den Korinther-Brief deuten, exzerpiert Melanchthons Aristoteles-Kolleg und promoviert endlich, mit Barett und Ring gekleidet, im Kollegium zum Doktor der Gottesgelehrtheit. Die Pest, ein Jahr später, sieht ihn an Luthers Seite in der Stadt; die Kranken aufopfernd pflegend, infiziert er sich am Ende selbst und behält auch nach seiner Gene-

sung jenen Zungenfehler und das Gesichtszucken bei, das ihn auch in Helsingör nicht mehr verläßt. Früh gealtert, traurig und stotternd, ein Opfer der Pest und der Wittenberger Melancholie: so kehrt er nach Dänemark heim — und schreibt dann, ein elegisches Memorial, den Bericht vom großen Sterben, schreibt über die Pest und jenen Herrn Meister, der sein Schicksal bestimmte.
Ich stelle mir vor, daß er an einem grauen Herbstabend in seinem Turmzimmer sitzt und hinüber nach Helsingborg schaut. Nebel liegen über dem Sund, am anderen Ufer verschwimmen die Lichter; aus einer Wachstube, sehr weit weg, kommt Gesang. Sonst ist es still. Hamlet trägt ein schwarzes Gewand; auch sein Zimmer ist dunkel getönt: er liebt die Nacht und verachtet den Tag. Der Schatten bedeutet ihm mehr als das Licht; Wittenberg hat ihn das Träumen gelehrt.
Ich gebe ihm das Antlitz der Dürer'schen Melancholie; seine Augen sind traurig ins Weite gerichtet: dorthin, wo die Sonne nicht mehr scheint und das Reich der Gestirne, der Weltenraum der Meteore beginnt. Um seine Stirn liegt ein Tollkirschenkranz, Wange und Handteller berühren einander. Hamlet schweigt, und er hat Grund dazu, denn er weiß, die Hofgesellschaft schneidet hinter seinem Rücken Gesichter. Nur die einfachen Leute verlachen ihn nie. Am liebsten spricht er mit den Totengräbern, gutmütigen Männern, die sogar seine Sprechweise nachmachen dürfen: das kehlige »ch«, das knatternde »p« und, vor allem, das asthmatische »h«.
Hamlet ist einsam, die Schwermut hat ihn in Fesseln geschlagen, und an seiner Leber nagen die Zweifel. Nachts, wenn die anderen schlafen, steigt er über eine verborgene Treppe in den Thronsaal hinab, in dessen Schränken die Kleider der toten Könige, Roben, Schiffermäntel und Rüstungen, hängen. Dann kleidet er sich um und spricht mit dem Spiegel: *Ich bin Sankt Valentin* oder *Du Lumpenkaiser* und *Eure Hand, schöne Frau*. Mit den Masken hantierend, Totenklei-

der in der Hand, ist er eine Weile beinah zufrieden: jetzt, denkt er, müsse er sterben, in diesem einen Augenblick, wo die Zeiger sich nicht mehr bewegen und auch der Tod nur bestätigt, was ist: Stillstand, Ruhe und Schlaf. Aber die Nacht geht vorbei, und der Morgen sieht Hamlet, wachsam und traurig, in seinem Zimmer über die Bücher gebeugt.
Ob er gütig ist? Ich zweifle daran und halte ihn, bei aller Lethargie und Grübelei, auch kühler Planung für fähig: hinter seinen Sprachexperimenten, all den Pointen, die der elegische Witz so gut wie die Langeweile geprägt hat, stehen Konsequenz und kalte Berechnung. Sein Blick ist unbarmherzig; er betastet die Welt mit den Augen des Zeichners, der um jeden Preis fixieren muß, was er sieht. (Für einen gütigen Menschen notiert er zu viel).
Ich will einen traurigen Menschen beschreiben und ihn, in der Retorte hergestellt, als *homunculus tristis* bezeichnen. Er soll die Schwermut zur Mitgift erhalten, die Gaben Saturns und das Zeichen der Melancholie. Ich nenne ihn Hamlet und Luther, Philipp, Rudolf und Karl, nenne ihn Niemand und *the malcontent*. Aber wie immer er heißt, sein Schicksal steht fest: in Höhlen und dämmrigen Zimmern, im Neon-Hades und der erleuchteten Wabe verbringt er den Tag. Er liebt die Wissenschaft und möchte ein Mönch sein. Er ist Faust und Franziskus in einer Person. Der Rechenschieber dient ihm als Lesezeichen im Brevier; über den Rosenkranz hat er das Buch mit den Logarithmentafeln gelegt. Am Tage schläfrig, beginnt er zur Dämmerungszeit, wenn die Fledermaus kreist, die Augen zu öffnen. Im Dunkel verborgen und von künstlichen Spiegeln umgeben, sieht er die Welt aus heiterer Distanz. Eine Sekunde lang vergißt er die Drähte, an denen ihn der Puppenspieler lenkt. Doch dann kehrt die Erinnerung zurück, und er weiß: wenn es Morgen wird, kommen die Adler, die scharf geschnäbelten Zweifel.
Ich will den traurigen Menschen beschreiben, in dessen Augen sich Golgatha spiegelt und die Hofburg zu Wien; das winterliche Kopenhagen, Venedig (eine Reminiszenz der

Grand Tour) und der rostrote Wein toskanischer Berge; der Totentanz von Paris, die Wittenberger Pest und das Herbstlicht der *city*. Das Kind der Tristesse, dessen Schatten ich folge, hat Judas' Beichte gehört und den brüllenden Schrei über dem Sund; es kennt das Fenster, hinter dem Lorenzo stand, den Blick auf Lans, die Schneeschrift von Hiroshima.
Da er unzählige Namen hat und doch kein einziger trifft, da er unter den Heiligen wohnt und in der tiefsten Hölle zuhaus ist, will ich ihn Meister nennen (doch genau so gut Saul oder, besser noch, Niemand) – jenen saturnischen Geist, dessen Widerschein vor einigen Jahrtausenden über einer kleinen griechischen Hafenstadt lag, von da aus die Zeiten durchflog und bis heute nicht erloschen ist.
Ich stelle jetzt ganz auf die Figur des Melancholikers ab und habe mich deshalb entschlossen, Herrn Meisters Vater (den ich, Ihren Erwägungen folgend, Georg nennen will) schon vor der Geburt seines einzigen Sohnes sterben zu lassen. Von einem Witwentuch umhüllt, wächst mein Beichtkind heran, ein kleiner Mönch in einem schwarzen Sarg.
Sein Schicksal ist bestimmt. Zwei kurze Sätze: »Mein Vater ist tot« und »Wer ist mein Vater gewesen?« sollen sein Leben bestimmen. Schwermut und Erkenntnis, brüderlich vereint; ein Teufelspakt von Wissen und Melancholie! (In Gedanken sehe ich uns schon, vielen Dank für den Wink, bei einem Disput über Agrippa von Nettesheim und Heinrich von Gent: sehe uns, erlauchten Traditionen folgend, die Punkte bestimmen, an denen die Mathematik sich mit der Trauer berührt!) Aber zurück zu Herrn Meister. Ich stelle mir vor, daß sein Vater ein Selbstmörder war: einer jener Roten Jacken vielleicht, die, an Krebs erkrankt, fünf Jahre vor dem Spiegel verbringen und ihren Körper betasten. Nehmen wir an, Georg Meister habe eines Morgens den Knoten unter der Achsel entdeckt und sei, da er sich als Arzt die Folgen ausrechnen konnte, wenige Tage später ins Wasser gegangen. Nehmen wir weiterhin an, daß die Mutter, ihrem Kinde die Wahrheit verschweigend, von einem Unglück und tragischem Mißge-

schick sprach: »Dein Vater«, könnte sie sagen, »wollte einen Ertrinkenden retten.« Nehmen wir schließlich an, Herr Meister habe, sechzehnjährig, durch einen Zufall die Wahrheit entdeckt: was wird sich ereignen? Wie verhält sich ein Mensch, der plötzlich begreift, daß er der Sohn eines Selbstmörders ist? Wird er nicht alles tun, um das Geheimnis zu lüften, das den Tod seines Vaters umgibt? Ist es nicht folgerichtig, daß er die Spuren nach rückwärts erforscht, Akten studiert, Zeugen befragt, den Tatort besucht – um schließlich in der Lage zu sein, ein längst verjährtes Ereignis so greifbar nah vor sich zu sehn, als wäre es erst gestern geschehen? Nicht die Liebe zur Sache also (wie Kollegen und Schüler vermuten, und wie es in Ihrer Laudatio steht), sondern die Suche nach seinem Vater ließ Herrn Meister zum Historiker werden. Damals, als Sechzehnjähriger, hat er jene Technik der Vergegenwärtigung: die Kategorie des »leibhaftig« entdeckt, mit der er zeitlebens zu arbeiten pflegte – und ich bin sicher, daß er die Gespräche mit den Patienten (»wie sah mein Vater aus, bevor er starb?« – »War er verändert?«) nicht minder genau durchzuführen verstand als ein paar Jahre darauf die Untersuchungen über den Sterbetag Jesu und den Weg von Beth-Phage nach Golgatha, dessen Stationen er, Stein für Stein, rekonstruierte. In der Tat, der berühmte Satz aus der Meister'schen Antrittsvorlesung entspringt weit weniger der Meditation als der persönlichsten Erinnerung: »Wer Geschichte studiert und es nicht wagt, die Toten zum Leben zu wecken – wer das Zwiegespräch mit ihnen scheut, zahle sein Lehrgeld zurück.«
Ich stelle mir den Tag vor, an dem er die Wahrheit erfuhr. Die Szenerie ist erbärmlich: der Nippesschrank und die Kredenz, gestickte Deckchen und die Kissen, sonntäglich geknickt; das Doktordiplom, ein Immortellenkranz und die Bilder ... Georg Meister im Sportdreß, in Uniform und im Frack. Ich beschreibe das Buch auf dem Tisch, »Von Mars La Tour nach Paris«, in dessen Innendeckel das Exlibris klebt: ein verschnörkeltes M, das ein winziges G überdacht. Ich be-

schreibe Gardine und Fenster, beschreibe die Straße (es soll ein Sonntag sein: die Gassen sind leer, die Fabriken gleichen Museen, und über der Stadt ruft ein marmorner Gott zum Gebet); ich beschreibe Herrn Meisters Gesicht.
Prospero schwingt seinen Stab, und der *homunculus tristis* gewinnt an Gestalt. Bald werden die Essenzen sich in der Retorte vereinen; die Chemikalien liegen bereit: ein Quentchen Witz, eine Prise Zynismus, ein Löffelchen Bösartigkeit und, vor allem, eine Messerspitze erlauchter Gewürze: attischer Lorbeer, durchsetzt mit scharfem dänischen Senf und (wenn es das gäbe) einer winzigen Spur kastilischen Pfeffers! Wie Faust im Alchimistengewand verfolge ich dann den Gerinnungsprozeß und betrachte die Veränderungen in Herrn Meisters Gesicht: auch in seinen Augen flammt jetzt das Zeichen des Selbstmörders auf, und um den Mund macht sich die Todesangst breit. Die Falte an der Stirn, das Kainsmal der Furcht, verrät den väterlichen Spiegelblick. Ich stelle fest: zur Häßlichkeit fügt sich das Wissen; zum Wissen die Verzweiflung; und zur Verzweiflung die Melancholie. Die Stunde der Wahrheit, mein Freund, das ist der Augenblick, in dem ein bezechter Vagant den Königssohn am Ärmel packt und ein gemeines Lächeln im Gesicht das Geheimnis verrät: »Die Eltern, Oedipus, leben nicht hier. Polybos hat dich so wenig erzeugt, wie Merope dich gebar.«
Die Stunde der Wahrheit: das ist auch der Moment, in dem ein Mann namens Hamlet — durch ein Gerücht? durch einen Brief? — erfährt, sein Vater sei nicht, wie es hieß, nach einem Schlaganfall, sondern in Wahrheit nach dem Genuß des vergifteten Bratens erkrankt. (Ich stelle mir vor, man habe eine zu schwache Dosis gewählt und Hamlets Mutter sei gezwungen gewesen, den Gelähmten, der Sprache Beraubten ein Jahrzehnt lang zu füttern: jeden Tag den riesig-starren Augen begegnend und niemals ahnend, ob der Kranke das Geheimnis kenne oder nicht.)
Kurzum, Sie sehen, mein Freund, daß ich das Kleinbürgerzimmer nur als Kulisse brauchen will — als eine bescheidene

Wand, vor deren Hintergrund sich die Verwandlung, vorn auf der Bühne, um so dramatischer abspielen kann.

Jetzt endlich, sechzehnjährig, ist Herr Meister ganz er selbst; jetzt hat er vom Brot der Erkenntnis gekostet und sein Wissen mit jenem Gesicht erkauft, vor dem man sich fürchtet.

Jetzt ist er der Zwerg mit der Schlange im Arm, die Scherbe, in deren Glanz sich niemand erkennt: denn die Wahrheit ist grell.

Wie ein Sargverkäufer: ein Todesbote, den man nach Möglichkeit meidet — so soll mein Beichtkind den Menschen erscheinen. Häßlich und gnadenlos, unbestechlich und wissend, mag er von fern her jenem sokratischen Wanderer gleichen, der in die Höhle hinabsteigt und den Schatten ihr Gesicht im Spiegel zeigt. (Ein zwergenhafter Fastenprediger, vor dessen Antlitz sich die Menschen geben, wie sie sind — taucht da nicht, höchst geheimnisvoll, schon jetzt der alte Vorwurf von der Wahrheitsdroge wieder auf? Nun, warten wir ab.)

Mein Melancholiker, Herr Meister, ist ein Mann erlesenen Geschmacks — ein Gourmet geradezu, dem ich, ungeachtet aller Häßlichkeit und seiner kleinbürgerlichen Herkunft zum Trotz, ein Air von Oscar Wilde'scher Eleganz geben will. Manchmal, wenn ich an ihn denke (und ich denke eigentlich immer an ihn), erscheint er mir fast wie ein Pendant des Dorian Gray, ein andermal wieder als Graf des Esseintes, ein drittes Mal als eine Schattengestalt aus dem Proust'schen Faubourg. Sein dunkler Anzug, müssen Sie wissen, stammt aus der Werkstatt eines vorzüglichen Schneiders und vereint die Strenge mit der Noblesse eines Mannes von Welt. Nimmt man die Manieren hinzu, die gravitätische Art, sich zu geben, sein archaisch stilisiertes Deutsch und die Vorliebe für förmliche Floskeln (*»Magnifizenz haben Recht«*, *»ganz wie Spectabilis meinen«*), so könnte man Herrn Meister ins Grand Siècle so gut wie an die Menzel'sche Tafelrunde versetzen — ich bin sicher, daß er bei Hofe vortrefflich gefiele! Schließlich deutet schon sein Name auf Distanz und starres

Sich-Verwahren hin: um ihn herum muß immer etwas Reifrock-Steifheit sein, eine Spur von Goethe'scher Geheimrätlichkeit und der Pose des alten George, die sich sowohl mit Fritzischer Galle — dem Stock-Aufstoßen und »Kerl, sterbe er tapfer!« — als auch mit jener melancholischen Akkuratesse versteht, deren Herr Meister, auf der Höhe seines Ruhms, in den Habsburger Miniaturen gedenkt.
Sie sehen, lieber Freund, mein Beichtkind hat viele Gesichter; was aber sein Wesen angeht, so ist er zugleich skrupellos und sanft. Er liebt seine Frau (oder soll er unverheiratet sein?) — und wünscht doch ihren Tod: damit er selber gelassener stürbe. Er erfreut sich am Schrecken, geht schon als Kind zum Bahnhof, um auf die Ankunft der Lazarettzüge zu warten und, hinter den Scheiben, die Gesichter der Verstümmelten zu sehen — doch er bleibt ein Ästhet, ein Dandy, der sich 1950 dem Ruf nach Jena nur deshalb versagt, »weil es dort im Park keine Schwäne mehr gibt«. Er ist zynisch —und faltet, während er lästert, die Hände, um Gott um Verzeihung zu bitten. Er ginge gern, auf ein Wiedersehen im Jenseits vertrauend, am Sonntag zur Kirche; aber die Pastoren sind nicht ernst genug für ihn. Er schreibt ein Christus-Buch und gibt Jeschua von Nazareth seine eigene Maske. (»Er war melancholisch und ängstlich. Joseph, ein Ochsenstecken- und Pflugschar-Macher, starb früh.«) Er erhofft sich, im hohen Alter, einen freundlichen Tod — und erwartet, am nächsten Tag, ein schreckliches Ende. Er liebt Soireen — und bleibt doch am liebsten, lesend und in der Bibliothek mit den Toten Zwiesprache haltend, für sich. (Sein größter Wunsch: wie Alfred de Musset eine Nacht lang allein im Louvre bleiben zu dürfen.) Er sieht seine alten Diarien durch, plant, legt Tabellen an und schreibt seine Merkbücher voll (»Jeden Tag eine Seite!« — «Im Frühling das Buch!« — »Ostern in zwei Jahren wieder nach Spanien fahren!«) — und tut doch wochenlang keinen Strich. Je seigneuraler er sich gibt, in Stil und Manier, desto peinlicher wird ihm das Milieu, dem er entstammt: er haßt die Stadt, in der er groß geworden ist,

Straße und Schulhof, das Milchgeschäft, die Kugel vor dem Laden des Barbiers – und erträumt doch den Tag, an dem neben dem Hauseingang eine Plakette mit der Inschrift HIER WOHNTE HERR MEISTER angebracht werden wird. Er hat Ehrgeiz, sehnt sich nach Orden, Preisen und erlauchter Titulatur (in seinem Notizheft sind Alter und Gesundheitszustand aller Kollegen verzeichnet) – und kennt in Wahrheit, was seinesgleichen betrifft, nur Verachtung und Spott. Kurzum, er ist ebenso eitel wie faul und ebenso kalt wie hypochondrisch und sentimental: auf der einen Seite will er mächtig und einflußreich sein – ein Krankenhauschef, der seine Klinik betritt (der Pförtner springt hoch, und die Ärzte stehen Spalier); auf der anderen Seite träumt er manchmal davon, eines Tages, im Alter, unterzutauchen: an einem fremden Ort, wo ihn niemand erkennt, um dort »der kleine verkrüppelte Herr« zu sein, »der in der Bücherei immer historische Werke entleiht«. (»Das wäre schön«, pflegt Herr Meister zu sagen, »in einem Zimmer am Bahnhof, aus dem am Morgen das Federbett hängt, zur Miete bei einem Trompeter zu wohnen – ein Unbekannter, der abends vor dem Fernsehschirm sitzt, mit den Hausbewohnern zur Beerdigung geht, sonntags die Blumen begießt und auf die Schreie vom Fußballplatz horcht, die Zeit, *vorbei, vorbei, schon wieder Weihnachten,* verrinnen sieht und, beim Friseur und in der Kneipe nebenan, Gespräche führt: mit dem Destillenwirt, mit einem verkrachten Studienrat, mit dem Vereinskassierer oder dem Wachmann in einem Spielzeuggeschäft ...«)

Nun, mag mein Beichtsohn träumen, was er will – wichtig ist allein, daß er erinnernd und planend, aber sehr wenig lebend, die Tage verbringt, daß er »Was war?« und »Was wird sein?«, aber niemals »Was ist?« fragt; daß seine Gedanken, nicht seine Taten, ihn traurig sein lassen.

Haben Sie Dank für Ihren Brief, lieber Freund, und Dank vor allem für die kleine Aschen-Satire, deren sanfter Witz und deren Melodie mich entzückten. Freilich, das wissen Sie selbst, fehlt es dieser Geschichte – oder sag ich: der Gourmandise aus Knochen und Bein? — ein wenig an Ökonomie: die Mitte müßte kürzer und der Schlußteil viel länger sein. Statt bei den Interieurs zu verweilen (so reizvoll und sprachlich ergiebig sie sind!), hätten Sie die Schreckens-Stufe, den Zuwachs des Entsetzens verdeutlichen müssen: Überraschung, Empörung, Verzweiflung, Reue und Wut — welche Valeurs, *cher ami,* wurden verschenkt! Und dann die Verwandlung der Stadt: die überstürzten Reisen, zurückgenommenen Käufe und abgesagten Kongresse — wie viele Szenerien böten sich an, und welche Aspekte zeigte diese gespenstische *danse macabre!* Das Halblaute, ein geflüstertes Hinter-der-Hand, *an sich sehr wohl, schließlich müssen wir alle ... doch warum gerade hier ...* der Kindertrotz und die Jetzt-ist-mir-alles-verleidet-Gekränktheit hätten demonstriert werden müssen: erst dann wäre auch der Boykott wirklich plausibel gewesen und der dramatische Schluß käme nicht ganz so unerwartet wie jetzt!

Bitte, grüßen Sie Ihre Familie, auch die Kinder in M., und seien Sie selbst, jetzt und immer, meiner kritischen Anteilnahme gewiß.

PS: Der Brief klingt zu streng. Ich habe nicht genügend betont, daß mir Ihre Sarg-Geschichte zumindest im Stilistischen vorzüglich erscheint. Hätte ich allein zu bestimmen — ich brächte Sie vielleicht dazu, das Roman-Geschäft eines Tages ganz ruhen zu lassen und statt dessen nur noch geschliffene Anekdoten und lyrische Parabeln zu schreiben. Ich sage: *vielleicht!* Und tragen Sie mir meine Härte nicht nach.

Walter Jens

wesentliche Verwandlung, oder
die Tollkirschen vom vergangenen Sommer

(für Liesl Ujvary)

  sommers
in der Parkplatznische
der schmalen Straße
zeigtest du auf zwei
Tollkirschengebüsche
inmitten der Stadt
zwischen den Häusern
ein Unkrautgarten —
du hast sie mehrmals
photographiert, mir
eines der Bilder gegeben

  jetzt
Ende Februar, die Bäume
beladen vom nächtlichen
Schneefall, gibt es keine
Gebüsche, keinen
Tollkirschenwuchs —
eine wäßrige große
Flocke landet auf meinem
Notizblatt und läßt
das eben nieder-
geschriebene Wort
  TRÄNENSPUR
bläulich zerfließen
vom Giebel
eines der letzten schönen alten
Häuser dieses Bezirks
hält eine Krähe
kopfwendend
Ausschau und schreit —

der Himmel düster wie
meine Stimmung, rasch
sinkt die Dämmerung herein

Friederike Mayröcker

HÖRST DU NOCH IRGENDWAS
es ist so still
mein Ohr ist taub
mein Aug ist trüb
es ist fast nichts mehr da
das mich bewegt
ich sah mein Nachtgesicht
im Fenster vis-à-vis
ich bin mir selber fremd
vielleicht bin ich schon tot

nur wenn im Wind hangauf
die Rebe rauscht
der rosa Wind
mit vielen Bändern fliegt
der rosa Wind —
da wach ich auf
und fühl
wie trocken meine Lippen sind

Friederike Mayröcker

Helene Migräne

Sitzt im gespaltenen Baum,
ist wetterfühlig über gezupften,
mit der Pinzette gezupften Brauen.
Schlägt es um, kommt ein Hoch, wird es schön,
reißt ihr die Seide den Faden lang.
Alle fürchten den Umschlag,
huschen auf Strümpfen, verhängen das Licht.
Es soll ein verklemmter Nerv sein:
hier oder hier oder hier.
Man sagt, es lege sich innen,
noch tiefer innen was quer.
Ein Leiden, das mit der letzten Eiszeit begann,
als sich Natur noch einmal verschob.
(Auch soll die Jungfrau,
als ihr der Engel klirrend zu nah kam,
danach ihre Schläfen
mit Fingerspitzen punktiert haben.)
Seitdem verdienen die Ärzte.
Seitdem übt Glaube sich autogen ein.
Der Schrei, den alle gehört haben wollen;
selbst Greise erinnern Entsetzen:
als Mutter im Dunkeln stumm lag.
Schmerz, den nur kennt, wer ihn hat.

Schon wieder droht,
stößt Tasse auf Teller zu laut,
stirbt eine Fliege,
stehend frierend die Gläser zu eng,
schrillt der paradiesische Vogel.
»Helene Migräne« singen vorm Fenster die Kinder.
Wir – ohne Begriff – härmen uns aus Distanz.
Sie aber, hinter Rolläden,
hat ihre Peinkammer bezogen,
hängt am sirrenden Zwirn und wird immer schöner.

Günter Grass

Mein 58. Geburtstag

Schulterzucken: da dirigiert
mich jemand auf Jahre
erneut in die Schlaflosigkeit:
drei Stunden Nachtschlaf genügen.
Nachmittags auf dem Heimweg
durch Wiesen: Ziegelpflaster,
in Melancholie ertränkt. Maikälte
regnet aus Wolkenwirbeln;
Windschauder überlaufen
das Hochwasser der Lahn.
Einflüsse der Kanalisation
nimmt die Strömung
ähnlich hin wie ich
die Schikane am Morgen.
Regennässe beginnt mit
Vertraulichkeiten am Ärmel.
Widriges Draußen, aber nicht
widerwärtig: hier bekommt
man auch vor Provinz
einmal Achtung.

Carl Guesmer

Umschau

Einsamkeit: letzter Wille
eingeäscherter Jahre.
Endlos erstreckt sich hier
meines Daseins Armenviertel.

Unaufhörliches Zimmer, Fenster
mit betäubender Landschaft,
und die tägliche Hoffnung auf
den bizarren Trost der Tapete.

Und der Abend gerinnt
in den Hymnen des Flieders.
Aber Gespräche sind nicht
in den gastlichen Häusern des Argwohns.

Carl Guesmer

Halbdunkles Porträt

Dein Bild steht unter den anderen Bildern von geliebten Toten in meinem Arbeitszimmer. »Wie Sie sich ähneln,« sagen Besucher. Ich weiß es ja. Nur deine Augen habe ich nicht. »Knopfaugen«, sagten meine Tanten scherzhaft zum dunklen, schmaläugigen Blick ihres Schwagers. Und Lulu bemerkte einmal, als du schon fast zehn Jahre tot warst, weshalb ich denn gerade »dieses Foto« aufgestellt hätte. Ich log, ich hätte kein anderes gehabt. In Wahrheit ist mir dieses Paßfoto von dir, schwarz gerahmt, ein Signal. Ich sehe es gar nicht oft an, ich habe es ganz in mir und kämpfe gegen seinen Bann. Ich beschwöre die mit herrlicher Heiterkeit gesegneten, jawohl gesegneten Damen der mütterlichen Linie, bei denen mainfränkisches Temperament, Lachenkönnen in Notzeiten, Sinn für Tanz und Gesang vorherrschten und meine Kinderzeit, die von der Großmutter und ihren Töchtern schön lässig und lieb gelenkte, reich machte. Dich habe ich erst richtig begriffen, erkannt, geliebt, seit ich erwachsener wurde. Ich setzte meine Großäugigkeit, die Helle, gegen deine dunkle Skepsis in den Augenwinkeln, gegen deine oft düstere Wachheit, die nur auf nächste Fehlschläge zu warten schien.

Man sagt, der Mensch wird in seinem Charakter mitgeformt von seiner Herkunft, den Zeitläufen, seinem mit beidem verquickten Schicksal. Nein! Ich erlebte ja mit der Großmutter und den Tanten das Gegenteil. Sie hätten alle noch scheuer, stiller, in sich gekehrter sein müssen durch ihre Schicksalswege als du. Aber sie hatten die Gabe, sehr locker und leicht ohne Leichtfertigkeit zu meistern, zu überwinden, was ihnen zugemutet wurde. Es waren die zwanziger Jahre in jenem von Bürgerkrieg und Arbeitslosen gezeichneten Berlin, das Hitler allem Anscheine nach sanierte. Du hattest nie gute Tage gesehen. An der Seite meiner Mutter – wie jung ihr beide geheiratet habt, wie in einer verzweifelten Raserei – und im Kreise ihrer mit Lebenskunst begabten Familie lebtest du auf, wie du es konntest: Zaghaft und langsam, nie gänzlich, immer wirkend, als sei da neben dir ein Schatten, der deine Gestalt aufzehren könnte. Manchmal wurde gemunkelt, was ich erst verstand, als vieles schon geschehen war: Daß bei deiner einst wohlhabenden Kaufmannsfamilie aus Westpreußen schon mit deinem Vater eine Passivität, eine Schwermut, sich bemerkbar gemacht hätte. An der Somme, so hieß es, habe er eines Tages bei diesen zermürbenden Stellungskämpfen sein Gewehr in die Luft geworfen und sei in den Tod gerannt. Es war ein Glück für dich — aber du nahmst es hin ohne solche Regung — daß du niemals eine Uniform tragen und niemals in einen Krieg ziehen mußtest. Für den Ersten Weltkrieg warst du ein bißchen zu jung, beim Zweiten Weltkrieg hattest du eine wichtige kaufmännisch-internationale Position, die dich freistellte. Aber du hattest wie ein Schwamm alles Furchtbare dieser Jahrzehnte (bei Hitlers Stimme schütteltest du nur immer den Kopf!) in dich eingesogen. Als Berlin »erobert« wurde, hieltest du nur noch eine kurze Zeit dolmetschend, geduldig alles Elend tragend, stand. Dann brach aus dir in Abständen immer wieder bis zu deinem Tod das aus, was dir kein Nervenarzt heilen konnte. Du wurdest zum Schweiger, zum stummen Verweigerer, du lebtest wie eine Hülle, still und beruflich wieder »eingegliedert« in die Jahre, die wieder zu einem bescheidenen Wohlstand in Westfalen führten. Aber du warst wie abwesend zumeist. Meine fröhliche lebensbejahende Mutter, die wie die Damen ihrer Familie noch aus einem Nichts etwas Positives zaubern konnte, sie wollte das lange nicht wahrhaben.

Ich wuchs auf dich zu, ganz deine Tochter und doch gewillt, das »andere« Erbe in mir zu nutzen und mich Aufgaben zu stellen, die ausfüllten. Da hast du mir einmal in deiner scheuen Art angedeutet, daß du am liebsten Musiker geworden wärest oder einen kleinen schön duftenden, ordentlichen Tabakladen irgendwo in einer Landstadt hättest haben wollen. Ich sehe dich auf Juist am Strand sitzen, schweigend meerzugewandt, stundenlang. Ich sehe uns auf langen Wanderungen im Teutoburger Wald mit dem kleinen Dobermannpinscher, dem Hündchen, mit dem du leise und zärtlich, wenn du dich unbeobachtet dachtest, redetest. Einmal, als ich als Schreibende einen Erfolg hatte, sahst du mich an mit den kleinen dunklen Augen, deren Wärme einen Winkel von trauriger Kühle behielt. Du fragtest: »Du bist zufrieden mit dem, was du da tust?« Ich antwortete: »Jedenfalls gibt es mir Halt und Ziel.« Da sahst du mich nur lange an und schlossest ab: »Erwin hat ja auch die Bücher gemocht.« Erwin — der jüngere Bruder, der auf ungeklärte Weise umgekommen war, ein Träumer und »politischer Phantast«, wie sein Chef uns, als er tot war, sagte, Erwin, der meiner Mutter Jack Londons »Martin Eden« geschenkt hatte und als Widmung hineinschrieb: »Das Leben ist eine Dummheit und eine Schande.«

Du mochtest das Schöne in der Natur, in der Kunst. Mir scheint heute, das war eine Fluchtversuchung für dich, aus dir selber zu gelangen. Aber auch dabei bewegtest du dich nur im Kreise deines halbdunklen Lebensgesetzes. Ich hatte Schuberts »Leiermann« gesungen und du legtest mir deine Hand, eine für alles Praktische höchst ungeschickte, sensibel geformte und wenig »männliche« Hand auf die Schulter und sagtest nur: »Sing nochmal!« Ich kann dieses Lied nie mehr singen, seit ich nach Hause kam mit dir, dem schwer Leidenden in der Seele, von einem langen Waldspaziergang. Ich hatte dich gefragt, wodurch du so elend geworden seist, so machtlos gegen das Verneinen der ganzen Umwelt und deiner selbst. Ich bohrte, bat, schrie. Du bliebst einfach stehen, um uns raschelte das Gehölz, Vögel sangen sich zu, der Himmel stieß mit seinem Hellblau in das dunkle Tannengrün. Du sahst mich an und es war eine solche Trauer in deinen Augen, daß ich fror. »Wozu alles«, sagtest du nur. Es war derselbe Tonfall, flach und höflich und unnahbar, mit dem du in früheren Zeiten, wenn man nach deinem Ergehen fragte, nur antwortetest: »Muß gut sein.«

Meine Jahre holen nun bald die deinen ein. Mein Kampf mit den beiden Bahnen in mir, der hellen und hoffenden und der lähmend dunklen, toddenkenden, streiten sich härter, heftiger. Ich bin allein, alle Geliebten der Familie sind tot. Ich muß es austragen, die Lebensspannung in mir, die versucherische Ähnlichkeit mit dir. Manchmal entdecke ich, daß ich zu reden beginne wie du, auf Befragen sage »Muß gut sein«, vor den Kulturfluten, die eher wegschwemmen als anschwemmen, mich frage »wozu alles«.

Schwermut – ich wandle um: Der schwere Mut ist zu wagen, daß ich lebe und arbeite, daß ich mitteile, daß ich die andern anrede und mit ihnen in der Welt bin. Hättest du noch erlebt, was mir schicksalhaft aufgetragen wurde, du hättest mir wahrscheinlich den gemeinsamen Tod, den Bewahrer vor Verrat und Not und Demütigungen, angetragen. Ich ging durch dies alles und habe lange dein Bild in meinem Arbeitszimmer nicht angesehen. Aber du warst als Versuchung in mir. Nur war da noch etwas: »Will Schwermut mich verschlingen, so hör ich um mich singen«, nämlich die reine schwingende Sopranstimme meiner Großmutter an meinem Bett!

Liebe, die aufglänzt – einzige Waffe gegen die Trauer im Blut, gegen das Niederziehende in Auswegloses, in das Nichts.

Ich bin und bleibe deine Tochter, die dich liebte und liebt – die aber gegen dein trauriges Verderben kämpft, solange sie lebt.

Inge Meidinger-Geise

Alltag

Wie öde alles ist
die Dominosteine stehen herum
sie wissen alleine nicht weiter

Das Wasserglas halb ausgetrunken
trachtet danach
eine Fliege zu ersäufen
                        die hat noch
ihr ganzes Leben vor sich
einen halben Tag
den verbringt sie
abwartend an der Gardine

Die Straße unten weiß nichts davon
sie nimmt ihren Asphalt mit sich
um ihn am Ende
an einer Wiese zu erfrischen

Hans-Jürgen Heise

Ich hatte ein Haus

Ich hatte ein Haus
mit einem Fenster nach Süden
aber der Sommer
wurde verhäckselt und
über Nacht froren die Sterne
in der Regentonne an
Nun zieht der Kettenhund
seine Hütte wie einen Schlitten
nach Norden und leckt
an einem Mond aus Karbid

Hans-Jürgen Heise

Trauer nach Süden

Der Absturz ist schrecklich: vom blauen Süden
In dieses gelbe und graue Land.
Ich kann und kann nicht wiederfinden,
Was ich doch früher zu Hause fand.

Ich liebe die Lieder, die südlichen Lieder,
In denen es nur um das *eine* geht.
Ich möchte leben beim Oleander,
Der dort vor jeder Hausschwelle steht

Und der noch auf den neuen Balkonen
Der Hochhäuser in der Heimat ist.
Nur daß mich Deutsche im blauen Süden
Nicht einer braucht und keiner vermißt.

Eva Strittmatter

Nach einem Schmerz

Keine Signale im All.
Alles hat mich vergessen.
Hab wie ein Maulwurf gehaust.
Habe nur Erde gefressen.
Taumle nun taub und wie blind
Aus meinen Qualen ans Licht.
Aufwärts gerissen vom Wind,
Heb ich mein Menschengesicht.

Eva Strittmatter

Zillis Zeit
Auf der Suche nach einem geeigneten Leser

I

Mit der Religion verhält es sich wie mit der Blutrache und dem Gesang des Volkes in freier Luft.

Vorab muß ich die vorgesetzte Behörde ersuchen, immer zu beachten, daß es sich hier um einen gänzlich papierenen Text handelt. Von dieser geduldigen Substanz kann eine Wandlung zum wahren Leben doch nur auf dem Wege der Stellvertretung gedacht werden.

So etwa wie es einem jungen Dichter einmal gelungen war, seine anstehende Selbstvernichtung mit Hilfe papierener Leiden zu delegieren. Denn man erinnert sich, daß nach der Lektüre jener »Leiden« überall in Europa wahlverwandte Jünglinge in einem Werther-Gewand von blauen Beinkleidern und gelbem Frack den allfälligen Selbstmord vollbrachten, woraufhin der Verfasser des papierenen Textes ein berühmter Mann geworden war. Dem alten Dichter ist diese Art Ruhm nachmals sehr fatal gewesen, denn er war dahintergekommen, daß es sich beim Selbstmord um einen zusammengesetzten Begriff handelte. Vor allem dessen erster Teil, jenes unablösliche Selbst, das nicht von ihm weichen wollte, machte Schwierigkeiten. Sooft es auch ein einfühlsamer Leser für ihn vernichten wollte, hatte dieser doch am Ende wieder nur sein eigenes Privatselbst vernichtet, daß also das Selbst an ihm haften blieb und sich nicht im Ernst wollte delegieren lassen. So blieb am Ende nur der nackte Mord übrig. Der immerhin hatte sich vielfach als delegibel erwiesen. Ja der papierene Weg zum stellvertretenden Mord ist der Königsweg. Er ist der einzige, der nicht bloß straffrei bleibt, sondern auch dem, der ihn beschreitet, Ruhm und Geld einträgt.

Nach diesem Präzedenzfall kann ich mich auch vor dem Strafgesetz des Staates gut mit der papierenen, das heißt künstlichen Natur dieses Textes bedeckt halten und der möglichen staatsanwaltlichen Verfolgung wegen Anstiftung zur Blutrache mit dem Hinweis zuvorkommen, daß ich mich notfalls auf einen Künstlerparagraphen berufen würde, wie man ihn gegenwärtig auch ohne den Nachweis besonderer Meisterschaft jedermann zugesteht, der auf ihn Anspruch macht.

Ich bin sonst kein Freund von Umschweifen. Doch wird jeder verstehen, daß bei einer so ernsthaften und gefährlichen Maßnahme wie der delegierten Blutrache nicht ohne Klarstellungen vorab kann vorgegangen werden.

II

Nun erst fühle ich mich frei, mich an den mir jetzt noch ganz unbekannten Leser zu wenden, der einen Wink versteht, meinen Delegaten, der sich mir jetzt schon vertraut und verschworen fühlen darf. Nur ein einziger würde genügen.

Tatsächlich kann man auch nicht erwarten, daß es sehr viele Leser sein werden, die den Zusammenhang zwischen der Blutrache, der Vernichtung der Religion durch die Theologie und dem Gesang des Volkes in freier Luft akzeptieren werden.

Weit oberhalb des Langensees liegt das piemontesische Dorf Viggiona, das erst in diesem Jahrhundert durch eine Straße mit dem Seeufer und damit der Welt verbunden worden ist. Bis dahin hatte ein kurzbeiniger Piemonteser zum Markt nach Cannobio bergab eine gute Stunde und bergauf etwa hundert Minuten auf einem Maultierpfad zu gehen, den die Leute aus Viggiona nur kurz »die Straße« nennen. Am Ausgang des Dorfes zieht sich der solide mit Granit bestückte Weg in der Flucht der Kirchenfassade, die einen monumental-barocken Prozessionsweg einleitet, als Kreuzweg an den Stationshäuschen vorbei bis zum Friedhof.

Dessen alte Totenkirche ist das letzte Gebäude der bewohnten Welt. Gleich hinter ihr scheint Wildnis zu beginnen. Doch wer der Straße folgend eine Weile im Bosco gegangen ist, gewahrt mehr und mehr Spuren alter Kultur und Landwirtschaft. Der Boden erweist sich als geformt. Trockenmauern und Treppen, manchmal von dickem Wurzelwerk durchbrochen, ziehen sich durch die Mulden zwischen gewachsenem Fels und hindern den Absturz des Bodens.

Handelt es sich, wie in diesem Fall, von dem zu berichten ist, um müßige Besichtiger des Landes mit einem melancholischen Sinn für alte Mauern, wird es unvermeidlich zu Betrachtungen über die Mühsal der vorigen Zeiten und über das arme Leben der Bergbauern kommen, und wie vergeblich die mit manchem Schweiß errichteten Terrassen, Treppen und Gemäuer in einem Gelände erscheinen, das nun mit nichts als Gestrüpp und Buschwerk überwuchert ist, wie es nach jedem Abholzen oder Brand aus alten Wurzelstöcken wieder ausschlägt.

Man hat noch nie einen Italiener freiwillig in deutschen Wäldern wandern sehen, und auch in seinem Vaterland sind es meist seelenkranke Nordländer, die ohne ein besonderes Geschäft das offene Land belaufen. So ist der alte Marktweg zur Seelenstraße geworden, auf der man rüstige Herrschaften in Bundhosen oder rosige Holländer treffen kann.

Jetzt aber soll von Zilli die Rede sein, die mit ihrem ersten Offiziellen zehn Minuten auf der Straße gegangen ist. Zilli hieß einmal Caecilia. Der Name hatte ihr nicht gefallen, denn er hatte sie zu sehr an eine alberne Tante erinnert, vielleicht auch an die Heilige der Kirchenmusik, zu der sie ebenfalls kein nennenswertes Verhältnis unterhielt. So kam es zu der Abkürzung, die freilich kaum weniger albern war. Dies aber auf eine Weise, die Zilli ganz recht war. Sie klang in ihren Ohren nach den roten Haaren, die Zilli gerne gehabt hätte aber nicht hatte.

Zillis erster Offizieller, ein zur Traurigkeit neigender Buchhändler, übersetzte — scheinbar für Zilli, in Wahrheit aber eher, um seinen eigenen Geist mit nostalgischen Reizen zu füttern, die Sprache der Seelenstraße. Er übersetzte sehr fehlerhaft. Daß Steine reden, ist bekannt. Die wie für alle Zeiten ineinandergekeilten Granitbrocken aber, die zusammen das

Band der Straße formen, bringen so, wie sie sich in die Buckel und Falten der Bergflanken einschmiegen, in ihre Reden einen schwungvoll großartigen, fast erhabenen Ton. Eben zu diesem erhabenen Ton hatte der Buchhändler sich gerade emporgeschwungen, indem er von der Armut der Bergbauern, der Mühsal der vorigen Zeiten und dem harten Leben der kurzbeinigen Piemonteser berichtete, als die beiden den Stein erreichten, um den diese ganze Geschichte herumgebaut ist und der ein Denkmal war, wie eben nur ein Stein eines sein kann. Nur bis hierher kam der traurige Buchhändler, der über seinen unzutreffenden Betrachtungen über das traurige Leben der alten Piemonteser ganz vergnügt geworden war, denn dieser Stein brachte ihn auf der Stelle zum Schweigen. Die Reden waren erwiesenermaßen falsch gewesen, denn man weiß inzwischen, daß die Mauern, bei deren Anblick der Seelenwanderer so viel Melancholisches absonderte, mit fröhlichem Gesang errichtet worden waren. Pasqualina, eine heute noch muntere Siebzigerin, die hier meine Gewährsfrau ist, hat mir versichert, daß in ihrer Kindheit auf allen Terrassen und Gärten, den See herauf und herab, bei der Arbeit gesungen wurde, während man mit der Sichel die Futterkiepen füllte, Maulbeerblätter für die Seidenraupen sammelte oder im Weinberg zu tun hatte oder eben Steinmauern aufsetzte. Der Gesang soll aber ungefähr mit dem letzten Krieg endgültig aufgehört haben.

Wer die Möglichkeit gehabt hätte, über die italienische Halbinsel in einer Höhe von etwa hundert Metern den Gesang des Volkes in freier Luft zu vernehmen, dem wäre das Singen nicht als bestimmte Melodie oder gar in festen Wörtern, sondern als reiner Freudenton hörbar gewesen.

In dieser Höhe hätte Gott, wäre er nicht allwissend, jeden Spottgesang oder unzüchtige Strophen, ja sogar Balladen der Blutrache als Lobgesang seiner Geschöpfe auffassen müssen und wäre insoweit mit der Menschheit auf der Halbinsel zufrieden gewesen. Im Süden hat sich der Klang länger gehalten, ist verstummt erst in diesen Zeiten.

Verschwunden wie der Gesang ist auch die Sprache der Blutrache. Der Stein jedenfalls ist das Denkmal für das Verschwinden der Blutrache in Norditalien, das wir wegen seiner Inschrift auf das Jahr 1826 datieren können.
Für den einzigen unter meinen Lesern, meinen Stellvertreter und Delegaten, der schon ahnt, was seines Amtes ist, gebe ich hier den deutlichen Hinweis, daß auf dem Stein ein Totenkopf zu sehen ist, darunter die Inschrift: »Sempre aspeto« — Ich warte immer. Das »t«, welches dem »aspetto« wie es heute heißen müßte, fehlt, erscheint als ein großes Kreuz über dem Totenschädel.
Ja, ich warte noch! Ich warte darauf, daß endlich die Sprache dieses Steines einer hört. Nur ein einziger wäre genug! — Blutrache also.
Zuerst verschwindet die Blutrache, dann verschwindet der Gesang des Volkes in freier Luft, schließlich verschwindet die Religion!
Wenn du also, lieber einziger Leser ein gottesfürchtiger Mensch bist und nicht willst, daß die Religion verschwindet, dann weißt du, was du zu tun hast!
Dabei ist schnell erzählt, worum es in diesem Fall geht, denn für die Blutrache gibt es nach dem Mord nur ein klassisches Motiv, nämlich den Verrat, den Bruch des Sakraments, Untreue, Ehebruch.

III
Bei Zillis Temperament versteht sich von selbst, daß der Buchhändler, ihr erster Offizieller, von ihr ständig betrogen wurde. Das hängt natürlich mit der Traurigkeit des Buchhändlers zusammen, dessen Kopf vom Gewicht der Hörner, die Zilli ihm aufsetzte, nach unten gezogen wurde.
Zilli aber liebte das Augenspiel, ja sie war etwas wie die Beherrscherin des Augenblicks, weil sie sich auch ihrerseits dem Augenblick überließ, so daß sie fast jedem Maskulinum, mit dem sie lachte und dem sie ihre Augen zeigte, alsbald auch ihren Schoß öffnete. Dabei machte ihr Glückshunger

auch vor Geschlechtsgenossinnen nicht halt. Wegen ihres Grundrechts auf Lebensglück griff sie zu, wo sie nur konnte und machte zugreifen jeden, den sie auf ihre besondere Weise anblickte. Der Buchhändler war – wie gesagt – ein trauriger Mensch, der, seit er den Kopf hängen ließ, keinen von Zillis Blicken mehr auffangen konnte.
Da fingen Zillis Blicke an zu schweifen.
Du merkst schon, lieber Delegat, worauf die Sache hinausläuft. Zillis Zirkel, sich für die Traurigkeit des ersten Offiziellen durch die Legion der Inoffiziellen schadlos zu halten, war gleichzeitig die Hauptursache jener Traurigkeit gewesen. Halte als erstes Delikt also fest; ein Zirkel, ein logischer Fehler.
Der zweite Fehler ist ein grammatischer. Zilli beherrschte nur das Präsens. Alle Sprachformen der Vergangenheit und der Zukunft, die sie natürlich benutzte, liefen leer aus ihren Lippen. In ihrem Kopf aber schrumpften sie auf das einzige Jetzt zusammen, den blinden Punkt der Gegenwart, der, wie er auch wandern mochte, für Zilli immer nur ein nunc stans blieb: das stehende Jetzt. Wie eine Mystikerin mußte sie die Zeit vernichten, war sie gezwungen, jenes klitorale Erleuchtungserlebnis, wenn die Krämpfe sie aus der Gegenwart herausschüttelten, wieder und wieder zu suchen. Und sie haßte ihren Offiziellen dafür, daß er sich als notorischer und geschäftsmäßiger Nostalgiker betätigte, als Agent der Vergangenheit.
Wie soeben wieder, als er vom traurigen Leben der Bergbauern daherschwadronierte, das doch in Wahrheit, wie wir von Pasqualina wissen, ein fröhliches gewesen war.
Es konnte auch vorkommen, daß er die Flucht nach vorne antrat. Dann machte er Projekte und nahm alle seine Wortkunst zusammen, um Zilli zu erzählen, was die Zukunft bringen könnte. So kam es, daß seine Präsenz gleich Null war. Er hielt sich in der Gegenwart nicht auf. Das Leben fange für ihn erst an, hatte er zu ihr einmal bei einer jener schwärmerischen Zukunftsbeschreibungen erklärt, wenn er seine eigene

Buchhandlung soweit in Schuß habe, daß er nur gelegentlich nach ihr sehen müsse und seine Zeit mit ihr, Zilli, im französischen Zentralmassiv verbrächte, wo die Freuden des Landlebens noch in wahrhaft abgeschiedener Abgeschiedenheit könnten genossen werden. Dabei war er dort nie gewesen, ja er hütete sich, dorthin zu reisen, denn das Risiko, jene gedachte Idylle von einer widrigen Wirklichkeit zerbröseln zu lassen, war ihm immer zu groß.
Sehr bezeichnend waren die Reden, die er über Griechenland zu halten pflegte: »Ich kann dort nicht mehr hinfahren.« — Jemand hatte ihm von einem Aluminiumwerk mitten in Arkadien erzählt, und wie bedenkenlos Griechen und Touristen sich verbündet hätten, das einstmals so herrliche Land durch Zersiedelung und Sittenverderbnis herunterzubringen.
Als der Buchhändler noch ein Schüler war, hatte er die begeisterten Berichte seiner Kameraden angehört, die mit alten VW-Bussen dort das gute Leben suchten und von der griechischen Gastfreundschaft, den blauen Inseln, den Gerüchen, Mönchen und weißen Häusern erzählten. Das war auch die Zeit, in der er gerade Hölderlins Hyperion hinter sich gebracht hatte und bald soweit war, daß flüchtigere Bekannte ihn für eine Art Griechenland-Experten hielten.
Einmal selbst hinzufahren — das fiel ihm nicht ein: »Ich verderbe mir doch nicht die ganze Vorfreude!« war sein Spruch gewesen. Inzwischen hat er diese Pointe nicht mehr im Repertoire, denn seit in Arkadien ein Aluminiumwerk steht, kann man ... »da kann man nach Griechenland nicht mehr fahren! Mich mit den Neckermännern neppen lassen? — Wenn ich griechische Kunst sehen will, gehe ich lieber ins Britische Museum!«
Er hatte den rechten Augenblick verpaßt und warf sich daraufhin ein halbes Jahr lang auf das Studium des »Kairos«, sammelte Beispiele über augenblickliche Erleuchtungen, fand sie bei Buddha, Platon, Pascal? Descartes und Carl Friedrich von Weizsäcker, schrieb sogar in einer inzwischen eingegangenen literarischen Zeitschrift eine kleine Abhandlung:

»Kairos — der archimedische Punkt als Loch, Versuch über den Augenblick« — ein hartes Stück Arbeit, das ihn aber, weil es vom Freudenpunkt des Lebens handelte, dafür entschädigte, daß er ihn verpaßt hatte, zumindest was Griechenland betraf. Doch es gab anderswo auch noch Inseln! So verharrte er in den Vorfreuden, ergötzte sich kaum einmal, knauserte mit Vergnügungen und sparte auf den großen Tag. Jetzt schon Lebensfreude zu verbrauchen, schien ihm wie ein Verrat am großen Kapital, das für das spätere, das eigentliche Leben benötigt würde. Als kluge Jungfrau wartete er bis zum Ruf: »Der Bräut'gam kömmt!«, schmiedete am kalten Eisen sein entferntes Glück, war daher zufrieden mit seinen Entbehrungen. Das gute Leben gehörte in die Zukunft. Zur Zeit waren nur erst die Vorbereitungen zu treffen. Diesen Zustand behaglich zu nennen, wäre gewiß übertrieben, aber ein tief sitzendes Einverständnis mit seinen Leiden kam einfach daher, daß sie mit den Zeitkoordinaten seiner Lebensgrammatik übereinstimmten. Hätte er nicht gelitten, wäre sein Zustand ganz hoffnungslos gewesen.

Auch Zilli gab sehr gern Versprechen, machte Projekte und Pläne, malte sich die Zukunft aus oder ließ andere malen, aber nicht, weil sie an die Zukunft dachte, sondern weil solche Reden und Bilder die Gegenwart steigerten. Der Wein schmeckte ihr einfach besser und die streichelnden Hände auf ihrem Körper taten mehr, was ihr guttat, wenn sie den auswandernden Gedanken des Kopfes, der zu der jeweiligen Hand gehörte, Zukunftsfutter gab.

Manchmal hielt sie ihren Glücksrittern auch wehmütigschöne Erinnerungsbilder vor, nicht weil sie sich selbst erinnerte, sondern ausschließlich, um einen bestimmten Glanz in deren Augen funkeln zu sehen — Und zwar Jetzt! In der Kunst, die anderen Zeiten zugunsten der Gegenwart zu plündern, hatte sie es zu einer gewissen Virtuosität gebracht.

IV

Natürlich hatte sie ihrem ersten Offiziellen auch die eheliche Treue versprochen, bis daß der Tod sie scheide. Von Betrug und Ehebruch zu sprechen, hätte zu Zeiten der Blutrache als Delikt genügt. Nach dem Verschwinden der Blutrache aus dem öffentlichen Zeichensystem der sprechenden Taten, muß dieses Delikt als ein grammatisches verstanden werden. Auch der Gesang des Volkes in freier Luft war ein öffentlicher. Was dort gesungen wurde, drückte, wie Singen sonst meistens, die unmittelbarsten Gefühle in allgemeinster Form aus. So, daß überhaupt erst die allgemeinste Form imstande war, als Kleid für das aus den Seelen Herausbrechende zu dienen. Es waren verwandte oder sogar die gleichen Melodien, die bald auf Klage-, bald auf Freudentexte gesungen wurden.
Auch die Blutrache war ein öffentliches Zeichen. Was wie ein entfesseltes Herausbrechen aus dem patriarchalischen beschaulichen Leben aussah, der heißeste Vernichtungswille, die vulkanische Haßentladung, war zugleich öffentliche Vokabel einer Sprache der Taten.
Lieber Delegat, ich hoffe, du läßt dich alphabetisieren! Geh in die Oper, schau dir alte Bilderbogen an! Oder wachse in Anatolien auf, solange noch Zeit ist, denn wie lange wird es noch dauern, bis auch in Anatolien blutige Taten nicht mehr verstanden werden? Du müßtest überhaupt ein Türke sein. Wie mancher Türkenbursche, dessen Schwester man in Frankfurt die Unschuld raubte, hat dasselbe Sprachproblem wie ich. Ja, du bist sicher ein Türke, je länger ich darüber nachdenke, desto mehr glaube ich, daß du, lieber Delegat ein Türke sein müßtest, denn wer weiß, ob heute einem Sizilianer oder Sarden noch zu trauen wäre? Ein Türke, gerade hier angekommen, noch nicht angepaßt an die geltenden Sprechverbote.
Oder ein Opernfan? »Vendetta ti chiedo!« Ja, lieber Wolfgang Amadeus — zu deiner Zeit verstand man sich noch auf die Sprache der Blutrache und auf den Gesang. Durch häufi-

ges Anhören von Doña Annas Rachearie ließe sich zumindest ein Verständnis davon erwerben, daß für die echteste und unmittelbarste Darbietung der Gefühle die Oper die angemessenste Form ist. Zumal so eine Blutrachenoper wie der Don Giovanni, die Oper aller Opern.

V
Kommen wir zur Sache: Zillis Delikte waren erstens ein logischer Zirkel und zweitens ein Verstoß gegen die Grammatik. Die lebensgrammatische Vernichtung der Zeiten und die Unterwerfung von Vergangenheit und Zukunft unter die Gegenwart. Die Antwort in der Sprache der Tradition wäre die ausgleichende Vernichtung gewesen. Der Mensch, der sich der Absolutsetzung des Präsens schuldig gemacht hat, wird zur Rehabilitation der anderen Zeiten zwangsweise in dieselben überstellt. Vergangenheit und Zukunft, Erde und Himmel. Er wird in den Himmel, die absolute Zukunft geschickt und sein Körper wird der Erde gegeben, — Staub bist du und zum Staube kehrst du zurück — der Verwesung, der Vergänglichkeit: Blutrache, eine klare Vokabel.
So hätte alles seine Ordnung haben können. Nun gilt aber die Blutrache als ausgestorben. Jedenfalls versteht hier keiner mehr diese Vokabel. Was tun? — Wie reden?
Ein Zitat vielleicht?
Natürlich! Das ist es! Die Blutrache in Gänsefüßchen, die Blutrache als Kunstwerk. Es lebe die Oper, denn die Oper lebt ja noch! Wenn man mit Taten sprechen kann, muß man auch mit Taten zitieren können.
Da brauche ich nun doch keinen Türken. Lieber Delegat — verzeih die kleine Irritation, ich hoffe, du bist an deiner Mission nicht irre geworden.
Die delegierte Blutrache als Kunstwerk ...
Wo aber bleibt die Leiche? Wird sie im Kunstwerk stinken? Das wäre so etwas wie der Ausweis der Echtheit. Was ist, wenn Zilli nach der Ermordung vor den Vorhang tritt und Applaus kommt auf? In welcher Welt findet der Tod statt?

VI

Diese Frage — haargenau — stellte Zilli sich blitzartig an jenem Stein, zehn Minuten nachdem sie im Bosco meine unzutreffenden Erläuterungen über das traurige Leben der Piemonteser hatte über sich ergehen lassen. Der Stein zeigte, wie gesagt, einen Totenschädel und die Jahreszahl 18.. bis 18.., dazu die Inschrift: »Sempre aspeto« — Ich warte immer. Pasqualina konnte mir nur ungefähr die dazugehörige Geschichte erzählen: Ein langes Verlöbnis, Untreue, Blutrache — das ist so ziemlich alles, was ich behalten habe. Es bleibt auch noch nachzutragen, daß die sich nun überstürzenden Ereignisse auf einen jener schwülen Sommertage trafen, die am südlichen Alpenfuß mit regelmäßigen Gewittern, eine dramatische, geradezu opernhafte Kulisse zur Verfügung stellten, mit der Folge, daß der empfindsame Nordländer geradezu Lust bekam, sich dramatisch, dramengerecht aufzuführen. Wir fühlten uns wie auf einer Opernbühne.
Es hatte bisher aus der Ecke der Schweizer Berge nur gegrummelt. Nun waren sehr schnell Lichtblitze zu sehen, der dumpfe Bollerton der Donnerschläge wurde härter, flacher und lauter, es krachte schon ziemlich furioso, aber noch hielt sich das Gewitter am anderen Ufer des Sees. Vielleicht mußten alle diese Umstände zusammenkommen, um in Zilli die grammatische Fehlschaltung zur blitzartigen Entladung zu bringen. Zu ihnen gehört vielleicht auch die Tatsache, daß Zilli der Aufenthalt auf der Insel Gegenwart schwerer geworden war, seit sie ihren dreißigsten Geburtstag gefeiert, besser gesagt, nicht gefeiert hatte. »Nun bin ich die Frau von dreißig« hatte sie sich mehrfach vorgesagt und die Biermann-Zeile: »Soll das denn alles gewesen sein« nistete sich auf ihrer Insel der Gegenwart ein, wie ein Eroberer.
Jetzt also, mit der blitzunterstützenden Gegenwart ein Blick, ein Augenblick auf den Totenkopf und: Sempre aspeto! Mir fiel als Stichwort ein: »Das ist ja wie bei Prosper Merimée, fehlt nur noch der Geächtete, der aus den Büschen tritt.« Aber Zilli schien garnicht zuzuhören. Mit roten Flecken auf

den Wangen starrte sie auf den Stein. Es mußte etwas entscheidendes in ihr vorgehen. Ich war es nicht. Die schweren Tropfen fallen ja im Bosco zunächst auf die Blätter mit einem gewissen Patschgeräusch, das dann, wenn der Regen voll durchklatscht, ein helles Rauschen ergibt. Wir standen unschlüssig am Stein. Immer noch. War das »Warte immer« ein Befehl? Sollten wir zurückgehen? Naß würden wir sowieso und vorwärts gehen hieß bergab gehen. Aber nach Cannobio war es weiter als nach Viggiona.
Vielleicht blieben wir nur solange wie genagelt an dem Stein stehen, weil das Gefühl, es würde etwas geschehen, einen Bann erzeugte, vielleicht die Zeit anhielt, mindestens aber unsere Beine anhielt.
Es kann sein, daß mein »fehlt nur noch der Geächtete ...«, das letzte, was ich sagen konnte, schon als Stichwort gemeint war für den Mann, dessen Schritte man im Laub schon eine ganze Weile hatte hören können, bevor das Rauschen eingesetzt hatte, der den Berg heraufkam und der jetzt im prasselnden Regen erschien, gerade als Zilli ihre Augen vom Totenkopf löste, wie wenn sie jetzt endlich, endlich in die Zukunft blicken könnte. – Zilli lachte, blickte ihn an, er lachte auch – man hatte sich wiedergesehen.
Natürlich war das alles kein Zufall. Pasqualina hatte unseren alten Freund, der uns mit seinem Besuch überraschen wollte, auf den Weg geschickt, uns entgegen. Sein Coup war gelungen. Zilli lebt heute mit ihm in einem anderen Land.

Wenn ich heute in meiner Buchhandlung, die ich in den nächsten Jahren zu übernehmen hoffe, zwischen Bestellungen und Reklamationen nach dir, lieber Delegat, Ausschau halte, weiß ich, daß dann, wenn wir uns gesehen haben werden, das eigentliche Leben beginnen kann.
Zilli aber, die abgedankte Königin des Augenblicks, macht seit jenem Tag keine grammatischen Fehler mehr. Für mich ist sie gestorben, aber die Leiche stinkt noch nicht – und das mußt du ändern mein Lieber!

Schon hängen die Hörner, die Zilli mir einst aufgesetzt hat, als Trophäen neben den anderen Kunstwerken an der Wand. Was die Religion angeht, so gilt für die dasselbe, wie für die Blutrache und den Gesang des Volkes in freier Luft.

Josef Enigmatter

kind und stein

ausruhen und vergessen sein
am besten unter einem stein
den niemand hebt, kein kind
das schaut ob würmer und asseln sind
unter dem stein den es im wald
ein wenig anhebt und wegrollt

oder selbst wurm oder assel sein
erschreckt von der plötzlichen sonne
wenn gehoben der stein wird, darunter
es so feucht und kühl und dunkel war
oder vielleicht dieses kind sein
oder selbst vielleicht dieser stein

am besten wohl dieser stein
der aber nie ich sein werde
und das kind bin schon gewesen ich
und was dann weiter kam, so fürchterlich
ist es, daß ich nicht noch einmal sein
wollte dieses kind, o nein

sondern ausruhen und vergessen sein
beides für immer, und es wird
kommen, ja ich glaube daran sehr
aber noch ist so schwer bis dorthin
der weg tag für tag, nacht für nacht
nicht besinnungslos doch in ohnmacht

Ernst Jandl

selbstporträt 18. juli 1980

es sei mit ihm was los. nein, so genau
wisse er selbst es nicht, spüre jedoch
daß nichts mehr sei wie es gewesen sei.
davon erzählen wolle er eigentlich nicht.
wolle eigentlich überhaupt nichts, wolle aber
auch nicht völlig untätig sein, beschäftige sich
daher nach wie vor mit gedichten, deren
herstellung. auch wenn
kein wort mehr glänze.

...

aus dreckigem glase
jetzo trinke er
das übliche gemisch, nur etwas
mehr mineralwasser, dafür
weniger whiskey, die flasche
beinah leer, und er
nicht willens das haus
um neuen vorrat
zu verlassen; müsse ja
dieses gedicht hier noch
schreiben und absegnen, ehe
er sich an das spiel
mit dem schach-computer mache, seinem
neuesten hausgenoss, bekanntlich
dem einzigen (immerhin
schon dritten, nachdem
den ersten und zweiten
innerhalb rückgabefrist
er verabschiedet habe). dreckig,
das glas, von seinen
schokoladelippen
gestern nachts.

er schon griffe zum strick,
den es im hause nicht gebe, gäbe
es nicht so unmäßig viel
auch noch in seinem alter
zu erleben: schokolade,
whiskey, schach-computer,
nutten — nein, vor diesen
habe er immer sich
gehütet. sich zu hüten
sei überhaupt zeitlebens
seine kunst gewesen.
(er wäre ein genie
gewesen, hätte er
sich selbst ver-
hüten können.)

Ernst Jandl

begebenheit

fünf
jahrzehnte
gelebt
und nichts
zu berichten

sich verkriechen
bei tisch
wenn ein junger
erzählt
und erzählt

Ernst Jandl

wie eltern zu land

dies mich hauen hinunter
dies mich heben hinauf
daß ich nicht wissen schweben
nicht trauen ersticken und ersaufen

ich noch in kaltem land
manchmal spüren meines mutters hand
schweigen mein verstand
an ihr sein lang kein rühren

schweigen mein verstand
durchsausen mich mein ohren
neu nicht werden ich werden geboren
bevor in erden ich gehen wie eltern zu land

Ernst Jandl

so ein trost

wer es nicht mehr ganz so gut kann
wer es nicht mehr so ganz kann
wer es nicht mehr so gut kann
wer es nicht mehr ganz kann
wer es nicht mehr gut kann
wer es nicht mehr so kann
wer es nicht mehr kann

für den tun es andere
ja für den tun es andere
für den tun es ja andere
für den tun es andere ja
für den tun es ja andere ja
ja für den tun es ja andere ja

dutzendfach
hundertfach
tausendfach
millionenfach
ja
millionenfach

so ein trost

Ernst Jandl

Römische Elegie

man könnte natürlich
aufstehen
eine Sonnenbrille suchen
eine Kerze anzünden
den Vorhang nicht öffnen
sich am Bad vorbeidrücken
den Schnaps von gestern austrinken
die Strümpfe von vorgestern anziehen
das sieben Tage Hemd wenden
in den Tag treten
so
oder
so
die Portierfrau grüßen
die Blumenfrau grüßen
den Postboten grüßen
der Budiker schläft weiter
den Gemüsemann grüßen

denn jeder Zustand
dauert seine Zeit
und nicht länger

doch weil ohnehin
bald Abend sein wird
der Tag sein strip-tease
beginnen wird
unter blühenden Lampen
ist noch Zeit
zu wandern
in den Landstrichen
des Innern

(1965)

Peter O. Chotjewitz

Tagung der Gruppe 47 Berlin 1965

ich komme mir vor
wie verkleidet
mein Bauch lappt
die Ohren
stehen ab
seit meiner Kindheit
der Nacken ist
feist
auf Hüften
Brust
Rücken
hat irgendwas
Röllchen gesetzt
was mich schützt
ist ein Slip
meiner Frau
doch die Rüschen vorm Hals sind
nicht Zierde
man dreht sich schon wieder um
nach mir
so
kenn ich mich garnicht
mein Kopf
summt
in Nähe
des Halses
der Schultern
des Bauches
der Hüften
der Schenkel
der Knie
mein Herz
grunzt
ein grundloses Lächeln

bedingt
durch die Welt
meiner Augen
der Ohren
der Nase
den Fußschweiß
mein Glied ziert
ein herzliches Schrumpfen
ich fühle mich nicht
wie ich bin

(1965)

Peter O. Chotjewitz

Depression

Mir träumte, ich
hätte meinen Kopf verloren
und versuchte dennoch,
aufrecht zu stehen.

Mein abgeschlagenes Haupt
schleppte ich
wie eine Eisenkugel
an einer Kette
hinter mir her.

Mir war, als wäre ich
Strafgefangener
meiner eigenen
düsteren Gedanken.

Peter Schütt

Melancholischer März

Nicht zurück in die Flut,
in den sanguinischen Frühling,
der in den Bachbetten
Erregung anschwellen läßt,
den Schrei wiederkehrender Wildgänse,
Ahnungen, unerfüllt,
aufgetaute Kadaver,
Eismärchen,
an die du nicht glaubst.

Wachstum, wie sehr beneidet,
Weidenpeitschen in Knospe —
kein Ausweg für Liebende.
Die Schonzeit für deinen Jahrgang
ist abgelaufen.

Dagmar Nick

bürgerliche laster

wie der falke die drossel
überfällt mich die schwermut
manchmal

endlich der schmerz
tage wie jahre
und minuten
die
v
e
r
r
i
n
n
e
n
wie das gold
durch das loch
im stiefel
des soldaten

unendlich die wut
sekunden lauter kleine münder
die degen schlucken
sonnenstrahlen

das alte unglück
lasterhaft verjüngt & geliftet
mit neuen zähnen versehen
& spitzen
im hirn
nistet flucht
(eine ihrer letzten fallen)

fallen in die schwermut
sich fallenlassen
dann durchatmen
still bleiben
still liegen

menschen werden henker töten
nicht gedichte
nicht die schwermut

zum bürgerlichen erbe
gehört auch die melancholie

wir schlagen sie aus

Peter-Paul Zahl

Weihnachtsoratorium

Melancholie
zwischen den Festtagen.

Das Jahr
geht zu Ende.
Ich mit.

Nur eine Waffe
dagegen:
Bach auflegen.

Johann Sebastian Bach:
Fallt mit Danken, fallt mit Loben.

Laut, daß es
in die Ohren trompetet,

ob ich es
endlich, endlich begreife.

Detlev Block

Ende Vierzig

Das war es also,
geben sie sich zu verstehen,
während ihr Herz sie Lügen straft.
Nach über zwanzig Jahren
kann sich die Welt nicht mehr
um die Liebe drehen –
um die Liebe, die nach nichts so sehr
wie nach Liebe schreit.
Da sind unerbittliche Türen,
die sie hinter sich schließen,
er vor ihr,
sie vor ihm.
Die Emsigkeit, mit der sie sich
stumm voreinander rechtfertigen,
frißt ihre Tage auf.
Die Müdigkeit, in die sie sich
unbarmherzig voreinander flüchten,
verzehrt ihre Nächte.
Jeder dreht sich
in seine eigene Schlaflosigkeit.
Die Rosen, die sie ihm
noch dann und wann hinstellt,
haben keine Leuchtkraft mehr,
und sein Arm findet immer seltener
ihre Schulter.

So schmilzt ihr Kapital dahin.
Jeder wartet insgeheim auf den anderen,
daß er aufspringt
und rettet, was zu retten ist.
Nicht lange mehr,
und die beiden werden ganz
mit erloschenen Händen dastehen.

Detlev Block

Ein Vergehen

Der Betonfahrer Ulrich Krüger versteht nicht, was die Leute der Kommission reden. Er hat die Hände, die den Staub längst vom Tisch gezogen haben, vor sich gelegt. Ruhig liegen sie dort, als gehörten sie nicht zu ihm. Denn in seinem Innern spannt sich etwas. Das haben die Sträucher vor dem Fenster ausgelöst. Sie beugen sich unterm Wind. Er hört aber den Wind nicht, sondern das Rumoren seines Fahrzeugs. Er hat es hart an der Tür abgestellt. Die Schnauze kann er sehen, wenn er sich vorbeugt.
Sie reden. Keiner sagt etwas über die Katze. Sie reden nur über ihn und daß es eine Schande sei, auch wegen der Ausfallzeit und dem verschütteten Beton.
Ulrich versucht jetzt, den Blick seines Brigadiers aufzufangen. Der grient leise vor sich hin. Was sich abspielt, nimmt er nicht ernst. Er nickt Krüger unmerklich zu. Dessen Spannung aber will sich nicht legen. Ja, er hat den beiden das Maul poliert. Ruck, zuck! ging das. Und dann war Ruhe. Die Katze erwähnt keiner. Es war nur wegen der Katze. Er hat ihren Kadaver hinter der Baracke eingebuddelt. Gleich danach.
Sie verlangen, daß er spricht. Sie wollen, daß er sich verteidigt. Wenn er nicht redet, werden sie ihn vom Fahrzeug nehmen und zum Betonschütten einsetzen. Das will er nicht. Er hängt an dem alten Auto. Reden kann er nicht.

Die Katze kam gleich am ersten Tag. Weiß der Himmel, woher. Ringsum war Einöde. Das Gelände von Baggern zerwühlt. Sie hatten die Baubude hingestellt. Er saß und aß sein Frühstück aus der Hand. Da sah er die Katze. Sie hockte zwischen der Melde und duckte sich, als sich ihre Augen trafen. Krüger rührte sich nicht. Er hörte auch auf zu essen. Dann zog er eine Scheibe Wurst zwischen den Broten hervor. Die Katze verschwand wie der Blitz. Er sah sie sich wie eine Schlange wegwinden, zehn Meter etwa. Die Wurst legte er

auf die kaum sichtbare Druckstelle zwischen der Melde.
Im Laufe der Schicht vergaß er die Katze. Sechs Fuhren brachte er an diesem Tag zustande. Die beiden Stifte im dritten Lehrjahr hielten sich ran, führten erstaunlich behende den Schlauch, durch den der Beton aus dem Container gepreßt wurde.
Am Abend erinnerte er sich der Katze. Er sah ihre länglichen Augenschlitze vor sich und wußte auf einmal, worauf ihn die Schwarzweißgefleckte gebracht hatte.
Er war zehn Jahre alt gewesen, als der Vater ihn beauftragte, den neuen Wurf zu beseitigen. Zwei Katzen sind für die Scheune und den Hof genug, hatte er gesagt, mehr ist zuviel. Die neue Brut muß weg.
Ulrich hatte die Katzen versteckt. Der Vater war dem Muttertier nachgegangen und hatte sie gefunden. Hart hatte er seinen Sohn beim Arm genommen und zuzuschauen gezwungen.
Später, in der Stadt, litt Ulrichs Frau kein Viehzeug in der Wohnung. Sicher, das war vernünftig. Auch die Kinder waren den ganzen Tag beschäftigt. Wer sollte sich um Hund oder Katze kümmern?
Krüger blickte auf. Einer von der Kommission sprach jetzt von Schmerzensgeld. Gut, er würde zahlen. Was war dagegen eine tote Katze.
Sie war jeden Tag aufgetaucht. Zur gleichen Zeit. Sie war näher gerückt, saß nun aufgerichtet vor ihm, nahm von seinem Frühstück, was er gab. Und verschwand wieder. Das ging wohl vierzehn Tage so. Er hatte seinen Spaß daran, daß sie ihn fand, denn sie schütteten die Fundamente gerade an einer anderen Ecke, während am Platz ihres Zusammentreffens schon Platten montiert wurden.
Wie üblich blieb er im Fahrerhaus sitzen, startete den Motor der Pumpe und beobachtete im linken Rückspiegel, wie die Jungen den Ausleger schwenkten. Er begriff nicht gleich, was sie mit dem Sack vorhatten, der plötzlich aufgetaucht war. Der Kleine öffnete ihn, und die Katze hechtete in den

Beton. Da war er schon aus der Tür. Den Mast mit dem Betonschlauch schlug er dem Blonden aus den Händen, aber der Strahl hatte die Katze längst in den Beton gedrückt. Seine Faust traf den Blonden auf Mund und Nase. Dem Kleinen drosch er sie hinters Ohr. Er fischte die Katze heraus und ging langsam zur Baracke hinüber, das Vieh in der rechten Hand. Es fühlte sich sehr warm an. Inzwischen pumpte der Motor ohne Aufsicht den Container leer. Der Beton rann überallhin, nur nicht in die Verschalungen. Das war es.

Krüger bemerkte, daß alle schwiegen. Er sah von einem zum anderen. Er stand auf, nickte mehrmals, als wäre er mit allem einverstanden. Draußen warteten die beiden Jungen. Er ging auf sie zu, und sie wichen ihm aus. Er kletterte schwerfällig in sein Auto.

Hans-Joachim Nauschütz

Strandstück

Der strand ist platt und weiß, kein einziger stein. Runde burgen, senkrecht umsteckt von knochenbleichen glatten resten einstiger äste. Quer genagelte bretter einer sehr unregelmäßigen leiter, weiter oben ein sitz, an der spitze ein wehender fetzen. Windräder drehen sich knarrend. Leere kisten liegen umher, schon halb vergraben, und zugeweht wird ebenfalls ein primitiv gebauter tisch mit drei beinen. Langsam laufe ich über massen zerknackender muschelschalen, gräßliches geräusch. Mein gefährte sitzt auf einem versandenden stuhl, starrt durch stacheldraht, der den verlassenen strand zum leuchtturm hin begrenzt, meerwärts nach der bernsteininsel.

Ulrich Berkes

Impromptu

Melancholie ist, was
dabei herauskommt,
wenn man eine Depression
mit Glacéhandschuhen
anfaßt oder eine Tragödie
mit Sentimentalität einsargt
anstatt mit Trauer. Jeder
Morgen ist Melancholie,
die Sonne mit Goldbronze
übertünchter Trübsinn.
Markerschütternd die Melancholie
des Cholerikers. Dumpf brütend
die Schwermut, die ein Teig ist
mit dem Phlegma. Adams Apfelbiß
fatal, ganz zu schweigen
von Evas entnervendem
Aufs-Spiel-Setzen des Gartens Eden.
O du geistesgestörte Schlange!
Das Paradies perdu. Perdu
in Ewigkeit? Kain und Kriege,
Krebs und Grab. Da soll man nicht
melancholisch werden! Aber
vielleicht ist die Melancholie
ein Versteck für die Freude.

Rupert Schützbach

Das Wrack

Der Tisch, den ich zerschlage: ein morscher Bretterhaufen.
Die dauernde Orchidee: zu Jauche und Ranze zerlaufen.
Das Bett, in dem ich teilte: krumm wie genossene Lust.
Der Riß, der nie verheilte: endlich in anderer Brust.
Der Schatten, den ich zerreiße: Fleisch zu anderer Stunde.
Das Brötchen, das bäckerheiße, liegt mir verkohlt im Munde.

(1977)

Richard Pietraß

Was mich im Leben hält

Deine himmlische Toleranz.
Mein suchender, irrender Prallhans.
Die Seelen in meiner Brust.
(Der einen Gashahn der anderen Lust.)
Mutters, Vaters Königsberger Kloß.
Meine Heidenangst vorm ewigen Los.
Die noch nicht gesehene Welt
(Papierkorb versprich, was der Tränenkorb hält!).
Die Linden im Juni. Der Rotdorn im Mai.
(Duftet, duftet! Katzen schreit!)
Mein steinerweichender Sohn.
Die brotlose Kunst. Mein Buckellohn.
Der mich täglich beutelnde Taumel.
Deine blauende Pflaume.

(1978)

Richard Pietraß

Klausur

Es gibt Tage, da bekomme ich keinen Fuß auf die Straße.
Verschlossen erweist sich die Tür. Bett-Tisch-Bett: meine
Sisyphosgasse. Lauter tickt dann die Lebensuhr. Dünner
Erscheint der Lebensfaden. Noch die Spülhausspinne
Verbirgt sich mir. Noch die Schuhe entziehn sich den Füßen
Wie übergroßen Planquadraten. Tisch-Fenster-Tisch: mein
Trampelpfad, mein leergewildertes Revier. Im Rücken das
Ungute Getuschel der Bücher, verstaubte Möbel, zerknülltes
Papier öden mich an. Die beschmierten Wangen der Hand-
Und Wischtücher. Der seit Monaten leckende Stadtgashahn.
Die seit Wochen keimenden Kartoffeln (Furchen zu ziehen
Lohnt noch nicht!). Der allmählich erblindende Spiegel:
Mein stumpfer werdendes Jungengesicht. Meine mich um-
Stellenden Dinge, deren Ring sich schließt (der Lebens-
Kreis). Die von der Mutter geschenkten Ringe: in hundert
Jahren vielleicht. Es gibt Tage, da seh ich die Sonne
Steigen, sinken: hinter Glas und doch getroffen. Da mag
Ich mich nicht an der Scheibe zeigen. Da heiß ich mich
Im Dunkeln hoffen. Das Rudern mit den Armen, das Schlagen
Mit den Fensterflügeln, vermag ich schwer zu zügeln.
An Tagen wie diesen leb ich nicht gern. Finde ich abends
Das Schlüsselloch, betrete ich einen fremden Stern.

(1979)

Richard Pietraß

Widerspruch

Ich gehe hinter dem kleinen schwarzgekleideten Mann her, der meinen Vater trägt. Mein Vater ist leicht in der Urne unter dem Tuch, zwischen den beiden Händen des kleinen Mannes.
Ich gehe hinter der Asche meines Vaters und versuche mir seine Stimme vorzustellen. »Halte dich doch gerade! Wie oft soll ich dir das noch sagen?«
Er hat es oft gesagt, und ich habe oft widersprochen. Bis er wütend wurde, denn er hatte recht. Und ich hatte recht. Der Wind weht mir die Haare ins Gesicht.
»Warum hast du wieder keinen Hut auf? Was sollen die Leute denken, wenn du so herumläufst?«
Ringsum gibt es keine Leute, die an mich denken, und, den Blick auf die Absätze des kleinen Mannes vor mir gerichtet, lasse ich mich in die gewohnten Streitgespräche ein.
Mit sieben Jahren: »Ich kann den Spinat nicht essen.«
»Du ißt ihn.«
»Nein.«
»Dann marsch in die Ecke. Nicht in die am Klavier. Du wirst Gehorsam lernen.«
»Trotzdem esse ich keinen Spinat.«
Mit siebzehn Jahren: »Ich mag den Jungen aber.«
»Und ich verbiete dir, dich von ihm abholen zu lassen.«
»Er mag mich.«
»Das ist die Höhe. Du bist doch noch ein Kind.«
Mit neunzehn Jahren: »Ich will mir mein eigenes Geld verdienen.«
»Solange ich lebe, ist davon nicht die Rede.«
»Jeder vernünftige Mensch hat einen Beruf!«
»Nicht, solange ich ...«
Mit zwanzig, dreißig, fünfunddreißig Jahren ..., bis vor fünf Tagen — Widerspruch ...
Bis vor fünf Tagen war ich der Meinung, ich hätte immer recht. Schon als Kind. Jetzt hat er es. Das Recht zu schwei-

gen. Friedhofswind ist anders als der auf der Straße. Er steigt aus verwelktem Laub, läßt sich von den Trauerweiden fallen. Er bewegt das Tuch über meinem wortlosen Vater. Ich erinnere mich anderer Worte.
»Du siehst schlecht aus. Arbeite nicht zuviel.«
»Weshalb kommst du nur alle vierzehn Tage? Das Kleid steht dir.«
»Sieh dich vor, wenn du nach Berlin fährst. Steige lieber in die Mitte vom Zug.«
Wir bleiben stehen. Ich höre kaum, was der kleine Mann an allzu Gewohntem murmelt. Die Urne, viel zu engräumig für ein verbranntes Leben aus Eigensinn, Stolz, Rechthaberei, Vorliebe für große Hunde und vierzig Zigaretten pro Tag, unausgeführten Plänen, zerstrittenen Freundschaften, verwelkter Leidenschaft zu meiner Mutter, Glanz und Gloria einer Kaiserleutnantszeit, Magentee, Stammtischrunde, verklärten goldenen 20er Jahren – die Urne verschwindet unter feuchter Erde. Es nutzt nichts, versäumte Gesten, unterlassene Liebkosungen, zu spät kommendes Verstehenwollen, als Kranz gewunden, darauf zu legen. Ich bleibe allein. Zum erstenmal höre ich ohne Erwiderungen meinen Vater an.
Morgen werde ich, in Ausübung meines erkämpften Berufs, in den Zug nach Berlin steigen. Ohne Hut auf dem Kopf, ohne nach einem Platz in der Zugmitte zu suchen. Es kann sein, ich treffe jemanden. »Mein herzliches Beileid«, wird er sagen und nach einer Weile: »Aber verstanden habt ihr euch doch nie so richtig. Entschuldige, ich erinnere mich da an ...«
Ich erinnere mich dann auch. Anders. Der Waggon in der Zugmitte ist ja viel besser geheizt. Mein Taschenspiegel zeigt mir, daß ich schlecht aussehe. Ich streife die Asche von meiner Zigarette, sehr vorsichtig. Es wird die letzte an diesem Vormittag sein. Zwanzig pro Tag sind zuviel.
An der Strecke, die ich zurücklege, fällt viel Wind von den Bäumen.

Hildegard Maria Rauchfuss

Aug in Auge

Ich hatte eine Tante, die, ihrer melancholisch blickenden Augen wegen, von unzähligen Verehrern umgeben war. Als ich siebzehn wurde, versuchte ich, ihren Augen-Blick nachzuahmen. Mit dem Ergebnis, daß man mich für dümmlich, arrogant oder versponnen hielt. Niemand forderte mich bei Tanzveranstaltungen auf. Echte Melancholie überfiel mich in meinem Jungmädchenzimmer, wo ich, als schwacher Typ höherer Nerventätigkeit, in mein Kopfkissen heulte.
Meine Tante hingegen, bis ins hohe Alter hinein melancholisch aussehend, bekam von einem, der auf ihr beträchtliches Vermögen scharf war, drei melancholisch blickende Knaben, die später versierte Geschäftsleute wurden, Bankrott anmeldeten, und − siehe Hippokrates −, weder verstimmt oder schwerblütig und schon gar nicht langsam reagierten. Sie rappelten sich unverzagt energisch wieder hoch. Leider hinterließen sie mir nichts an Vermögenswerten, wahrscheinlich weil ich mein melancholisches Mienenspiel ihnen nie vorführte. Ich bin Sanguinikerin. Von durchweinten Kopfkissen rede ich nicht.
Ich habe einen Hund. Wer je eine französische Bulldogge betrachtet hat, ahnt, worauf ich hinauswill. Dieses mittelgroße breitbrüstige Tier, mit Fledermausohren und Korkenzieherschwanz versehen, bringt durch sein in Falten gelegtes Gesicht, seine feuchten ›Adieu-tristesse-Augen‹, fast alle uns begegnenden Leute zu mitleidsvollen Ausrufen. Gott, ist der traurig ... Sogar die wildesten Motorradrocker bremsen ab, falls der Bully mitten auf der Straße, wehmütig einem Schmetterling nachsehend, verharrt. Ich kenne ihn. Sein Weltschmerzgesicht hat ihm die listige Mutter Natur verliehen. Dahinter verbirgt sich nämlich die Abstammung vom Kampfhund. Er ist jederzeit bereit, mich mit gerunzelter Stirn zu verteidigen. Jedenfalls könnte ich mir vorstellen, wie er, einen verwundeten Einbrecher unter sich, sentimentale Klagelaute ausstoßen würde. Er kann weinen, besonders wenn

ich ihm Goethes »Erlkönig« vortrage. Bei der Strophe »... erreicht den Hof mit Müh und Not, in seinen Armen das Kind war tot«, schüttelt es ihn regelrecht. Außerdem legt er sich bei E-Moll-Etüden auf den Rücken, als überwältige ihn Wehmut und die Sehnsucht, auch Klavier spielen zu können. Falls er, was selten vorkommt, die Zähne zeigt, glauben unliebsame Besucher, er lacht sie an. Wohingegen ein Zähnezeigen meinerseits nur ein Knurren der mich Umgebenden hervorruft.
Eins allerdings hat er mich gelehrt, und ich wende es mit Erfolg bei scharfen Literaturdiskussionen an. Ich lege mein Gesicht in Falten, sage kein Wort und denke an Schmetterlinge. Was mir den Ruf philosophischer Nachdenklichkeit eingebracht hat.
Mein Hund hat einen Stammbaum, die Trauerweide in unserem Garten. An ihr hebt er sein Bein und entledigt sich körperlicher Notdurft. Seelische hingegen, wohin damit, frage ich mich desöfteren und betrachte beim Anflug gelegentlicher Depressionen seinen Korkenzieherschwanz. Dabei fällt mir meistens eine ungeöffnete Weinflasche ein. Und ein Freund, der mich monatelang mit den Höllenqualen seiner Seele konfrontierte, mitten in einer Runde von Heiterkeit und Lebensfreude. Bis er mir seinen ersten Lyrikband schenkte. Erschienen im Selbstverlag. Titel: »Trauma einer Trauerweide.« Die Lebensfreudigen rissen es ihm geradezu aus den Händen. Mein Hund konnte ihn nicht leiden.

Hildegard Maria Rauchfuss

Bilanz

Ich habe Tee getrunken
mit Chinesen.
Mokka,
aus diesen ganz kleinen Tassen
bei Türken.
Habe hot-dogs verteilt
an Stadtstreicher
in den Slums
von Manhattan.
Aztekenzeichen entziffert.
Nach dem
ungemalten Auge gesucht
der Nofretete.
Luftballons
platzen lassen in einem
Mailänder Zirkus.
Einen Stier
auf meine Hörner genommen
in Madrid.
Hinuntergespuckt vom Eiffelturm.
Eine englische
Austernbank ausgeraubt.
Mich verbrüht an
isländischem Geisir.
Mir die bunteste
Feder gestohlen
eines Indianers.
Den Stein der Weisen
entdeckt,
im Ohr eines Rabbis.
Kirschblüten Japans
über dem Nabel getragen.
Turbane wickeln gelernt
in Indien.

Aber niemals, nirgends
bin ich gewesen.
Davon solltest du wissen,
du,
der leibhaftig neben mir sitzt,
ausrechnend die Steuern
unseres Einkommens.
Ohne Mehrwert.

Hildegard Maria Rauchfuss

Die Überwindung der Schwermut

Zerbrochenes Wasser der Tage
Steht leblos im Schleierkraut
Und dringt mir wie bittere Sage
Noch einmal unter die Haut.

Die trostlose Biegung der Stunden
Im Wind, der mich zornig umfloß
Und einst mit Träumen geschunden:
Durchbohrt nun vom Mantelgeschoß!

Die blinzelnden Stallaternen
Der Schwermut im nächtlichen Stroh,
Das schweigende Zeitverlernen
In den falschen Himmel entfloh,

Den Himmel, der hinter der Stirne,
Im Umriß des Herzens geruht,
Umwunden vom Teufelszwirne,
Und starb in der Jacke voll Blut.

Die im Dickicht der Stille drohten,
Gestalten des Pervitin:
Nichts ist so tot wie die Toten,
Die schwarzer Neumond beschien!

Über die alten Gesichter,
Die flach sind und echolos,
Wandern des Künftigen Lichter
Wie sanfte Gewässer. Ihr Schoß,

Der leicht ist im Jenseits geborgen,
Erhellt wie Gebüsche der Luft,
Trägt schon unteilbaren Morgen,
Die Frühe aus Mohnrosenduft.

Karl Krolow

Wald der Schwermut

Gut ist es, im bereiften,
windstillen Wald der Schwermut
zu gehen,
des Abends unter dem Novembermond,
weglos,
mit Spinnenweben
und gilben Himbeerblättern an den Schläfen,
wenn hohl der Schall im überfrornen Erdreich
                                          [hin sich trägt.
Ein Schleier wirbelt lilafarbnen Schnees
durchs Mondlicht oben.
Es rieselt in den Wipfeln wie
entstehende Musik
und sinkt
und hüllt die Farne ein,
die Dornen und
das Tier, das lauscht
und keine Deutung weiß.

Manfred Hausmann

Die schwarzen Zimmer

Zu einem Bild Carl Hofers
1928

Kahle Kammern, schwarz, unterm Dache. Ein nackter
Mann trommelt; ein nackter
Schlächter eilt durch die Tür nach einem
Mann im Hemd, der weggehen will, ein
junger Schläger, mit Sphinxgesicht, mustert
uns, und ein violetter Körper
steht vor den leeren Fenstern, vor der gräßlichen Grelle des
    Himmels, und
ein Großer, Unsichtbarer hockt
hinter der Tür auf der Lauer im Dunkeln.

Mein Gott, wer trommelt denn da? Angestrengt
trommelt der Trommler, wüst eilt der Schlächter, grausam
schaut der Sphinxhafte, stumpf der Violette, und der Mann, der
    wegeilt,
zeigt sein Gesicht nicht, die Räume sind dunkel, der Himmel ist
Trommelgegroll rollt. Der Große, Unsichtbare,   [grell
der hinter der Tür im Dunkel hockt,
hat sich erhoben. Er
wird jetzt kommen.

Mein Gott, wer trommelt denn da, sind denn keine Ohren,
die hören, was da getrommelt wird, wer da
trommelt? O daß doch
Augen wären, dies Trommeln zu sehen,
wenn das Ohr den Ton nicht erkennt: So seht: Der
Unsichtbare ist schon an der Tür, der
Unsichtbare tritt ein; er
ist, der Unsichtbare, schon eingetreten,
ist da,
unsichtbar –

so seht ihn doch unter euch stehen: wüst, grausam, stumpf,
 stampfend im Dunkeln,
vor der Grelle des Himmels, der nah in Gewittern zerbirst.

Franz Fühmann

Verschwendung

Frage

Verschwendung ist im Überschwang der Pollen,
Im Maigesang, im Lindenduft der Welt,
Im Bienenspiel, dem glücks- und liebestollen,
Im Mohn, o schau – o schau das Erntefeld!

Und anders nicht, wenn dann im Apfelgarten
Die Kinder schütteln am verwunschnen Ast:
Herbei, herbei den Segen zu erwarten,
Den Reichtum rings der goldengroßen Last!

So legt der Fischer seine weiten Netze,
Verschwendung selbst belädt ihm seinen Kahn.
Und Pilz und Wild – dem nämlichen Gesetze,
Verflochten sind sie ihm und untertan.

Licht ist Verschwendung, Mond und Sternenschimmer,
Schlohweißer Weg im dunkeldunklen Tann.
Und wer bin ich, o Gott, wenn ich mich nimmer
Verschwenden kann?

Antwort

Sohn, Sohn der Schwermut, du geliebter Sohn,
O glaube nicht, daß jener dich vergißt,
Der in der Glorie selbst auf seinem Thron
Die Stunden zirkelt und die Maße mißt.

Du bist gemeint. Ob dir gleich fremd das Los,
Ob es dir seltsam zugemessen scheint,
Das Treugelöbnis, glaub, ist gut und groß
Und unerschütterlich: du bist gemeint.

Wohl Myriaden all im Element,
Wohl Vogelwolke weit und Mückenschwarm –
Du bists, den er, er selbst bei Namen nennt,
Dich ruft sein Wort, dich trägt der ewge Arm.

Dir ward ein Teil des menschlichen Geschicks,
Ein Lächeln über Leid- und Zeitvorbei,
Die Stunde eines unbegriffnen Glücks
Und eine Sehnsucht, daß es immer sei –

Der Abschied dann. Vieldeutges Angesicht,
Vieldeutge Stimme, die von fernher tönt:
Jetzt noch wie Schrei und bitterer Verzicht,
Jetzt schon gestillt und göttlich-frei versöhnt.

Und was ist, das du bittest, das du bangst,
Beschenkter du, ein Sohn der Gottesschrift,
Da dies dein Teil, die Armut und die Angst,
Die Fülle noch, nach welcher du verlangst,
Am Ende doch unendlich übertrifft?

Albrecht Goes

Über das Melancholische in der Kunst

Ein Gespräch

I. Guten Morgen, Meister. Sie sind früh aufgestanden.

K. Zumal wir nach dem Bankett in Nerz und Edelgestein spät zu Bett gegangen sind. Ich gebe Ihnen das Kompliment zurück.

I. Ich hatte den Wunsch, mir die Kathedrale nochmals anzusehen. Das Gedränge der Besucher gestern hat mich gestört. Ich habe auch das Ende der offiziellen Besichtigung nicht abgewartet.

K. Der offiziellen Besichtigung unter sachkundiger Führung, Kapitän. Sie haben also die lichtvollen Ausführungen unseres Professors der Wissenschaft von der Kunst über die mutmaßliche Bedeutung einzelner der dargestellten Figuren versäumt.

I. Ich werde es zu tragen wissen. Im Ernst, Meister, die wissenschaftliche Ergründung der Kunst ist mir ein Greuel.

K. Die Kunst selbst nicht?

I. Nicht so sehr jedenfalls. Schließlich habe ich auf drei Stunden eines erquickenden Morgenschlafs verzichtet, um mich ihr zu widmen. Und Sie?

K. Was meinen Sie?

I. Was Sie hertreibt, möchte ich wissen. Sie sind Künstler – ich nehme an, daß Ihnen diese Bischofskirche bis zur letzten Fensterlanzette bekannt ist –

K. – natürlich nicht, oder glauben Sie, Kapitän, der Mensch könnte eine Welt erfassen? Aber selbst wenn es das gäbe: sie bliebe ja nicht dieselbe, nicht die von gestern oder vorgestern. Nur heilig gesprochen sind ihre Sonnen und Monde zum Stillstand verdammt – unbewegt herrschen sie über Gibeon und alle Täler von Ajalon bis heute. Wenn Sie das nicht spürten, wären Sie kaum auf den Gedanken gekommen, drei Stunden

Ihres — wie sagten Sie? — erquickenden Morgenschlafs zu opfern, um sich das Bauwerk nochmals anzusehen. Aere perennius — aber die Melancholie der ewigen Bauten ist im Grunde keine andere als die der Ruinen. Nietzsche, glaube ich, hat das gesagt.

I. Sie sind also aus Freude an der Melancholie so früh aufgestanden?

K. Finden Sie das sonderbar?

I. Ja. Was mich angeht, mein Lieber — ich glaube, Melancholie nur vom Hörensagen zu kennen; für mich selbst kann ich sie mir nicht leisten, mein Beruf verträgt keinen so kostspieligen Luxus. Von mir wird Zuversicht verlangt, energische Tätigkeit im Dienst an Gemeinwohl und Fortschritt, nichts von Kränkeln an der Gedanken Blässe. Mit Melancholie verkauft sich nicht einmal Qualität.

K. Ich weiß, ich weiß — »der untrügliche Blick für die wirtschaftliche Entwicklung befähigte ihn, stets die richtigen, dem Aufbau seines Lebenswerkes dienenden Maßnahmen zu ergreifen«, las ich neulich in der Jubiläumsschrift zu Ehren eines Ihrer Kollegen.

I. Sie mögen das nicht?

K. Sogenannte Hochstimmungen führen immer in die Walpurgisnächte — man müßte den Teufel bei sich haben, der einem sagt, daß man nur geschoben wird, wo man zu schieben glaubt — das zerbläst neblige Gefühle. Ich habe von Berufs wegen eine Abneigung gegen jede Art von Euphorie.

I. Kein Drang zum Faustischen also?

K. Zum glanzvollen Narrenspiel der Hoffnung? Nein. Ich glaube nicht daran, daß etwas schon gewonnen ist, wenn es nur Schwung hat.

I. In der Tat, wir haben ein paar schlechte Erfahrungen mit unzulänglich untermauerten Optimismen gemacht. Aber die Zeiten sind doch wohl vorbei; es ist nicht mehr notwendig, sich in das andere Extrem zu retten. Sollten

Sie sich nicht entschließen, Ihre Melancholie zu überwinden? Sie sind ein gesunder kräftiger Mensch — allerdings, Sie sind Künstler, das ist eine starke Belastung, Formprobleme überfallen Sie, treiben Sie in Heimatlosigkeit und Neurose, auch haben Sie sich Gedanken darüber zu machen, was die Kritiker von Ihnen halten — Sie dürfen ja den Anschluß nicht verlieren an die Konsumentenschaft. Aber sehen Sie mich an: glauben Sie, ich lebte anders? Meine Kritiker finden Sie nicht in Mittelschulen der Weisheit, sondern im Aufsichtsrat und unter den Aktionären meiner Gesellschaft — was meinen Sie, wie mir jeder Fehler angekreidet wird, den ich mache? Und nicht nur jeder Fehler, auch manches andere noch, die Form meiner Nase zum Beispiel; seien Sie überzeugt, daß ich ebenso auf dem Sprung zu leben habe wie Sie, verehrter Meister, vielleicht sogar noch gespannter, denn wenn ich Fehler mache, bin ich mein Amt los, es gibt junge Leute in genügend großer Zahl, die nur darauf warten, sich auf meinen Stuhl zu setzen, sobald ich mich erhebe. Das ist keine Situation, in der zu leben eine Lust ist; ich hätte wahrhaftig Grund, melancholisch zu werden. Aber das wäre das Ende, ich brauchte nicht erst abzuwarten, daß man mir den Laufpaß gibt; den blauen Brief könnte ich mir selbst schreiben. Kopf hoch also und weg mit der Melancholie — das ist meine Devise. Carpe diem; Sie sollten sich ernsthaft besinnen. Was in meinem Beruf gilt, ist auch in der Kunst richtig.

K. Ich will es überlegen. — Würden Sie mir eine Frage beantworten?
I. Bitte.
K. Haben Sie einmal darüber nachgedacht, ob Gott Industriekapitän ist oder Künstler?
I. Was sagen Sie?
K. Ich fragte, ob Sie sich Gedanken über Gott gemacht haben. Man tut das ja; nicht gerade immerzu, aber doch

dann und wann, nicht wahr? Auch Sie, nehme ich an, obwohl sich die gewerbliche Tätigkeit in einiger Entfernung von Gottes Reich abzuspielen pflegt, Ihnen also der enge Kontakt fehlt, den beispielsweise die Theologen von Berufs wegen zu den Gefilden der Seligen zu unterhalten haben. Ich fragte Sie aber nicht in Ihrer Eigenschaft als Unternehmer, sondern als simples Geschöpf Gottes; auch beim Jüngsten Gericht werden Sie ja keine Einteilung nach Stand, Klasse oder Einkommensstufe erwarten dürfen.

I. Gleichwohl verstehe ich den Sinn Ihrer Frage nicht. Natürlich habe ich über Gott nachgedacht, vor allem in der Jugend; das ist ja die Zeit, in der man besonders empfänglich ist für hohe Ziele und Ideale, später ist man beruflich in Anspruch genommen, Zeitmangel, man kommt nicht mehr zum Nachdenken, sondern begnügt sich mit den Ergebnissen, die die Fachleute von Zeit zu Zeit zu finden pflegen. Aber Sie fragten, ob ich Gott für einen Industriekapitän halte oder für einen Künstler — nun, in dieser Richtung, ich gebe es zu, habe ich mir noch keine Gedanken über ihn gemacht, auch nicht als Kind. Ich verstehe auch nicht, warum ich es hätte tun sollen.

K. Ich habe das früher auch nicht gewußt. Aber eines Tages las ich einen Satz —

I. Was für einen Satz?

K. Die Melancholie ist die Freudigkeit Gottes.

I. Die Melancholie ist die Freudigkeit Gottes?

K. Ja.

I. Ich weiß nicht —

K. Sie verstehen den Satz nicht? Das macht nichts; alles verstehen, alles nur verstehen ist wohl schon Zeichen der Weisheit, der Beschränktheit, des Mangels an Jugend.

I. Die Melancholie entspringt der Resignation, die Resignation der Unerfüllbarkeit von Wünschen: welchen

Grund hätte Gott, melancholisch zu sein?
K. Ihre Frage ist die des Industriekapitäns, nicht die des Künstlers.
I. Gott ist vollkommen.
K. Wie ein Industriekapitän. Was werden Sie erwidern, wenn ich Ihnen erkläre, er empfinde sich als ebenso unvollkommen wie es der Künstler tut?
I. Tut das der Künstler?
K. Nehmen Sie an, daß er kein Künstler wäre, wenn er an seine Vollkommenheit glaubte.
I. Sie wollen mit Ihrer Behauptung das Recht Gottes auf Melancholie begründen. Aber was meinen Sie mit dem Satz, die Melancholie sei seine Freudigkeit?
K. Daß ihm die unvermischte Freudigkeit verschlossen ist. Wie jedem Künstler. Die Einsicht in die Unvollkommenheit seines Werkes verbietet ihm den heiteren Frohsinn, mit dem andere beschenkt werden.
I. Industriekapitäne zum Beispiel.
K. Wenn Sie meinen.
I. Sie verfälschen die Schöpfungsgeschichte, scheint mir.
K. Ich glaube nicht.
I. Gott habe sein Werk angesehen und gefunden, es sei gut, steht in der Bibel.
K. Nein.
I. Was sonst?
K. Sie wissen, daß Gott sein Werk bis auf den Menschen in fünf Tagen geschaffen hat — an diesen fünf Tagen sah er, wie gesagt wird, daß es gut war. Am sechsten Tage schuf er den Menschen, aber nun wird das Wort gewandelt: er sah alles an, was er gemacht hatte; und siehe da, es war sehr gut, sagt der Chronist. Das ist also nur noch die Meinung des Autors: der Zweifel, ob Gott in diesem Augenblick noch an die Vollkommenheit seines Werkes geglaubt hat, ist unüberhörbar. Gott ist Künstler, die Melancholie ist seine Freudigkeit.
I. Sie sind offenbar der Meinung, daß es das Kennzeichen

des Kunstwerks ist, unvollkommen zu sein.

K. Sie teilen diese Meinung nicht?

I. Ich weiß nicht einmal, wie Sie sie begründen wollen.

K. Mit dem Hinweis, daß es Vollkommenheit nur als Begriff gibt, meinetwegen als Postulat – zweifeln Sie etwa daran, daß Sie gezwungen sind, sich immer wieder neue Vollkommenheiten auszudenken, die höher oder tiefer liegen als die früher erklügelten? Und glauben Sie, davon sei Gott frei? Keiner ist so mächtig, daß er dem, was Geist zu bleiben verurteilt ist, einen Körper zu geben vermöchte. Der Geist wurde ein Opfer der Unvollkommenheit, als er es unternahm, nicht mehr auf dem Wasser zu schweben. Er erlag der Versuchung des Künstlers. So wurde die Melancholie seine Freudigkeit.

I. Sie glauben also, der Geist werde korrumpiert, wenn man ihn in einen Körper bannt?

K. Man nimmt ihm die Fähigkeit, vollkommen zu bleiben. Alle Worte der Sprache, alle Farben, alle Töne – immer wieder nur eine Welt aus Bruchsteinen. Was man bindet, verliert die Freiheit der unbegrenzten Möglichkeiten.

I. *(zögernd)* Was verstehen Sie eigentlich unter Vollkommenheit?

K. Schopenhauer sagt: Wortkram oder Wischiwaschi, ein Begriff, der erst von den Dingen, auf die er angewandt wird, seine Bedeutung erhält – aber das ist mir zu eng, ich nehme das Wort absolut. Auf die Gefahr hin, daß es dann zunächst undenkbar zu werden scheint – keiner kann ja zugleich eins sein und das Gegenteil davon.

I. So aber stellen wir uns Gott vor, und da wir ihn uns so eben nicht vorstellen können –

K. – weil wir nämlich die am sechsten Tag geworfenen Schatten des reinen Geistes sind –

I. – begnügen wir uns damit, ihn als unfaßbar zu erklären.

K. Bis dahin ist's wirklich nur ein Spiel mit Worten. Aber wenn Sie die Vollkommenheit nicht statisch nehmen, sondern dynamisch, nicht vom Zustand ausgehen, sondern von der Funktion, so öffnet sich der Blick. Die Gegensätze, die Ihnen unerträglich zu sein schienen, lösen sich auf; Sie befinden sich plötzlich in einer Gegend, in der der Satz vom Widerspruch außer Kraft gesetzt ist, und entdecken die Möglichkeiten, die einem Geist vorbehalten sind, der sich darauf beschränkt, auf dem Wasser zu schweben.

I. Wenn ich Sie richtig verstehe, meinen Sie, er habe sein Wesen verleugnet, indem er es in Tun verwandelte.

K. Ungefähr.
Die Schöpfung war sein Sündenfall. Denn er war kein Industriekapitän, sondern Künstler. Mithin ahnte er, daß es kein herrliches Vollbringen für ihn geben würde am Ende der sechs Tage, sondern Melancholie statt unerschütterter Seelenruhe.

I. Sie halten die Schöpfung wirklich für unvollkommen?

K. Für unvollkommen? In Ihrer Frage beginnt der Sinn des Wortes, über den wir uns soeben geeinigt haben, wieder zu schillern. Wenn Gott Industriekapitän wäre und die Absicht gehabt hätte, ein Wohn- und Arbeitsgebiet für Organismen aus Zellgewebe und Protoplasma zu schaffen, die die Begabung zu allem Guten und zu allem Schlechten besitzen, besonders aber zum erbarmungslosen Kampf um die eigene Existenz, so dürfte er sein Werk mit Recht als vollkommen ansehen. Er hätte keinen Grund gehabt, sich der Melancholie zu ergeben.

I. Ich sehe nicht ein, was ihn dazu zwang, wenn er sich als Künstler fühlte.

K. Die Erkenntnis, daß es auch ihm nicht möglich ist, ein vollkommenes Kunstwerk zu schaffen.

I. *(zweifelnd)* Es gäbe also kein vollkommenes Kunstwerk?

K. Was nicht mehr ist als der Kosmos, kann nicht vollkommen sein. Torso, Bruchstück — es gibt nur eine Vollkommenheit, die des Geistes auf dem Wasser.

I. Demnach wäre kein anderes Kunstwerk vollkommen als das nicht realisierte?

K. Ja. Weil es nichts ist als die Synthese seiner eigenen Möglichkeiten. Das Glück der Ungeborenen — nur sie sind unvergänglich.

I. Halten Sie die Frage der Vergänglichkeit für wichtig?

K. Die Vergänglichkeit ist ein Signum der Unvollkommenheit — das am deutlichsten sichtbare übrigens, wie mir scheint. Vielleicht hat Gott fünf Tage lang geglaubt, er könne den Geist an die Körper binden, ohne ihm etwas von seiner Unzerstörbarkeit zu nehmen — bis zum Abend des fünften Tages fand er, wenn er sein Werk ansah, es sei gut, so lange glaubte er also, der Versuch werde gelingen. Jeder Künstler tut das — täte er es nicht, so würde ihm sogleich die Kraft schwinden und die Fähigkeit, das Werk zu beenden. Das Gaukelspiel der Hoffnung während der Arbeit, Fata morgana — aber die Einsicht in die ewige Vergeblichkeit ist immer die Frucht des sechsten Tages. Auch Gott erlitt das Schicksal, nichts von eherner Brust, keine naenia rührt den stygischen Zeus zu lauter Klage. Schweigen in Melancholie — das ist der Rest.

I. Glauben Sie wirklich, der Künstler empfinde die Vergänglichkeit seines Werkes als Merkmal der Unvollkommenheit? Er hat doch seinem Geist eine objektive Form gegeben —

K. Ich spüre Hegel, wie er Kant verleugnet. Auch der objektivierte Geist hat keinen Bestand, wenn man ihn des Subjekts beraubt, das als Geist empfindet. Der Teufel wußte das.

I. Wie kommen Sie auf den Teufel?

K. Ich bin ein Teil des Teils, der anfangs alles war, ein Teil der Finsternis, die sich das Licht gebar —
Sie wissen, was ich meine?

I. Nein, sprechen Sie weiter.
K. Das stolze Licht, das nun der Mutter Nacht
Den alten Rang, den Raum ihr streitig macht,
Und doch gelingt's ihm nicht, da es, so viel es strebt,
Verhaftet an den Körpern klebt.
Von Körpern strömt's, die Körper macht es schön,
Ein Körper hemmt's auf seinem Gange;
So, hoff' ich, dauert es nicht lange,
Und mit den Körpern wird's zu Grunde gehen.
I. Was folgen würde, wäre das Nichts.
K. Der Teufel sagt es, aber hier irrt er. Was folgte, wäre die Korrektur eines Fehlers, der Gott melancholisch werden ließ, und dessen Erkenntnis die Albigenser zu Ketzern machte. Danach gäbe es wieder nur seinen Geist auf dem Wasser.
I. Das Nichts eben.
K. Das Nichts — Sie gebrauchen das Wort, als könnten Sie sich etwas darunter vorstellen. Obwohl Sie wissen, daß Sie einen Ton von mehr als siebzehntausend Schwingungen nicht zu hören vermögen, und wenn er noch so laut wäre.
I. Was Sie damit beweisen wollen, ist mir nicht klar.
K. Daß Sie das Wort Nichts leichtfertigerweise überall verwenden, wo Sie nichts wahrzunehmen vermögen.
I. Können Sie sich denn unter dem Geist Gottes auf dem Wasser etwas vorstellen?
K. Ja. Alles. Die Welt ohne den Satz vom Widerspruch, die Welt der unbeschränkten Möglichkeiten, eine Welt ohne Grenzen also — den äußersten Gegensatz mithin zu Ihrem Nichts. Indem Gott dies und jenes aus ihr herausgriff zur Ausstattung des Kunstwerks, das ein Teil seiner Geschöpfe liebt, ein anderer anzunehmen sich weigert, zerstörte er — kein Künstler handelt anders. Seine Welt sind am Ende immer Scherben, Unvollkommenheiten ohne allzuviel Ehrfurcht.
I. Ehrfurcht, lieber Herr, wovor? Das sind doch alles Hirn-

gespinste, Komplexe aus Ungenügen und der Furcht vor der eigenen Minderwertigkeit. Ich bin Industriekapitän, Mann des Glaubens an den Fortschritt, wir haben es herrlich weit gebracht und wir werden es noch herrlicher weiterbringen. Sie sagten vorhin, es gebe kein vollkommenes Kunstwerk — gut, ich will es Ihnen glauben, Sie wissen besser Bescheid in Kunstwerken als ich. Aber es gibt vollkommene Industriewerke.

K. — die trotzdem herrlich weitergebracht werden sollen, wie Sie eben meinten. Wir hatten uns doch über den Begriff der Vollkommenheit verständigt; mir scheint, Sie entfernen sich von unserer Definition, wenn Sie eine Vollkommenheit in Stufen konstruieren.

I. Sie sollen recht haben. Doch nehmen Sie bitte zur Kenntnis, daß die Unvollkommenheit seines Werkes keinen Industriekapitän melancholisch stimmt. Melancholie ist die Eigenschaft, die Sie bei Menschen mit Tatkraft und dem Willen, die Welt zu verbessern, am seltensten finden werden.

K. Ich sollte Sie jetzt fragen, inwiefern Gott nach Ihrer Meinung seine Schöpfung für vollkommen halten durfte, wenn Sie glauben, es sei Ihre Aufgabe, sein Werk zu korrigieren. Aber wir würden uns vom Thema entfernen. Sie sind offenbar der Meinung, daß Gott mehr Industriekapitän ist als Künstler.

I. Allerdings. Er hatte nicht den Ehrgeiz, etwas im absoluten Sinne Vollkommenes zu schaffen — den Mangel an Unvergänglichkeit nahm er in Kauf.

K. Ohne darüber melancholisch zu werden?

I. Allerdings. Ich glaube Ihnen übrigens nicht, daß die Melancholie Gottes Freudigkeit ist — Sie behaupten es, sind aber nicht in der Lage, es zu beweisen.

K. Seine Enttäuschung am Abend des sechsten Tages spüren Sie nicht?

I. Schließlich handelt es sich um den Bericht eines unbekannten Zeugen — übrigens nicht einmal Zeugen, son-

dern Chronisten, Sängers vom Hörensagen. Aber selbst wenn ich Ihnen erklärte: ja, er wird enttäuscht gewesen sein — was wäre bewiesen?
K. Daß er Grund hatte, melancholisch zu werden.
I. Aber nur, wenn er seine Schöpfung als Kunstwerk betrachtete.
K. Und sich selbst als Künstler.
I. Nicht als Industriekapitän.
K. Ja, das ist entscheidend. — Worauf beruht das?
I. Was?
K. Sie sind doch auch von der Vergänglichkeit Ihres Werkes überzeugt? Innerlich meine ich — das Gesicht, das Sie den Zeitgenossen zeigen, ist nicht Ihr einziges.
I. Ich habe noch nicht darüber nachgedacht. Aber wenn Sie mich geradezu fragen — ich beschäftige zwanzigtausend Menschen und mein Unternehmen bedeckt eine Grundfläche von fünfhunderttausend Quadratmetern. Es ist natürlich nicht angenehm, darüber nachzudenken, daß das alles irgendwann einmal zu existieren aufhören wird. Plötzlich, infolge einer Katastrophe, oder auch verwitternd, dem langsamen Verfall preisgegeben.
K. Es ist nicht angenehm, darüber nachzudenken, sagten Sie. Deshalb ziehen Sie es vor, den Tod mit den Schleiern Ihres Willens zu verhängen, ihn aus Ihrem Kreise auszuschließen; da es ihn nicht geben darf, für Sie nicht geben darf, tun Sie, als gäbe es ihn nicht. Ich fürchte, Sie sind in weit größerem Maße Illusionist als der Künstler, den Sie dafür halten.
I. Weshalb sollte ich an das Ende denken? Weil einige Philosophen es empfehlen? Glauben Sie nicht, daß das Bewußtsein der endgültigen Nutzlosigkeit jeden Tuns meine Tatkraft hemmen würde?
K. Das wäre also die Illusion der Unvergänglichkeit als Stimulans der vergeblich eingesetzten Tatkraft. Der Künstler lebt ohne diese Illusion, muß ohne sie leben —

nach dem Vorbild Gottes. Sein Lohn ist die Melancholie.

I. Auch Gott war, wenn ich Ihnen glauben soll, fünf Tage lang davon überzeugt, sein Werk sei vollkommen und unvergänglich.

K. Der sechste Tag ist immer entscheidend. Es ist der Tag, an dem der Tod ins Werk tritt.

I. Immerhin erst am sechsten Tage. Bis dahin lebt also auch der Künstler in der Illusion, es gebe keinen Tod.

K. Sie irren. Bis dahin lebt er von der Hoffnung, ihn überwinden zu können.

I. Ich sehe da keinen großen Unterschied.

K. Keinen großen vielleicht, aber einen grundsätzlichen. Kennen Sie den Satz: »Mit dem Rücken an der Wand, im Gram der Müdigkeiten, im Grau der Leere lesen Sie Hiob und Jeremias und halten aus.«? Das wäre etwa die Situation Gottes am sechsten Tage. Duft weicher Dämmerung über fernen Meeren, unendliche Resignation, auch wenn er damals Hiob und Jeremias aus den noch ungeborenen Möglichkeiten seines Geistes auf dem Wasser erst hätte heraussuchen müssen. Aber nach seinem mißglückten Versuch — nichts verwirklicht von der großartigen Vorstellung des Geistes auf dem Wasser, vergebliches Opfer auf dem Altar seiner Wahrheit, nur das Unzulängliche Ereignis geworden und der Tod grinste durch die Fassade, da stand er mit dem Rücken an der Wand, im Gram der Müdigkeiten, im Grau der Leere — es war, finde ich, ein Zeichen von Charakterstärke, daß er nicht verzweifelte, sondern sich zwang zur Melancholie. Meinen Sie, einer der Baumeister und Bildhauer, die an dem himmlischen Jerusalem hier mitgewirkt haben, hätte anders empfunden? In Wüste und Wald, Heide und Holz hängen die begehrten Schlüssel zu Persiens Schatzkammern, aber bis man hinkommt, sind die Kammern leer und die Schätze geklaut — sehen Sie die Figuren an, die die Portale bewachen; da ist keine, die nicht die blasse Melancholie des Gedankens an den Tag, der einst kommen wird, erkennen ließe.

I. Sie sind Pessimist. Oder Sie spielen mit dem Gedanken an den Tod im Sinne einer höheren Verklärung, als das Leben sie Ihnen zu geben vermöchte. Ich meinerseits ziehe es vor, das Unausweichliche nicht zu beachten – nicht aus Feigheit, sondern weil ich weiß, daß es mich hinderte, zu arbeiten, wenn ich mich von dem Blick des Schicksals hypnotisieren ließe wie die Maus von den Augen der Schlange.

K. Ich glaube, Sie begnügen sich nicht damit, das Unausweichliche nicht zu beachten. Aere perennius – verwenden Sie das Wort nicht mit Vorliebe, wenn Sie vor der Aufgabe stehen, die Bedeutung eines Unternehmens festrednerisch zu illustrieren?

I. Exegi monumentum aere perennius – aus der Prima glaube ich mich zu erinnern, daß dies Lob der Unsterblichkeit des eigenen Werks nicht von einem Industriekapitän stammt, sondern von einem Künstler.

K. Sie tun dem Dichter Unrecht, wenn Sie den Satz aus dem Zusammenhang reißen. Horaz erwartete keine Unsterblichkeit – nur so lange, glaubte er, werde sein Name wachsen, als mit der schweigenden Jungfrau zum Kapitol wandelt der Pontifex. Auch hier also – trotz allem Stolz auf die Leistung – die Einsicht in Verfall und nächtliches Dunkel, keine Ilios so heilig, daß nicht der Tag käme, an dem sie hinzusinken hat, zu Asche wird die Fackel.

I. Diese melancholische Erkenntnis ist es, die Sie bei den Jüngern vom tätigen Leben vermissen?

K. Eine Erkenntnis, zu der keiner gelangt, ohne melancholisch zu werden, in der Tat. Aber ich vermisse sie nicht bei Ihnen und Ihren Freunden; vielleicht ist das – wie sagten Sie soeben? – tätige Leben nicht zu führen, ohne daß man sich weigert, Grundsätze anzuerkennen oder auch nur ins Bewußtsein aufzunehmen, von de-

nen man glaubt, sie seien der Arbeit hinderlich.
I. Daraus würde sich also ergeben, daß die Haltung eines Industriekapitäns dem Leben gegenüber die eines Mannes ist, der sich in Notwehr befindet. Er nimmt auf, was ihn stärkt, und lehnt ab, was ihn schwächen würde.
K. »Lehnt ab« ist zu wenig. Wenn es sich nur um die Frage handelte, ob einer für sich jeden Gedanken an die Vergänglichkeit seines Wirkens vermeidet, zurückweist – das wäre eine Frage des Glaubensbekenntnisses, jeder mag nach seiner Fasson selig werden. Aber Sie gehen ja wohl weiter; da das tätige Leben, anders als das künstlerische, der immer wiederholten Bestätigung bedarf, propagieren seine Anhänger die Illusion der Unvergänglichkeit, als ob sie selbst daran glaubten – mancher glaubt wohl auch wirklich daran, daß die Spur seiner Erdentage nicht in Aeonen werde untergehen können.
I. Darf ich Sie unterbrechen? Sie sagten soeben, das künstlerische Leben bedürfe nicht der Bestätigung – durch das Publikum, meinen Sie doch?
K. Ja.
I. Aber –
K. Ich weiß, was Sie sagen wollen. Aber Sie haben unrecht – bei dem, was Sie meinen, handelt es sich nicht um Kunst. Der süße Pöbel zählt nicht. Kunst ist Versuch der Störung von Schlaf und Gleichgewicht. Provokation also. Verlust der Mitte ist nicht immer Verlust.
I. Da Sie die Schöpfung als ein Kunstwerk betrachten und Gott als Künstler – wen hätte er provoziert?
K. Den Geist auf dem Wasser.
I. Sich selbst also. Und weiter?
K. Sie wissen besser als ich, was zu dem Thema zu sagen ist – ein Mann, der zwanzigtausend Menschen beschäftigt, ist ja von Berufs wegen gezwungen, alle fünfundzwanzig Jahre mit anderen in die Jubelhörner zu stoßen. Rückblicke zu werfen, Bilanz zu ziehen, den

Versuch zu wiederholen, Ewigkeit des Wechsels und Drohung des Verfalls zu vertuschen — impavidum ferient ruinae. Besser: er übersieht sie. Die Kunst — im Gram der Müdigkeiten, im Grau der Leere, zerfressen von der Gewißheit ihrer Unvollkommenheit — assistiert als Lakai der saturierten Feierstunde. Als ob sie nach solchem Brot ginge! Haben Sie je gehört, daß einer auf den Gedanken gekommen ist, Jubiläen des Isenheimer Altars oder der Ilias zu begehen?

I. Ich beginne, Ihnen zu glauben, wenn Sie Gott als Künstler deklarieren. Auch er verzichtet ja darauf, Hundert- oder Tausendjahrfeiern der Erde zu veranstalten. Seine Melancholie würde er nicht verschweigen können — Melancholie aber ist keine gute Stimmung für Feierstunden.

K. Sie sind Industriekapitän und behaupten, Gottes Freudigkeit sei Ihnen fremd. Doch kann ich mich des Eindrucks nicht erwehren, daß sogar Sie nicht ganz ohne Hintermann zu leben vermögen.

I. Hintermann? Was ist mit diesem Rätselwort gemeint?

K. Danke. Aber ich heiße nicht Mephisto. — Ein Wort aus der Psychologie; ich könnte auch sagen, daß Sie außer der Welt Ihrer zwanzigtausend Belegschaftsmitglieder und fünfhunderttausend Quadratmeter industriell bebauten Bodens eine zweite besitzen. Zum Ausweichen.

I. Sie halten mich für schizophren?

K. Nein, sagen Sie schizothym, das ist harmloser.

I. Jedenfalls aber nicht normal.

K. Wer ist schon normal? Die Termite, ja, und die Ameise. Zwei Menschen sind nie Extreme; erst zwei Menschen in einem sind es. Was heute Hirn hat, ist immerzu Trümmerlandschaft, Kampfgebiet.

I. Wessen Kampfgebiet?

K. Des neunzehnten Jahrhunderts und der Jahrtausende vorher.

I. Würden Sie mir erklären, was Sie damit meinen?

K. Am Anfang war die Erde wüst — das wissen Sie. Wüst bedeutet nicht, was man sich heute unter dem Wort vorstellt, weder wachsende Unfruchtbarkeit noch morsche Haufen, um die das Unkraut rot wie Feuer steht. Wüst ist einfach die Welt der Millionen Möglichkeiten, von denen jede einer anderen widerspricht oder sie ergänzt, eine ungeheuerliche, eine potentiell vollkommene, vor allem eine unvergängliche Welt. Der Griff Gottes in das Tohuwabohu, sein Versuch, das Chaos zu formen — Sie wissen, daß der ordo gewonnen wurde, die Unvergänglichkeit des Kunstwerks aber zu Bruch ging. Ein Schmelztiegel, in dem Himmel und Hölle zusammentreffen — glauben Sie, das Geschlecht, das aus ihm fließend die Erde überzog mit Trieb und Begierde, hätte das zweimal zwei ist vier und die reine Vernunft im Hirn getragen? Erst im neunzehnten Jahrhundert erschien der homo sapiens mit dem Palmzweig in der Hand, aber keineswegs chemisch rein — im stammelnden Verzicht auf Gegenstände und körperliche Welt, auf Ordnung und Mitte versucht er nun, sich der begrenzten Weisheit wieder zu entledigen, den Rückweg zu den Möglichkeiten des paradiesischen Chaos zu finden. Eine Kunst, die so entstünde, eine der toten Augen, abseits von Mythos und Märchen, verbannt hinter das hoffnungslose Gitter eigenen Koordinatensystems, destilliert zu Form und Formel — sie wahrscheinlich hätte das Recht, frei zu sein von Melancholie.
I. Sie meinen, der Geist, der einst auch auf dem Wasser schwebte, habe es noch nicht aufgegeben, Schatten zu werfen? In uns?
K. Ich vermute es. Zu fassen ist er freilich nicht.
I. Warum nicht?
K. Er ist ungesellig, dieser Geist. Auch der Ihre übrigens.
I. Wie kommen Sie darauf?
K. Weil Sie es gesagt haben. Das Gedränge der Besucher gestern habe Sie gestört. Sie hätten auch das Ende der

offiziellen Besichtigung nicht abgewartet. Die Melancholie ist eben keine Einheitsstimmung für Gesellschaften. Nicht einmal für Gesellschaften mit beschränkter Hoffnung.

I. Sie halten also auch mich für einen Melancholiker?

K. Nicht Sie, sondern den Schatten in Ihnen. Er hat Sie gezwungen, auf drei Stunden Schlaf zu verzichten, um diese Kathedrale oder ein paar Figuren an ihren Portalen anzusehen. Können Sie etwas tun, was die Neigung Ihres Gefährten zur Melancholie noch deutlicher beweist?

I. Wer es liebt, ein Kunstwerk ungestört zu betrachten, ist also nach Ihrer Meinung ein der Melancholie Verfallener?

K. Ohne diese Neigung würde er sich damit begnügen, seine Aufmerksamkeit den Werken zu widmen, die das Signum ihrer Vergänglichkeit weniger sichtbar zur Schau tragen. Ein Kunstwerk würde er sicherlich nicht betrachten wollen.

I. Möglich. Darf ich Ihnen übrigens ein Geständnis machen?

K. Wenn Sie mir das Vertrauen schenken wollen.

I. Ich bin nicht so früh aufgestanden, um, wie Sie eben sagten, diese Kathedrale oder ein paar Figuren an ihren Portalen anzusehen. Es ist nur ein einziges Gesicht, dem zuliebe ich auf meinen Schlaf verzichtet habe.

K. Wem gehört das Gesicht?

I. Dem Engel im rechten Gewände, gleich neben dem Mittelportal.

K. Zwischen dem Mittelportal und der Maria?

I. Ganz recht.

K. Es ist der Engel der Verkündigung. Warum lieben Sie gerade ihn?

I. Wegen seines Lächelns.

K. Aber das Lächeln dieses Engels scheint mir noch weniger unbeschwert als das jenes anderen im Westportal,

den man le sourire de Reims nennt.
I. Ja. Es ist melancholischer.
K. Und das zieht Sie an? Aber Sie bestreiten doch jede Beziehung zur Melancholie.
I. Ja, ich. Aber Sie haben mich mit meinem Schatten bekannt gemacht. Er erinnert sich, dann und wann unter den schwarzen Wolken sechster Tage leiden zu müssen.
K. Auch Ihnen ist also die Schule der Vergeblichkeit nicht geschenkt worden.
I. Was meinen Sie damit?
K. Zu wissen, daß alles Tun vergeblich ist, und immer wieder zu erfahren, daß nichts vergeblich war, was man getan hat, das nenne ich die Schule der Vergeblichkeit. Wer nur das erste weiß, kann nicht leben; wer das zweite erfährt, ohne das erste zu wissen, kann nicht sterben. Mehr kann kein Engel verkündigen. Mehr kann keinem Menschen verkündigt werden.

Heinz Risse

Traumstenogramm

Wenn ich an diesem Nachmittag sterbe
bleibt von mir nichts
als Beginn und Geschwätz
nichts als ein Haufen unpassender Kleider
unangenehmen Geruchs.
Und es gedenken meiner
die denen ich weh tat.
Nichts
nicht einmal den Tod
leistet ein Einzelner.
Nichts
nicht einmal das Gras
gedeiht im Schatten der Nächte.
Was wirst du sagen
wenn dich dein Sohn fragt
warum du ihn zeugtest?
Was sagst du
wenn deine Hirnrinde erblaßt
mitten in einem Gedanken?
Verschon mich mit klugem Geschwätz!
Alles ist falsch
was irgendein einzelner denkt.

Heiner Kipphardt

Gerontologie

Die am meisten, so heißt es
Vertrauten
Aus welchen Gründen auch immer
Oder aus gar keinem Grunde
Diese

Werden am tiefsten gebeugt
Kurz vor dem Ende.
Die Arme mit denen sie spielend die Erdkugel stützten
Werden ihnen gebrochen
Welch ein Gewicht erdrückt sie.

Die Sonne wird ihnen gestohlen
Und in einen Sack gesteckt
Die Bäume zu ihren Häupten
Haben niemals Blätter getragen
Der Wind weht aus Asien
Ach ihr Winter in Wien.

Keiner mehr da, an den sie sich wenden können
Alle Seiten im Adreßbuch leere Seiten
In den Beichtstühlen Schemen.

Am schnellsten verschwindet was
Sie den Sinn ihres Lebens nannten
Oder den Sinn alles Lebens.
Dieser wird ausgeblasen. Ein Nichts
Eine kleine Zugluft
Zwischen Tür und Angel
Genügt.

Marie Luise Kaschnitz

Elegie

Es ist deine Stunde,
Mann auf Chios,
Sie naht über Felsen
Und legt dir Feuer ans Herz.
Die Abendbrise mäht
Die Schatten der Pinien.
Dein Auge ist blind.
Aber im Schrei der Möwe
Siehst du metallen schimmern das Meer,
Das Meer mit der schwarzen Haut des Delphins,
Den harten Ruderschlag des Winds
Dicht vor der Küste.

Hinab den Pfad,
Wo an der Distel
Das Ziegenhaar weht.
Siebensaitig tönt die Kithara
Im Sirren der Telegrafendrähte.
Bekränzt von welligen Ziegeln
Blieb eine Mauer.
Das Tongefäß zerbrach,
In dem versiegelt
Der Kaufbrief des Lebens lag.

Felshohe Gischt,
Felsleckende Brandung,
Das Meer mit der Haut des Katzenhais.
Am Kap einer Wolke
Und in der Dünung des Himmels schwimmend,
Weiß vom Salz
Verschollener Wogen
Des Mondes Feuerschiff.

Es leuchtet der Fahrt nach Ios,
Wo am Gestade
Die Knaben warten
Mit leeren Netzen
Und Läusen im Haar.

Peter Huchel

Dunkles zu sagen

Wie Orpheus spiel ich
auf den Saiten des Lebens den Tod
und in die Schönheit der Erde
und deiner Augen, die den Himmel verwalten,
weiß ich nur Dunkles zu sagen.

Vergiß nicht, daß auch du, plötzlich,
an jenem Morgen, als dein Lager
noch naß war von Tau und die Nelke
an deinem Herzen schlief,
den dunklen Fluß sahst,
der an dir vorbeizog.

Die Saite des Schweigens
gespannt auf die Welle von Blut,
griff ich dein tönendes Herz.
Verwandelt ward deine Locke
ins Schattenhaar der Nacht,
der Finsternis schwarze Flocken
beschneiten dein Antlitz.

Und ich gehör dir nicht zu.
Beide klagen wir nun.

Aber wie Orpheus weiß ich
auf der Seite des Todes das Leben,
und mir blaut
dein für immer geschlossenes Aug.

Ingeborg Bachmann

Mit wechselndem Schlüssel

Mit wechselndem Schlüssel
schließt du das Haus auf, darin
der Schnee des Verschwiegenen treibt.
Je nach dem Blut, das dir quillt
aus Aug oder Mund oder Ohr,
wechselt dein Schlüssel.

Wechselt dein Schlüssel, wechselt das Wort,
das treiben darf mit den Flocken.
Je nach dem Wind, der dich fortstößt,
ballt um das Wort sich der Schnee.

Paul Celan

Traurigkeit, die jeder kennt

Man weiß von vornherein, wie es verläuft.
Vor morgen früh wird man bestimmt nicht munter.
Und wenn man sich auch noch so sehr besäuft:
die Bitterkeit, die spült man nicht hinunter.

Die Trauer kommt und geht ganz ohne Grund.
Und angefüllt ist man mit nichts als Leere.
Man ist nicht krank. Und ist auch nicht gesund.
Es ist, als ob die Seele unwohl wäre.

Man will allein sein. Und auch wieder nicht.
Man hebt die Hand und möchte sich verprügeln.
Vorm Spiegel denkt man: »Das ist dein Gesicht?«
Ach, solche Falten kann kein Schneider bügeln!

Vielleicht hat man sich das Gemüt verrenkt?
Die Sterne ähneln plötzlich Sommersprossen.
Man ist nicht krank. Man fühlt sich nur gekränkt.
Und hält, was es auch sei, für ausgeschlossen.

Man möchte fort und findet kein Versteck.
Es wäre denn, man ließe sich begraben.
Wohin man blickt, entsteht ein dunkler Fleck.
Man möchte tot sein. Oder Gründe haben.

Man weiß, die Trauer ist sehr bald behoben.
Sie schwand noch jedes Mal, so oft sie kam.
Mal ist man unten, und mal ist man oben.
Die Seelen werden immer wieder zahm.

Der eine nickt und sagt: »So ist das Leben.«
Der andre schüttelt seinen Kopf und weint.
Wer traurig ist, sei's ohne Widerstreben!
Soll das ein Trost sein? So war's nicht gemeint.

Erich Kästner

Melancholie

Melancholie, du dunkle Sängerin,
Du, deren Stimme dunkel mich durchblaute;
Du mir seit früher Kindheit anvertraute
Gefährtin, du, in jedem Widersinn

Mich Tröstende, du heilige Trösterin,
Du, in der Einsamkeit, die mich umgraute,
Die einzige, die blieb bei mir und in
Mir sang ein letztes Lied auf ihrer Laute ...

Du mich Durchzitternde! Du, mein Verschweben!
Was ist es, du mein wandelreiches Leben,
Das bleibt unwandelbar und ist von Dauer?

Im Zeitenwandel bleibt bestehn nur sie:
Die Elegie, die unsagbare Trauer ...
O Urlaut des Gedichts: Melancholie!

Johannes R. Becher

An die Melancholie

Zum Wein, zu Freunden bin ich dir entflohn,
Da mir vor deinem dunklen Auge graute,
In Liebesarmen und beim Klang der Laute
Vergaß ich dich, dein ungetreuer Sohn.

Du aber gingest mir verschwiegen nach
Und warst im Wein, den ich verzweifelt zechte,
Warst in der Schwüle meiner Liebesnächte
Und warest noch im Hohn, den ich dir sprach.

Nun kühlst du die erschöpften Glieder mir
Und hast mein Haupt in deinen Schoß genommen,
Da ich von meinen Fahrten heimgekommen:
Denn all mein Irren war ein Weg zu dir.

Hermann Hesse

Im Nebel

Seltsam, im Nebel zu wandern!
Einsam ist jeder Busch und Stein,
Kein Baum sieht den andern,
Jeder ist allein.

Voll von Freunden war mir die Welt,
Als noch mein Leben licht war;
Nun, da der Nebel fällt,
Ist keiner mehr sichtbar.

Wahrlich, keiner ist weise,
Der nicht das Dunkel kennt,
Das unentrinnbar und leise
Von allen ihn trennt.

Seltsam, im Nebel zu wandern!
Leben ist Einsamsein.
Kein Mensch kennt den andern,
Jeder ist allein.

Hermann Hesse

Unheilbare Melancholie des Steins

Lorbeerblut drang in meine Adern
Und der Zeder Wurzel
Vergiftete mein gärendes Herz

Unheilbare Melancholie des Steins
Im Gefängnis des Schweigens
Dauert der Berg
Über fiebrige Täler hinweg

Doch im Auge des Smaragden
Bewegt sich schon die Welle
Des reifenden Meeres

Yvan Goll

Des Dichters Tod

Die Sterne rosten
Langsam oxydiert sie der Frost
Es regnet dort und überall
Der Wind wirft mit zerbrochenen Vögeln um sich
Und schreit —
Erkaltet wie ein Krater auf dem Mond
Ist mein Herz
Ich friere langsam in das All hinüber

Yvan Goll

Abendschwermut

Noch schweben, zart wie Libellen,
farbige Wölkchen im Licht.
Aber von Dom und Kastellen
rinnt schon das finstre Gewicht.

Strömt in die Gassenschluchten,
löscht den rötlichen Stein.
Alle Gebäude wuchten
tiefer dem Boden sich ein.

Dunkelgefiederte Scharen,
lautlos und ruhelos,
jäh emporgefahren
wie ein Nachtwindstoß —

wollen die Stirn sie mir streifen?
Hoffst du noch, Herz?
Schwärze und Schwere greifen
langsam himmelwärts.

Werner Bergengruen

Zuseiten mir

Zuseiten mir sitzt Melancholie
(So hat einst sie der Meister gesehn).
Sie spricht mich nicht an, sie flüstert nie,
Nur ihres Atems zögerndes Wehn
Trägt zu mir, bis ans innerste Ohr,
Des Geistes Klage, der — wann doch? Wie? —
Das Leben der Seele verlor.

Martin Buber

Melancholie

Wenn man von Faltern liest, von Schilf und Immen,
daß sich darauf ein schöner Sommer wiegt,
dann fragt man sich, ob diese Glücke stimmen
und nicht dahinter eine Täuschung liegt,
und auch das Saitenspiel, von dem sie schreiben,
mit Schwirren, Dufthauch, flügelleichtem Kleid,
mit dem sie tun, als ob sie bleiben,
ist anderen Ohren eine Fraglichkeit:
ein künstliches, ein falsches Potpourri –
untäuschbar bleibt der Seele Agonie.

Was ist der Mensch – die Nacht vielleicht geschlafen,
doch vom Rasieren wieder schon so müd,
noch eh ihn Post und Telefone trafen,
ist die Substanz schon leer und ausgeglüht,
ein höheres, ein allgemeines Wirken,
von dem man hört und manches Mal auch ahnt,
versagt sich vielen leiblichen Bezirken,
verfehlte Kräfte, tragisch angebahnt:
Man sage nicht, der Geist kann es erreichen,
er gibt nur manchmal kurzbelichtet Zeichen.

Nicht im entferntesten ist das zu deuten,
als ob der Schöpfer ohne Seele war,
er fragt nur nicht so einzeln nach den Leuten,
nach ihren Klagen, Krebsen, Haut und Haar,
er wob sie aus Verschiedenem zusammen
das er auch noch für andere Sterne braucht,
er gab uns Mittel, selbst uns zu entflammen
– labil, stabil, labil – man träumt, man taucht:
Schon eine Pille nimmt dich auf den Arm
und macht das Trübe hell, das Kalte warm.

Du mußt aus deiner Gegend alles holen,
denn auch von Reisen kommst du leer zurück,
verläßt du dich, beginnen Kapriolen
und du verlierst dir Stück um Stück.
Von Blumen mußt du solche wählen,
die blühn am Zaun und halb im Acker schon,
die in das Zimmer tun, die Laute zählen
des Lebens Laute, seinen Ton:
vermindert oder große Terzen —
ein Kältliches verstarrt die Herzen.

Die Blumen so — dann zu Vergangenem
sich wendend oder Zukunft, wie sie wird,
da gehst du von Verschleiert zu Verhangenem,
einem Vielleicht zu einwandfrei Geirrt,
ein Hin und Her: Einmal versiegte Güsse
und Noah strahlt, die Arche streift auf Land,
und einmal ist der Nil der Fluß der Flüsse,
Antonius küßt die braune, schmale Hand:
Die Ruriks, Anjous, Judas, Rasputin
und nur dein eigenes Heute ist nicht drin.

Tiere, die Perlen bilden, sind verschlossen,
sie liegen still und kennen nur die See;
an Land und Luft: Gekrönte und Profossen —
noch eine Herme mehr in der Allee;
nur Äon schweigt, er hält die Perlengabe,
wo alles fehlt und alles zielt,
der Äon träumt, der Äon ist ein Knabe,
der mit sich selbst auf einem Brette spielt;
Noch eine Herme mehr — man lasse sie,
auch sie führt zum Gedicht: Melancholie.

Gottfried Benn

Leid

Wie bin ich vorgespannt
Dem Kohlenwagen meiner Trauer!
Widrig wie eine Spinne
Bekriecht mich die Zeit.
Fällt mein Haar,
Ergraut mein Haupt zum Feld,
Darüber der letzte
Schnitter sichelt.
Schlaf umdunkelt mein Gebein.
Im Traum schon starb ich,
Gras schoß aus meinem Schädel,
Aus schwarzer Erde war mein Kopf.

Albert Ehrenstein

Melancholie

Meine Straßen sind verödet,
Meine Leiden lindert keine,
Meine Lieder dunkeln ungehört,
Mein Herz modert verlassen.

Ich sehne mich nicht mehr
Nach Dörfern und Städten,
Nach wilden Dschungeln nicht des Südens,
Noch nach Gebirgen unter dem Abendstern.
Ich wünsche mich nicht mehr ans Meer.

Ich starb vor vielen Jahren schon,
Meine Leiche lebt noch, schwer und leer.

Albert Ehrenstein

Weltschmerz

Ich, der brennende Wüstenwind,
Erkaltete und nahm Gestalt an.

Wo ist die Sonne, die mich auflösen kann,
Oder der Blitz, der mich zerschmettern kann!

Blick nun, ein steinernes Sphinxhaupt,
Zürnend zu allen Himmeln auf.

Else Lasker-Schüler

Weltende

Es ist ein Weinen in der Welt,
Als ob der liebe Gott gestorben wär,
Und der bleierne Schatten, der niederfällt,
Lastet grabesschwer.

Komm, wir wollen uns näher verbergen ...
Das Leben liegt in aller Herzen
Wie in Särgen.

Du! wir wollen uns tief küssen —
Es pocht eine Sehnsucht an die Welt,
An der wir sterben müssen.

Else Lasker-Schüler

Schwermut

Ich bin ein Fremdling, einst war ich ein Dichter.
Ich bin der letzte Morgengast der müden Hur.
Ich bin die Wand, die alles hört und nichts sagt.
Ich bin ein Licht, das die Nacht über beim Sterbenden
                              brennt.
Ich bin der Schiffer, der aus fernen Landen zurückkehrt,
                             und sein Weib war nicht treu.
Ich bin der Schnee, über den der letzte Strahl der Sonne rost.
Ich bin der alte Blinde, der nicht sterben kann.
Ich bin der müden Näherin Gebetbuch, von trostlosen
                             Tränen beschmutzt.
Ich bin ein Greis, der ein blutjunges Weib nimmt,
Ich bin die Nacht aller Verzweifelnden, Trostlosen, zum
                             Tod Verurteilten.
Ich bin das traurig in der Zelle gepfiffne lustige Lied,
Ich bin ein Kind, das keiner mit Spiel und Lächeln erfreut,
Ich bin ein blindes Lamm, das vergebens nach der
                             Mutterbrust greift,
Ich bin der letzte sterbende Unkenruf im Röhricht —
Ich bin ein Fels, der an Veilchen und Moos und Ginster
                             denkt,
Ich bin kein Stern, der einen Himmel fand —
Nun bin ich nur mehr was, ich weiß nicht was ...

Jakob Haringer

Melancolia

Zu denken: Manchmal schwärt durchs Hirn selbst einem
                                                Hunde
Die Daseinseinsamkeit in ewiger Sekunde,
Dem Vogel, der am Eimer stiehlt beim Rackerpferde:
Ein Winseln stößt vom Fuße plötzlich ab den Ball der Erde.

Wolken wie samtene Maulwürfe laufen um mich im Trabe,
Licht blitzt um die Füße, und dann kommt der volle Mond.
Lichter wie Scheiben Eis begraben all mein Habe,
Ich wohne jetzt im Leeren, wo niemand wohnt.

Frühlinge kommen drunten die Böschen zu Strömen
                                        heruntergerollt,
Rasch wie der Hauch eines Mundes,
Der sich färbt
Und schon vergangen ist.

Stämme wehn aus Samen auf mit Rauschen, das noch
                                            Bangen ist,
Doch die Jahre hetzen dahin wie die schmachtende Lefze des
                                                    Hundes,
Und schon stirbt zerrissen und hartgekerbt
Der Wald voll fuchsigem Grind und erblindetem Gold.

Eine Stimme singt: »Melancolia heiß ich,
Ich hänge als Waage und Glocke am Haus,
Ich schlafe in allem Gerät, noch in des letzten Ufers
                                            sandigem Korn,
Ich flattre hinaus noch aufs tote Weltmeer als Fledermaus,
Und jenseits steh ich im Nordlicht als Unstern mit feurigem
                                                    Horn,
Überall jenseits lange vor dir.«

Oskar Loerke

Fünf Uhr nachmittags Traurigkeit

Der Regen vor dem Fenster hängt.
Die Luft ist ganz vom Tod durchtränkt.

Ich selber bin vom Tod durchtränkt.
Und alles, was mein Denken denkt.

Der Regen an die Scheiben stürzt.
Die Dämmerung ist leidgewürzt.

Ein Gram in ihr wie Salz gelöst,
Wird meinem Atem eingeflößt.

Ich lausche meinem Herzenswehr.
Wann kommt die letzte Welle her?

Wieviele Tage bleib ich noch?
Wieviele Worte schreib ich noch?

Wie oft noch küßt mein armer Mund?
Gott weiß die Zahl. Die Zahl ist kund.

Die Dämmrung qualmt wie Kohlenschwall.
Fünf Uhr, fünf Uhr wird überall.

Der Atemraum ist ganz durchtränkt
Von Dingen, die kein Denken denkt.

Franz Werfel

Melancholie

Die Wälder bluten schwarz hinab ins Tal.
Die Nacht schließt sich darüber wie eine Falle.
Der Himmel ist matter Tuff. Alles schweigt.
Im Hintergrund wird einer vom Teufel geholt.

Nichts. Gedämpft bis zur Unhörbarkeit
Wird mein Herzschlag. Ich sitze mit jemand zusammen,
Der mit müder, einförmiger Stimme
Die Geschichte meines eignen Lebens erzählt.

Das Nest meiner Träume ist leer.
Mit furchtbarer Kraft hebt die Ohnmacht,
Der monotone Koloß, das elastische Haupt
Und neigt es schwer gegen meine knisternde Stirn.

Wilhelm Klemm

Juli-Schwermut

Blumen des sommers duftet ihr noch so reich:
Ackerwinde im herben saatgeruch
Du ziehst mich nach am dorrenden geländer
Mir ward der stolzen gärten sesam fremd.

Aus dem vergessen lockst du träume: das kind
Auf keuscher scholle rastend des ährengefilds
In ernte-gluten neben nackten schnittern
Bei blanker sichel und versiegtem krug.

Schläfrig schaukelten wespen im mittagslied
Und ihm träufelten auf die gerötete stirn
Durch schwachen schutz der halme-schatten
Des mohnes blätter: breite tropfen blut.

Nichts was mir je war raubt die vergänglichkeit.
Schmachtend wie damals lieg ich in schmachtender flur
Aus mattem munde murmelt es: wie bin ich
Der blumen müd, der schönen blumen müd!

Stefan George

Kreuz der Straße

Kreuz der straße,
wir sind am end.
Abend sank schon,
dies ist das end.
Kurzes wallen
wen macht es müd?
Mir zu lang schon,
der schmerz macht müd.
Hände lockten:
Was nahmst du nicht?
Seufzer stockten:
Vernahmst du nicht?
Meine straße
du ziehst sie nicht.
Tränen fallen
du siehst sie nicht.

Stefan George

Der Zauberkünstler

Er ist sehr traurig. Alle Dinge laufen
nach seinem Wink und Willen – und dies ist
doch nur ein sinnlos Spiel und eitel List
und heißt, sein Kind- und Dichter-Sein verkaufen!

Es kann ihn nie ein Seltsam überraschen,
denn alles hält er stets in seiner Hand:
er reiht die Sterne auf ein buntes Band
und holt sich Sonn und Mond aus seinen Taschen.

Und bleibt sehr traurig: denn vor ihm steht ja
das Sein enthüllt und reizlos ungeschminkt,
und ist für ihn nie mehr ein Wunder da.

Er weiß, wie alles lügenhaft sich baut
und nichts bleibt, wenn zuletzt der Vorhang sinkt,
als ein Gehirn, dem vor sich selber graut.

Max Herrmann-Neisse

Türme in der großen Stadt

Wir wollen uns immer die Hände reichen
über Patina-Grün und Lichter-Flug,
doch unsrer ehernen Zungen Zeichen
(Wo ist die Stille, die einst uns trug?)
haben sich nie vereint,
immer war irgendein Feind
zwischen uns: Räderspeichen,
Autohupen, Reklamen, ein Stadtbahnzug!

Wir starren, verdorrte Bäume, in Schwüle
(Manchmal schwebt uns ein Luftschiff nah ...)
dürstend nach der Sterne Kühle
und der Wolken Gloria.
Rauch erdrosselt weh
unser: Kyrie!
und wie Henkerstühle
stehn Plätze;
Drähte sind wie Mördernetze da.

Über uns kommen Nachtmanöver, Kanonen,
wir möchten ausschlagen wie auf dem Wall
junge Pferde, aber wir müssen uns schonen
und stehen immer wie im Stall.
Goldner Kreuze Last
liegt auf uns verhaßt.
Wo unsre Brüder wohnen,
wissen wir nicht. In Scherben
zerschellt unsrer einsamen
         Stimmen Schall ...

Max Herrmann-Neisse

Allein

Nun bin ich ganz allein, und immer lauter
vernehm' ich meines eignen Herzens Schlag —
stets nur mein Herz, und weiß, daß kein Vertrauter
an meinen stillen Leiden leiden mag.
Und Menschen gehen mir vorbei und lachen,
und Menschen weinen in der Liebsten Schoß.
An wessen Lager darf ich liebend wachen?
Wer teilt mir mit von seinem Leidenslos?
Ich will der ganzen Welt Gebresten heilen,
will aller, aller Arzt und Helfer sein, —
doch, wo ich nahe, seh' ich flink enteilen
die kranken Menschen — und ich bleib allein.
So will ich träumen, daß von meinen Salben
die Wunden schwänden, aller Not und Qual, —
und meine Träume, mit dem Flug der Schwalben,
sie werden Leben sein und ewiges Mal.

Erich Mühsam

Trauer

Verweinte Wälder kommen mir entgegen.
Verweinte Pappel wartet mein am Weg.
Versengtes Dorf kann sich vor Schmerz nicht legen.
Im Fluß versinkend klagt zerfleischter Steg.

Die Städte jammern weit im Rund geschändet:
Brandwunden bluten wie zerrissene Scham.
Hilflos stehn Häuser reihenweis geblendet
und schwarze Gossen spiegeln schwarzen Gram.

Gehöfte winseln wie verendende Hunde
ins Land, die ihren Herrn verloren haben.
Sie würgen ihren Schutt; und ihre Stunde
kommt, noch bevor die Disteln sie begraben.

Ein Krähenschleier treibt wie tote Fetzen
über die Äcker, trauriger Winde Spiel.
Zerquälte, brache Furchenleiber setzen
sich hungernd auf, ob noch kein Same fiel.

Die Welt gleicht einem ausgeräumten, schragen
und öden Sterbsaal: selbst die Leichen
– letztes armseliges Erinnerungszeichen
daß hier einst Leben war – hat man hinausgetragen.

Rudolf G. Binding

Abendtrauer

Abendtrauer, du klingende Laute,
Seele des Dunkels, du Jugendvertraute,

Abendtrauer, du tröstendes Leid,
Sanftes Gespiel meiner Einsamkeit,

Abendtrauer, du rauschende Kühle, —
Abendtrauer, wie ich dich fühle!

Dunkle Lippen, mit Süße getränkt,
Haben sich leise den meinen gesenkt,

Linde Hände mit zärtlichem Strich
Rühren mein Antlitz und lassen mich

Ganz schon in wartender Wollust beben,
Deiner Wehmut mich hinzugeben.

Stefan Zweig

Vöglein Schwermut

Ein schwarzes Vöglein fliegt über die Welt,
das singt so todestraurig ...
Wer es hört, der hört nichts anderes mehr,
wer es hört, der tut sich ein Leides an,
der mag keine Sonne mehr schauen.

Allmitternacht, Allmitternacht
ruht es sich aus auf dem Finger des Tods.
Der streichelt's leis und spricht ihm zu:
»Flieg, mein Vögelein! flieg, mein Vögelein!«
Und wieder fliegt's flötend über die Welt.

Christian Morgenstern

Geier Schwermut

Lieb sind mir und heilig
die Götter, Phanta,
an deren Tisch
du mich ludest.
Doch Eines schmerzt mich:
Sind diese Götter
aus meinem ureigensten Ich
herausgezeugt?
Sind sie unsere,
ganz allein *unsere* Söhne,
Phanta? ...

Noch bin ich
nur ein Prometheus,
mit ehernen Ketten
festgeschmiedet
ans Riesenkreuz
der Vergangenheit,
des Felsenstamm
und Felsenarme
gefügt und geschichtet
aus Quaderblöcken
alter Kulturen.

Aber am Herzen
frißt mir
der Geier Sehnsucht.

Langsam füllt sich
zu Füßen mir
die Schale
mit meinem Herzblut.

Laß mich allein,
herrlichstes Weib,
das die Erde mir gab!
Erst wenn rot
bis zum Rand
den goldenen Gral
die Flut erfüllt,
kehr mir zurück!
Dann will ich Dich taufen
mit meinem Blut,
meine schwirrende Schwalbe,
mein heimatlos, heidnisch Kind.

Und dann, denk ich,
Freundin Phanta,
soll unser Bund
erst *beginnen*.

Christian Morgenstern

Melancholia

Bläuliche Schatten. O ihr dunklen Augen
Die lang mich anschaun im Vorübergleiten.
Guitarrenklänge sanft den Herbst begleiten
Im Garten aufgelöst in braunen Laugen.
Des Todes ernste Düsternis bereiten
Nymphische Hände, an Purpurbrüsten saugen
Verfallne Lippen und in braunen Laugen
Des Sonnenjünglings feuchte Locken gleiten.

Ein Stoppelfeld. Ein schwarzer Wind gewittert.
Aufblühn der Traurigkeit Violenfarben,
Gedankenkreis, der trüb das Hirn umwittert.
An Zäunen lehnen Astern, die verstarben
Und Sonnenblumen schwärzlich und verwittert;
Da schweigt die Seele grauenvoll erschüttert
Entlang an Zimmern, leer und dunkelfarben.

Georg Trakl

In ein altes Stammbuch

Immer wieder kehrst du Melancholie,
o Sanftmut der einsamen Seele.
Zu Ende glüht ein goldener Tag.

Demutsvoll beugt sich dem Schmerz der Geduldige
tönend von Wohllaut und weichem Wahnsinn.
Siehe! es dämmert schon.

Wieder kehrt die Nacht und klagt ein Sterbliches
und es leidet ein anderes mit.

Schaudernd unter herbstlichen Sternen
neigt sich jährlich tiefer das Haupt.

Georg Trakl

Hora mortis

Gebannt in die Trauer der endlosen Horizonte,
Wo nur ein Baum sich wand unter Schmerz,
Sanken wir, Bergleuten gleich, in das Schweigen der Grube
Unserer Qual. Und von Leere schwoll uns das Herz.

Trüb wie die Winde, im Schierling, bei Büschen und Weiden
Haben wir unsere Hände im Dunkel gesenkt,
Und dann gingen wir lässig, und freuten uns unserer Leiden,
Arme Spiegel, darin sich ein düsterer Abend fängt.

Nachtwandlern gleich, gejagt vom Entsetzen der Träume,
Die seufzend sich stoßen im Dunkel mit bleicher Hand,
Also schwankten wir in des Herbstes verschwindende Räume,
Der wie ein Riese sich hob in die Nacht und versank.

Aber im Wolkenland, im Finstern, sahn wir die Schatten
Schwarzer Reiher und hörten den traurigen Flug,
Und wir schwanden dahin in Schwermut und bittrem Ermatten,
Blutleere Seele, die Lethe durch Höhlen voll Kummer trug.

Georg Heym

(München, Mai 1919)

Wir schließen uns an das, was uns nicht weiß
an Bäume, die verzweigt uns übersteigen,
an jedes Abseitssein, an jedes Schweigen;
doch dadurch grade schließen wir den Kreis
der über alles, was uns nicht gehört,
zu uns zurück, ein immer Heiles, mündet.
O daß ihr Dinge bei den Sternen stündet.
Wir leben hin. Wir haben nichts gestört ...

Rainer Maria Rilke

An die Melancholie

Verarge mir es nicht, Melancholie,
daß ich die Feder, dich zu preisen, spitze
und daß ich nicht, den Kopf gebeugt zum Knie,
einsiedlerisch auf einem Baumstumpf sitze.
So sahst du oft mich, gestern noch zumal,
in heißer Sonne morgendlichem Strahle:
begehrlich schrie der Geier in das Tal,
er träumt' vom toten Aas auf totem Pfahle.

Du irrtest, wüster Vogel, ob ich gleich
so mumienhaft auf meinem Klotze ruhte!
Du sahst das Auge nicht, das wonnenreich
noch hin und her rollt, stolz und hochgemute.
Und wenn es nicht zu deinen Höhen schlich,
erstorben für die fernsten Wolkenwellen,
so sank es um so tiefer, um in sich
des Daseins Abgrund blitzend aufzuhellen.

So saß ich oft, in tiefer Wüstenei,
unschön gekrümmt, gleich opfernden Barbaren,
und deiner eingedenk, Melancholei,
ein Büßer, ob in jugendlichen Jahren!
So sitzend freut' ich mich des Geier-Flugs,
des Donnerlaufs der rollenden Lawinen,
du sprachst zu mir, unfähig Menschentrugs,
wahrhaftig, doch mit schrecklich strengen Mienen.

Du herbe Göttin wilder Felsnatur,
du Freundin liebst es, nah mir zu erscheinen;
du zeigst mir drohend dann des Geiers Spur
und der Lawine Lust, mich zu verneinen.
Rings atmet zähnefletschend Mordgelüst:
qualvolle Gier, sich Leben zu erzwingen!
Verführerisch auf starrem Felsgerüst
sehnt sich die Blume dort nach Schmetterlingen.

Dies alles bin ich — schaudernd fühl' ich's nach —
verführter Schmetterling, einsame Blume,
der Geier und der jähe Eisesbach,
des Sturmes Stöhnen — alles dir zum Ruhme,
du grimme Göttin, der ich tief gebückt,
den Kopf am Knie, ein schaurig Loblied ächze,
nur dir zum Ruhme, daß ich unverrückt
nach Leben, Leben, Leben lechze!

Verarge mir es, böse Gottheit, nicht,
daß ich mit Reimen zierlich dich umflechte.
Der zittert, dem du nahst, ein Schreckgesicht,
der zuckt, dem du sie reichst, die böse Rechte.
Und zitternd stammle ich hier Lied auf Lied
und zucke auf in rhythmischen Gestalten:
die Tinte fleußt, die spitze Feder sprüht —
nun, Göttin, Göttin, laß mich — laß mich schalten!

Friedrich Nietzsche

Mitleid hin und her

1. Vereinsamt

  Die Krähen schrein
und ziehen schwirren Flugs zur Stadt.
  Bald wird es schnein.
Wohl dem, der jetzt noch — Heimat hat!

  Nun stehst du starr,
schaust rückwärts, ach! wie lange schon!
  Was bist du Narr
vor Winters in die Welt entflohn?

  Die Welt — ein Tor
zu tausend Wüsten stumm und kalt!
  Wer das verlor,
was du verlorst, macht nirgends halt.

  Nun stehst du bleich,
zur Winter-Wanderschaft verflucht,
  dem Rauche gleich,
der stets nach kältern Himmeln sucht.

  Flieg, Vogel, schnarr
dein Lied im Wüstenvogel-Ton!
  Versteck, du Narr,
dein blutend Herz in Eis und Hohn!

  Die Krähen schrein
und ziehen schwirren Flugs zur Stadt.
  Bald wird es schnein, —
weh dem, der keine Heimat hat!

2. Antwort

  Daß Gott erbarm!
Der meint, ich sehnte mich zurück
  ins deutsche Warm,
ins dumpfe deutsche Stuben-Glück!

  Mein Freund, was hier
mich hemmt und hält, ist *dein* Verstand,
  Mitleid mit *dir!*
Mitleid mit deutschem Quer-Verstand!

Friedrich Nietzsche

Alle Wunden ...

Alle Wunden hören auf zu bluten,
Alle Schmerzen hören auf zu brennen
Doch, entkrochen seines Jammers Fluten,
Kann der Mensch sich selbst nicht mehr erkennen.

Mund und Augen sind ihm zugefroren,
Selbst des Abgrunds Tiefe ist vergessen,
Und ihm ist, als hätt' er nichts verloren,
Aber auch, als hätt' er nichts besessen.

Friedrich Hebbel

Melancholie in philosophischer Einsicht

I

Einen sehr edlen Charakter denken wir uns immer mit einem gewissen Anstrich stiller Trauer, die nichts weniger ist als beständige Verdrießlichkeit über die täglichen Widerwärtigkeiten (eine solche wäre ein unedler Zug und ließe böse Gesinnung fürchten); sondern ein aus der Erkenntnis hervorgegangenes Bewußtsein der Nichtigkeit *aller* Güter und des Leidens *alles* Lebens, nicht des eigenen allein. Doch kann solche Erkenntnis durch selbsterfahrenes Leiden zuerst erweckt sein, besonders durch ein einziges großes: wie den Petrarca ein einziger unerfüllbarer Wunsch zu jener resignierten Trauer über das ganze Leben gebracht hat, die uns aus seinen Werken so rührend anspricht; denn die Daphne, welche er verfolgte, mußte seinen Händen entschwinden, um statt ihrer ihm den unsterblichen Lorbeer zurückzulassen. Wenn durch eine solche große und unwiderrufliche Versagung vom Schicksal der Wille in gewissem Grade gebrochen ist, so wird im übrigen fast nichts mehr gewollt, und der Charakter zeigt sich sanft, traurig, edel, resigniert. Wann endlich der Gram keine bestimmte Gestalt mehr hat, sondern über das Ganze des Lebens sich verbreitet, dann ist er gewissermaßen ein In-sich-Gehen, ein Zurückziehen, ein allmähliches Verschwinden des Willens, dessen Sichtbarkeit, den Leib, er sogar leise, aber im Innersten untergräbt, wobei der Mensch eine gewisse Ablösung seiner Bande spürt, ein sanftes Vorgefühl des sich als Auflösung des Leibes und des Willens zugleich ankündigenden Todes; daher diesen Gram eine heimliche Freude begleitet, welche es, wie ich glaube, ist, die das melancholischeste aller Völker, the joy of grief genannt. Doch liegt eben auch hier die Klippe der Empfindsamkeit, sowohl im Leben selbst, als in dessen Darstellung im Dichten: wenn nämlich immer getrauert und immer geklagt wird, ohne daß man sich zur Resignation erhebt und ermannt, so hat man

Erde und Himmel zugleich verloren und wässerichte Sentimentalität übrig behalten.

II

Im Ganzen und Allgemeinen beruht die dem Genie beigegebene Melancholie darauf, daß der Wille zum Leben, von je hellerem Intellekt er sich beleuchtet findet, desto deutlicher das Elend seines Zustandes wahrnimmt. Die so häufig bemerkte trübe Stimmung hochbegabter Geister hat ihr Sinnbild am Montblanc, dessen Gipfel meistens bewölkt ist: aber wann bisweilen, zumal früh morgens, der Wolkenschleier reißt und nun der Berg vom Sonnenlichte rot, aus seiner Himmelshöhe über den Wolken, auf Chamonix herabsieht, dann ist es ein Anblick, bei welchem jedem das Herz im tiefsten Grunde aufgeht. So zeigt auch das meistens melancholische Genie zwischendurch die nur ihm mögliche, aus der vollkommensten Objektivität des Geistes entspringende, eigentümliche Heiterkeit, die wie ein Lichtglanz auf seiner hohen Stirne schwebt: in tristitia hilaris, in hilaritate tristis.

III

Den Lebensmut kann man vergleichen mit einem Seile, welches über dem Puppenspiel der Menschenwelt ausgespannt wäre und woran die Puppen mittelst unsichtbarer Fäden hingen, während sie bloß scheinbar von dem Boden unter ihnen (dem objektiven Werte des Lebens) getragen würden. Wird jedoch dieses Seil einmal schwach, so senkt sich die Puppe; reißt es, so muß sie fallen: denn der Boden unter ihr trug sie nur scheinbar: das heißt das Schwachwerden jener Lebenslust zeigt sich als Hypochondrie, Spleen, Melancholie; ihr gänzliches Versiegen als Hang zum Selbstmord, der alsdann bei dem geringfügigsten, ja einem bloß eingebildeten Anlaß eintritt, indem jetzt der Mensch gleichsam Händel mit sich selbst sucht, um sich totzuschießen, wie mancher es, zu gleichem Zweck, mit einem andern macht: – sogar wird, zur Not, ohne allen besondern Anlaß zum Selbstmord gegriffen.

Arthur Schopenhauer

Wehmut

Ich irr in Tal und Hainen
Bei kühler Abendstund',
Ach, weinen möcht ich, weinen
So recht aus Herzensgrund.

Und alter Zeiten Grüßen
Kam da, im Tal erwacht,
Gleichwie von fernen Flüssen
Das Rauschen durch die Nacht.

Die Sonne ging hinunter,
Da säuselt' kaum die Welt,
Ich blieb noch lange munter
Allein im stillen Feld.

Joseph von Eichendorff

Der Schwermütige

Wenn in den dunkeln Haine
Die sanfte Nachtigall,
Wenn ich so traurig weine,
Mir bringt der Schwermut Schall,
So ist's, als bräch' mir schier das Herz
Für lauter wehmutsvollen Schmerz.

Wenn auf der hellen Heide
Die frohe Lerche steigt,
Ach, diese Augenweide
Macht auch mein Herz nicht leicht,
Dann denk ich ans entflohne Glück,
Es wich wie sie so schnell zurück.

Geh ich zur kleinen Quelle
Und folg ihr überall,
So sprech ich: Murmle helle,
Du Bach klar wie Kristall,
Ich hol dich schnelles Ding nicht ein,
So wird's auch mit dem Glücke sein.

So macht mir alles Kummer,
Das Beste wird zur Qual,
Und selbst im tiefsten Schlummer
Verfolgt's mich überall,
O böse Mördrin meiner Ruh!
Melancholie, wenn weichest du?

Annette von Droste-Hülshoff

Melancholie

Sei mir gegrüßt, Melancholie,
Die mit dem leisen Feenschritt
Im Garten meiner Phantasie
Zu rechter Zeit ans Herz mir tritt!
Die mir den Mut wie eine junge Weide
Tief an den Rand des Lebens biegt,
Doch dann in meinem bittern Leide
Voll Treue mir zur Seite liegt!

Die mir der Wahrheit Spiegelschild,
Den unbezwungnen, hält empor,
Daß der Erkenntnis Träne schwillt
Und bricht aus dunklem Aug' hervor;
Wie hebst das Haupt du streng und strenger immer,
Wenn ich dich mehr und mehr vergaß
Ob lärmendem Geräusch und Flimmer,
Die doch an meiner Wiege saß!

Wie hängt mein Herz an eitler Lust
Und an der Torheit dieser Welt!
Oft mehr als eines Weibes Brust
Ist es von Außenwerk umstellt,
Und selbst den Trost, daß ich aus eignem Streben,
Was leer und nichtig ist, erkannt,
Nimmst du und hast mein stolz' Erheben
Zu Boden alsobald gewandt,

Wenn du mir lächelnd zeigst das Buch
Des Königs, den ich oft verhöhnt,
Aus dem es, wie von Erz ein Fluch,
Daß alles eitel sei! ertönt.
Und nah und ferne hör' ich dann erklingen
Gleich Narrenschellen ein Getön;
O Göttin, laß mich dich umschlingen,
Nur du, nur du bist wahr und schön!

Noch fühl' ich dich so edel nicht,
Wie Albrecht Dürer dich geschaut:
Ein sinnend Weib, von innerm Licht
Erhellt, des Fleißes schönste Braut,
Umgeben reich von aller Werke Zeichen,
Mit milder Trauer angetan;
Sie sinnt — der Dämon muß entweichen
Vor des Vollbringens reifem Plan!

Gottfried Keller

Il Pensieroso

In einem Winkel seiner Werkstatt las
Buonarroti, da es dämmerte;
Allmählich vor dem Blicke schwand die Schrift ...
Da schlich sich Julianus ein, der Träumer,
Der einzige der heitern Medici,
Der Schwermut kannte. Dieser glaubte sich
Allein. Er setzte sich und in der Hand
Barg er das Kinn und hielt gesenkt das Haupt.
So saß er schweigend bei den Marmorbildern,
Die durch das Dunkel leise schimmerten,
Und kam mit ihnen murmelnd ins Gespräch,
Geheim belauscht von Michelangelo:
»Feigheit ist's nicht und stammt von Feigheit nicht,
Wenn einer seinem Erdenlos mißtraut,
Sich sehnend nach dem letzten Atemzug,
Denn auch ein Glücklicher weiß nicht was kommt
Und völlig unerträglich werden kann –
Leidlose Steine, wie beneid ich euch!«
Er ging und aus dem Leben schwand er dann
Fast unbemerkt. Nach einem Zeitverlauf
Bestellten sie bei Michelangelo
Das Grabbild ihm und brachten emsig her,
Was noch in Schilderein vorhanden war
Von schwachen Spuren seines Angesichts.
So waren seine Züge, sagten sie.
Der Meister schob es mit der Hand zurück:
»Nehmt weg! Ich sehe, wie er sitzt und sinnt
Und kenne seine Seele. Das genügt.«

Conrad Ferdinand Meyer

... Unter dem Fatalismus der Geschichte

Ein Brief an die Braut

Hier ist kein Berg, wo die Aussicht frei sei. Hügel hinter Hügel und breite Täler, eine hohle Mittelmäßigkeit in allem; ich kann mich nicht an diese Natur gewöhnen, und die Stadt ist abscheulich. Bei uns ist Frühling, ich kann Deinen Veilchenstrauß immer ersetzen, er ist unsterblich wie der Lama. Lieb Kind, was macht denn die gute Stadt Straßburg? Es geht dort allerlei vor, und Du sagt kein Wort davon. *Je baise les petites mains, en goûtant les souvenirs doux de Strasbourg. — »Prouve-moi que tu m'aimes encore beaucoup en me donnant bientôt des nouvelles.«* Und ich ließ Dich warten! Schon seit einigen Tagen nehme ich jeden Augenblick die Feder in die Hand, aber es war mir unmöglich, nur ein Wort zu schreiben. Ich studierte die Geschichte der Revolution. Ich fühlte mich wie zernichtet unter dem gräßlichen Fatalismus der Geschichte. Ich finde in der Menschennatur eine entsetzliche Gleichheit, in den menschlichen Verhältnissen eine unabwendbare Gewalt, allen und keinem verliehen. Der einzelne nur Schaum auf der Welle, die Größe ein bloßer Zufall, die Herrschaft des Genies ein Puppenspiel, ein lächerliches Ringen gegen ein ehernes Gesetz, es zu erkennen das Höchste, es zu beherrschen unmöglich. Es fällt mir nicht mehr ein, vor den Paradegäulen und Eckstehern der Geschichte mich zu bücken. Ich gewöhnte mein Auge ans Blut. Aber ich bin kein Guillotinenmesser. Das *Muß* ist eins von den Verdammungsworten, womit der Mensch getauft worden. Der Ausspruch: es muß ja Ärgernis kommen, aber wehe dem, durch den es kommt — ist schauderhaft. Was ist das, was in uns lügt, mordet, stiehlt? Ich mag dem Gedanken nicht weiter nachgehen. Könnte ich aber dies kalte und gemarterte Herz an Deine Brust legen!

B(oeckel) wird Dich über mein Befinden beruhigt haben, ich schrieb ihm. Ich verwünsche meine Gesundheit. Ich glühte,

das Fieber bedeckte mich mit Küssen und umschlang mich wie der Arm der Geliebten. Die Finsternis wogte über mir, mein Herz schwoll in unendlicher Sehnsucht; es drangen Sterne durch das Dunkel, und Hände und Lippen bückten sich nieder. Und jetzt? Und sonst? Ich habe nicht einmal die Wollust des Schmerzes und des Sehnens. Seit ich über die Rheinbrücke ging, bin ich wie in mir vernichtet, ein einzelnes Gefühl taucht nicht in mir auf. Ich bin ein Automat; die Seele ist mir genommen. Ostern ist noch mein einziger Trost; ich habe Verwandte bei Landau, ihre Einladung und die Erlaubnis, sie zu besuchen. Ich habe die Reise schon tausendmal gemacht und werde nicht müde.
Du frägst mich: »Sehnst Du Dich nach mir?« Nennst Du's Sehnen, wenn man nur in *einem* Punkt leben kann, und wenn man davon gerissen ist und dann nur noch das Gefühl seines Elendes hat? Gib mir doch Antwort! Sind meine Lippen so kalt? ... Dieser Brief ist ein Charivari; ich tröste Dich mit einem andern.

Georg Büchner

LENZ. *Ein Auszug*

(...) Auf dem kleinen Kirchhof war der Schnee weg, dunkles Moos unter den schwarzen Kreuzen; ein verspäteter Rosenstrauch lehnte an der Kirchhofmauer, verspätete Blumen dazu unter dem Moos hervor; manchmal Sonne, dann wieder dunkel. Die Kirche fing an, die Menschenstimmen begegneten sich im reinen hellen Klang; ein Eindruck, als schaue man in reines, durchsichtiges Bergwasser. Der Gesang verhallte – Lenz sprach. Er war schüchtern; unter den Tönen hatte sein Starrkrampf sich ganz gelegt, sein ganzer Schmerz wachte jetzt auf und legte sich in sein Herz. Ein süßes Gefühl unendlichen Wohls beschlich ihn. Er sprach einfach mit den Leuten; sie litten alle mit ihm, und es war ihm ein Trost, wenn er über einige müdgeweinte Augen Schlaf und gequälten Herzen Ruhe bringen, wenn er über dieses von materiellen Bedürfnissen gequälte Sein, diese dumpfen Leiden gen Himmel leiten konnte. Er war fester geworden, wie er schloß – da fingen die Stimmen wieder an:

Laß in mir die heiligen Schmerzen,
Tiefe Bronnen ganz aufbrechen;
Leiden sei all mein Gewinst,
Leiden sei mein Gottesdienst.

Das Drängen in ihm, die Musik, der Schmerz, erschütterte ihn. Das All war für ihn in Wunden; er fühlte tiefen, unnennbaren Schmerz davon. Jetzt ein anderes Sein: göttliche, zukkende Lippen bückten sich über ihn nieder und sogen sich an seine Lippen; er ging auf sein einsames Zimmer. Er war allein, allein! Da rauschte die Quelle, Ströme brachen aus seinen Augen, er krümmte sich in sich, es zuckten seine Glieder, es war ihm, als müsse er sich auflösen, er konnte kein Ende finden der Wollust. Endlich dämmerte es in ihm: er empfand ein leises tiefes Mitleid mit sich selbst, er weinte über sich; sein Haupt sank auf die Brust, er schlief ein. Der

Vollmond stand am Himmel; die Locken fielen ihm über die Schläfe und das Gesicht, die Tränen hingen ihm an den Wimpern und trockneten auf den Wangen — so lag er nun da allein, und alles war ruhig und still und kalt, und der Mond schien die ganze Nacht und stand über den Bergen. (...)
Sein Zustand war indessen immer trostloser geworden. Alles, was er an Ruhe aus der Nähe Oberlins und aus der Stille des Tals geschöpft hatte, war weg; die Welt, die er hatte nutzen wollen, hatte einen ungeheuern Riß; er hatte keinen Haß, keine Liebe, keine Hoffnung — eine schreckliche Leere, und doch eine folternde Unruhe, sie auszufüllen. Er hatte nichts. Was er tat, tat er nicht mit Bewußtsein, und doch zwang ihn ein innerlicher Instinkt. Wenn er allein war, war es ihm so entsetzlich einsam, daß er beständig laut mit sich redete, rief, und dann erschrak er wieder, und es war ihm, als hätte eine fremde Stimme mit ihm gesprochen. Im Gespräch stockte er oft, eine unbeschreibliche Angst befiel ihn, er hatte das Ende seines Satzes verloren; dann meinte er, er müsse das zuletzt gesprochene Wort behalten und immer sprechen, nur mit großer Anstrengung unterdrückte er diese Gelüste. Es bekümmerte die guten Leute tief, wenn er manchmal in ruhigen Augenblicken bei ihnen saß und unbefangen sprach, und er dann stockte und eine unaussprechliche Angst sich in seinen Zügen malte, er die Personen, die ihm zunächst saßen, krampfhaft am Arm faßte und erst nach und nach wieder zu sich kam. War er allein oder las er, war's noch ärger; all seine geistige Tätigkeit blieb manchmal in einem Gedanken hängen. Dachte er an eine fremde Person, oder stellte er sie sich lebhaft vor, so war es ihm, als würde er sie selbst; er verwirrte sich ganz, und dabei hatte er einen unendlichen Trieb, mit allem um ihn im Geiste willkürlich umzugehen — die Natur, Menschen, nur Oberlin ausgenommen, alles traumartig, kalt. Er amüsierte sich, die Häuser auf die Dächer zu stellen, die Menschen an- und auszukleiden, die wahnwitzigsten Possen auszusinnen. Manchmal fühlte er einen unwiderstehlichen Drang, das Ding, das

er gerade im Sinn hatte, auszuführen, und dann schnitt er entsetzliche Fratzen. Einst saß er neben Oberlin, die Katze lag gegenüber auf einem Stuhl. Plötzlich wurden seine Augen starr, er hielt sie unverrückt auf das Tier gerichtet; dann glitt er langsam den Stuhl herunter, die Katze ebenfalls: sie war wie bezaubert von seinem Blick, sie geriet in ungeheure Angst, sie sträubte sich scheu; Lenz mit den nämlichen Tönen, mit fürchterlich entstelltem Gesicht; wie in Verzweiflung stürzten sich beide aufeinander los – da endlich hob sich Madame Oberlin, um sie zu trennen. Dann war er wieder tief beschämt. Die Zufälle des Nachts steigerten sich aufs schrecklichste. Nur mit der größten Mühe schlief er ein, während er zuvor noch die schreckliche Leere zu füllen versucht hatte. Dann geriet er zwischen Schlaf und Wachen in einen entsetzlichen Zustand: er stieß an etwas Grauenhaftes, Entsetzliches, der Wahnsinn packte ihn; er fuhr mit fürchterlichem Schreien, in Schweiß gebadet, auf, und erst nach und nach fand er sich wieder. Er mußte dann mit den einfachsten Dingen anfangen, um wieder zu sich zu kommen. Eigentlich nicht er selbst tat es, sondern ein mächtiger Erhaltungstrieb: es war, als sei er doppelt, und der eine Teil suche den andern zu retten und riefe sich selbst zu; er erzählte, er sagte in der heftigsten Angst Gedichte her, bis er wieder zu sich kam.
Auch bei Tage bekam er diese Zufälle, sie waren dann noch schrecklicher; denn sonst hatte ihn die Helle davor bewahrt. Es war ihm dann, als existiere er allein, als bestünde die Welt nur in seiner Einbildung, als sei nichts als er; er sei das ewig Verdammte, der Satan, allein mit seinen folternden Vorstellungen. Er jagte mit rasender Schnelligkeit sein Leben durch, und dann sagte er: »Konsequent, konsequent«; wenn jemand was sprach: »Inkonsequent, inkonsequent«; – es war die Kluft unrettbaren Wahnsinns, eines Wahnsinns durch die Ewigkeit.
Der Trieb der geistigen Erhaltung jagte ihn auf: er stürzte sich in Oberlins Arme, er klammerte sich an ihn, als wolle er sich in ihn drängen; er war das einzige Wesen, das für ihn lebte

und durch den ihm wieder das Leben offenbart wurde. Allmählich brachten ihn Oberlins Worte dann zu sich; er lag auf den Knien vor Oberlin, seine Hände in den Händen Oberlins, sein mit kaltem Schweiß bedecktes Gesicht auf dessen Schoß, am ganzen Leibe bebend und zitternd. Oberlin empfand unendliches Mitleid, die Familie lag auf den Knien und betete für den Unglücklichen, die Mägde flohen und hielten ihn für einen Besessenen. Und wenn er ruhiger wurde, war es wie der Jammer eines Kindes: er schluchzte, er empfand ein tiefes, tiefes Mitleid mit sich selbst; das waren auch seine seligsten Augenblicke. Oberlin sprach ihm von Gott. Lenz wand sich ruhig los und sah ihn mit einem Ausdruck unendlichen Leidens an und sagte endlich: »Aber ich, wär ich allmächtig, sehen Sie, wenn ich so wäre, ich könnte das Leiden nicht ertragen, ich würde retten, retten; ich will ja nichts als Ruhe, Ruhe, nur ein wenig Ruhe, um schlafen zu können.« Oberlin sagte, dies sei eine Profanation. Lenz schüttelte trostlos mit dem Kopfe.

Die halben Versuche zum Entleiben, die er indes fortwährend machte, waren nicht ganz ernst. Es war weniger der Wunsch des Todes – für ihn war ja keine Ruhe und Hoffnung im Tode –, es war mehr in Augenblicken der fürchterlichen Angst oder der dumpfen, ans Nichtsein grenzenden Ruhe ein Versuch, sich zu sich selbst zu bringen durch physischen Schmerz. Augenblicke, worin sein Geist sonst auf irgendeiner wahnwitzigen Idee zu reiten schien, waren noch die glücklichsten. Es war doch ein wenig Ruhe, und sein wirrer Blick war nicht so entsetzlich als die nach Rettung dürstende Angst, die ewige Qual der Unruhe! Oft schlug er sich den Kopf an die Wand oder verursachte sich sonst einen heftigen physischen Schmerz.

Den 8. morgens blieb er im Bette, Oberlin ging hinauf; er lag fast nackt auf dem Bette und war heftig bewegt. Oberlin wollte ihn zudecken, er klagte aber sehr, wie schwer alles sei, so schwer! Er glaube gar nicht, daß er gehen könne; jetzt endlich empfinde er die ungeheure Schwere der Luft.

Oberlin sprach ihm Mut zu. Er blieb aber in seiner früheren Lage und blieb den größten Teil des Tages so, auch nahm er keine Nahrung zu sich.

Gegen Abend wurde Oberlin zu einem Kranken nach Bellefosse gerufen. Es war gelindes Wetter und Mondschein. Auf dem Rückweg begegnete ihm Lenz. Er schien ganz vernünftig und sprach ruhig und freundlich mit Oberlin. Der bat ihn, nicht zu weit zu gehen; er versprach's. Im Weggehn wandte er sich plötzlich um und trat wieder ganz nahe zu Oberlin und sagte rasch: »Sehn Sie, Herr Pfarrer, wenn ich das nur nicht mehr hören müßte, mir wäre geholfen.« — »Was denn, mein Lieber?« — »Hören Sie denn nichts? Hören Sie denn nicht die entsetzliche Stimme, die um den ganzen Horizont schreit und die man gewöhnlich die Stille heißt? Seit ich in dem stillen Tal bin, hör ich's immer, es läßt mich nicht schlafen; ja Herr Pfarrer, wenn ich wieder einmal schlafen könnte!« Er ging dann kopfschüttelnd weiter.

Oberlin ging zurück nach Waldbach und wollte ihm jemand nachschicken, als er ihn in die Stiege herauf in sein Zimmer gehen hörte. Einen Augenblick darauf platzte etwas im Hof mit so starkem Schall, daß es Oberlin unmöglich von dem Fall eines Menschen herkommen zu können schien. Die Kindsmagd kam todblaß und ganz zitternd ...

Er saß mit kalter Resignation im Wagen, wie sie das Tal hervor nach Westen fuhren. Es war ihm einerlei, wohin man ihn führte. Mehrmals, wo der Wagen bei dem schlechten Wege in Gefahr geriet, blieb er ganz ruhig sitzen; er war vollkommen gleichgültig. In diesem Zustand legte er den Weg durchs Gebirge zurück. Gegen Abend waren sie im Rheintale. Sie entfernten sich allmählich vom Gebirg, das nun wie eine tiefblaue Kristallwelle sich in das Abendrot hob, und auf deren warmer Flut die roten Strahlen des Abends spielten; über die Ebene hin am Fuße des Gebirgs lag ein schimmerndes bläuliches Gespinst. Es wurde finster, je mehr sie sich Straßburg näherten; hoher Vollmond, alle fernen Gegenstände dunkel,

nur der Berg neben bildete eine scharfe Linie; die Erde war wie ein goldner Pokal, über den schäumend die Goldwellen des Mondes liefen. Lenz starrte ruhig hinaus, keine Ahnung, kein Drang; nur wuchs eine dumpfe Angst in ihm, je mehr die Gegenstände sich in der Finsternis verloren. Sie mußten einkehren. Da machte er wieder mehrere Versuche, Hand an sich zu legen, war aber zu scharf bewacht.
Am folgenden Morgen, bei trübem, regnerischem Wetter, traf er in Straßburg ein. Er schien ganz vernünftig, sprach mit den Leuten. Er tat alles, wie es die andern taten; es war aber eine entsetzliche Leere in ihm, er fühlte keine Angst mehr, kein Verlangen, sein Dasein war ihm eine notwendige Last. —
So lebte er hin ...

Georg Büchner

Müde

Ich bin müde, sterbensmüde;
Ich bin müde, lebensmüde;
Dieses Bangens und Verlangens,
Dieses Hoffens, Bebens müde;
Dieses zwischen Erd und Himmel
Auf- und Niederschwebens müde;
Dieses spinnengleichen Wesens
Hirngespinste-Webens müde;
Müde dieser Torenweisheit
Stolzen Überhebens müde.
Auf, o Geist, in diesen Fesseln
Ring dich nicht vergebens müde!
Schwing dich auf zu deinem Äther,
Des am Staube Klebens müde.

Friedrich Rückert

Herbstgefühl

Mürrisch braust der Eichenwald,
Aller Himmel ist umzogen,
Und dem Wandrer rauh und kalt
Kommt der Herbstwind nachgeflogen.

Wie der Wind zu Herbsteszeit
Mordend hinsaust in den Wäldern,
Weht mir die Vergangenheit
Von des Glückes Stoppelfeldern.

An den Bäumen, welk und matt,
Schwebt des Laubes letzte Neige,
Niedertaumelt Blatt auf Blatt
Und verhüllt die Waldessteige;

Immer dichter fällt es, will
Mir den Reisepfad verderben,
Daß ich lieber halte still,
Gleich am Orte hier zu sterben.

Nikolaus Lenau

Der Seelenkranke

Ich trag' im Herzen eine tiefe Wunde
Und will sie stumm bis an mein Ende tragen;
Ich fühl' ihr rastlos immer tiefres Nagen,
Und wie das Leben bricht von Stund' zu Stunde.

Nur *eine* weiß ich, der ich meine Kunde
Vertrauen möchte und ihr alles sagen;
Könnt' ich an ihrem Halse schluchzen, klagen!
Die *eine* aber liegt verscharrt im Grunde.

O Mutter, komm, laß dich mein Flehn bewegen!
Wenn deine Liebe noch im Tode wacht,
Und wenn du darfst, wie einst, dein Kind noch pflegen

So laß mich bald aus diesem Leben scheiden;
Ich sehne mich nach einer stillen Nacht;
O hilf dem Schmerz, dein müdes Kind entkleiden.

Nikolaus Lenau

Am Sarge eines Schwermütigen
der sich selbst den Tod gegeben

Naturgeister singen:
Er ist von uns gewichen,
Er ist so früh verblichen;
Laßt uns in tiefste Schatten
Dies heiße Herz bestatten!

Wir singen manche Weisen,
Wenn wir die Erd' umkreisen;
Die bängste aller bangen
Hat lauschend er empfangen.

Das Lied, das dumpf wir klagen,
Wenn wir den Wildbach jagen,
Und wenn wir Blitze flechten
In schwülen Sommernächten,

Im Rufe tönt's der Unken,
Von dunkler Schwermut trunken,
Und in den Widerhallen
Bewegter Nachtigallen.

»Fahr wohl!« nachruft es leise
Dem Frühling auf die Reise;
Wir hauchen es gelinde
Durchs Haar dem toten Kinde.

Die Röslein all zerpflücken
Und zu die Äuglein drücken
Dem Lenz wir und dem Kleinen,
Und niemand sieht uns weinen.

Wenn Wölf' im Eise suchen
Ihr Leben und verfluchen,
Und wenn das Käuzlein grelle
Aufstöhnt in seiner Zelle;

Wenn sich die Meereswellen
Auftürmen und zerschellen,
Im Sturm die Möwen zagen,
Erhebt das Lied sein Klagen.

O Möwenschrei und Schwanken!
O menschliche Gedanken
Vom Leben ew'ger Dauer,
Hört ihr des Liedes Trauer?!

Nikolaus Lenau

Widerspruch des Lebens

Aus den Sonetten

I.

Wenn tiefe Schwermut meine Seele wieget,
Mag's um die Buden am Rialto flittern:
Um nicht den Geist im Tande zu zersplittern,
Such ich die Stille, die den Tag besieget.

Dann blick ich oft, an Brücken angeschmieget,
In öde Wellen, die nur leise zittern,
Wo über Mauern, welche halb verwittern,
Ein wilder Lorbeerbusch die Zweige bieget.

Und wann ich, stehend auf versteinten Pfählen,
Den Blick hinaus ins dunkle Meer verliere,
Dem fürder keine Dogen sich vermählen:

Dann stört mich kaum im schweigenden Reviere,
Herschallend aus entlegenen Kanälen,
Von Zeit zu Zeit ein Ruf der Gondoliere.

August von Platen

II.

Wer wußte je das Leben recht zu fassen,
Wer hat die Hälfte nicht davon verloren
Im Traum, im Fieber, im Gespräch mit Toren,
In Liebesqual, im leeren Zeitverprassen?

Ja, der sogar, der ruhig und gelassen,
Mit dem Bewußtsein, was er soll, geboren,
Frühzeitig einen Lebensgang erkoren,
Muß vor des Lebens Widerspruch erblassen.

Denn jeder hofft doch, daß das Glück ihm lache;
Allein das Glück, wenn's wirklich kommt, ertragen,
Ist keines Menschen, wäre Gottes Sache.

Auch kommt es nie, wir wünschen bloß und wagen:
Dem Schläfer fällt es nimmermehr vom Dache,
Und auch der Läufer wird es nicht erjagen.

August von Platen

Abendwehmut.

Über den Kiefern blinkte Hespers Lampe:
Sanft verglommen der Abendröte Gluten,
Und die Zitterespen am stillen Weiher
Säuselten leise.

Geistige Bilder stiegen aus dem Zwielicht
Der Erinnerung; mich umschwebten trübe
Die Gestalten meiner entfernten Lieben
Und der Gestorbnen.

Heilige Schatten! Ach, kein Erdenabend
kann uns alle vereinen! seufzt' ich einsam.
Hesper war gesunken, des Weihers Espen
Säuselten Wehmuth.

Johann Gaudenz von Salis-Seewis

Trauer

Wie schnell verschwindet
So Licht als Glanz,
Der Morgen findet
Verwelkt den Kranz,

Der gestern glühte
In aller Pracht,
Denn er verblühte
In dunkler Nacht.

Es schwimmt die Welle
Des Lebens hin,
Und färbt sich helle,
Hat's nicht Gewinn;

Die Sonne neiget,
Die Röte flieht,
Der Schatten steiget
Und Dunkel zieht:

So schwimmt die Liebe
Zu Wüsten ab,
Ach! daß sie bliebe
Bis an das Grab!

Doch wir erwachen
Zu tiefer Qual;
Es bricht der Nachen,
Es löscht der Strahl,

Vom schönen Lande
Weit weggebracht
Zum öden Strande,
Wo um uns Nacht.

Ludwig Tieck

Trübsinn aus Schuldgefühl

Nachdem man Jarnos Neugierde befriedigt hatte, fuhr der Arzt fort: Nie habe ich ein Gemüt in einer so sonderbaren Lage gesehen. Seit vielen Jahren hat er an nichts, was außer ihm war, den mindesten Anteil genommen, ja fast auf nichts gemerkt; bloß in sich gekehrt, betrachtete er sein hohles leeres Ich, das ihm als ein unermeßlicher Abgrund erschien. Wie rührend war es, wenn er von diesem traurigen Zustande sprach! Ich sehe nichts vor mir, nichts hinter mir, rief er aus, als eine unendliche Nacht, in der ich mich in der schrecklichsten Einsamkeit befinde; kein Gefühl bleibt mir als das Gefühl meiner Schuld, die doch auch nur wie ein entferntes unförmliches Gespenst sich rückwärts sehen läßt. Doch da ist keine Höhe, keine Tiefe, kein Vor noch Zurück, kein Wort drückt diesen immer gleichen Zustand aus. Manchmal ruf' ich in der Not dieser Gleichgültigkeit: ewig! ewig! mit Heftigkeit aus, und dieses seltsame unbegreifliche Wort ist hell und klar gegen die Finsternis meines Zustandes. Kein Strahl einer Gottheit erscheint mir in dieser Nacht, ich weine meine Tränen alle mir selbst und um mich selbst. Nichts ist mir grausamer als Freundschaft und Liebe; denn sie allein locken mir den Wunsch ab, daß die Erscheinungen, die mich umgeben, wirklich sein möchten. Aber auch diese beiden Gespenster sind nur aus dem Abgrunde gestiegen, um mich zu ängstigen und um mir zuletzt auch das teure Bewußtsein dieses ungeheuren Daseins zu rauben.

Sie sollten ihn hören, fuhr der Arzt fort, wenn er in vertraulichen Stunden auf diese Weise sein Herz erleichtert; mit der größten Rührung habe ich ihm einigemal zugehört. Wenn sich ihm etwas aufdringt, das ihn nötigt, einen Augenblick zu gestehen, eine Zeit sei vergangen, so scheint er wie erstaunt, und dann verwirft er wieder die Veränderung an den Dingen als eine Erscheinung der Erscheinungen. Eines Abends sang er ein Lied über seine grauen Haare; wir saßen alle um ihn her und weinten.

O! schaffen Sie es mir! rief Wilhelm aus.
Haben Sie denn aber, fragte Jarno, nichts entdeckt von dem, was er sein Verbrechen nennt, nicht die Ursache seiner sonderbaren Tracht, sein Betragen beim Brande, seine Wut gegen das Kind?
Nur durch Mutmaßungen können wir seinem Schicksale näher kommen; ihn unmittelbar zu fragen, würde gegen unsere Grundsätze sein. Da wir wohl merken, daß er katholisch erzogen ist, haben wir geglaubt, ihm durch eine Beichte Linderung zu verschaffen; aber er entfernt sich auf eine sonderbare Weise jedesmal, wenn wir ihm den Geistlichen näher zu bringen suchen. Daß ich aber Ihren Wunsch, etwas von ihm zu wissen, nicht ganz unbefriedigt lasse, will ich Ihnen wenigstens unsere Vermutungen entdecken. Er hat seine Jugend in dem geistlichen Stande zugebracht, daher scheint er sein langes Gewand und seinen Bart erhalten zu wollen. Die Freuden der Liebe blieben ihm die größte Zeit seines Lebens unbekannt. Erst spät mag eine Verirrung mit einem sehr nahe verwandten Frauenzimmer, es mag ihr Tod, der einem unglücklichen Geschöpfe das Dasein gab, sein Gehirn völlig zerrüttet haben.
Sein größter Wahn ist, daß er überall Unglück bringe und daß ihm der Tod durch einen unschuldigen Knaben bevorstehe. Erst fürchtete er sich vor Mignon, eh' er wußte, daß es ein Mädchen war; nun ängstigte ihn Felix, und da er das Leben bei alle seinem Elend unendlich liebt, scheint seine Abneigung gegen das Kind daher entstanden zu sein.
Was haben Sie denn zu seiner Besserung für Hoffnung? fragte Wilhelm.
Es geht langsam vorwärts, versetzte der Arzt, aber doch nicht zurück. Seine bestimmten Beschäftigungen treibt er fort, und wir haben ihn gewöhnt, die Zeitungen zu lesen, die er jetzt immer mit großer Begierde erwartet.
Ich bin auf seine Lieder neugierig, sagte Jarno.

Johann Wolfgang Goethe

Arbeitstherapie

Ihr Gespräch fiel natürlich auf die Methode, Wahnsinnige zu kurieren.

Außer dem Physischen, sagte der Geistliche, das uns oft unüberwindliche Schwierigkeiten in den Weg legt und worüber ich einen denkenden Arzt zu Rate ziehe, finde ich die Mittel, vom Wahnsinne zu heilen, sehr einfach. Es sind eben dieselben, wodurch man gesunde Menschen hindert, wahnsinnig zu werden. Man errege ihre Selbsttätigkeit, man gewöhne sie an Ordnung, man gebe ihnen einen Begriff, daß sie ihr Sein und Schicksal mit so vielen gemein haben, daß das außerordentliche Talent, das größte Glück und das höchste Unglück nur kleine Abweichungen von dem Gewöhnlichen sind – so wird sich kein Wahnsinn einschleichen und, wenn er da ist, nach und nach wieder verschwinden. Ich habe des alten Mannes Stunden eingeteilt, er unterrichtet einige Kinder auf der Harfe, er hilft im Garten arbeiten und ist schon viel heiterer. Er wünscht von dem Kohle zu genießen, den er pflanzt, und wünscht meinen Sohn, dem er die Harfe auf den Todesfall geschenkt hat, recht emsig zu unterrichten, damit sie der Knabe ja auch brauchen könne. Als Geistlicher suche ich ihm über seine wunderbaren Skrupel nur wenig zu sagen, aber ein tätiges Leben führt so viele Ereignisse herbei, daß er bald fühlen muß, daß jede Art von Zweifel nur durch Wirksamkeit gehoben werden kann. Ich gehe sachte zu Werke; wenn ich ihm aber noch seinen Bart und seine Kutte wegnehmen kann, so habe ich viel gewonnen: denn es bringt uns nichts näher dem Wahnsinn, als wenn wir uns vor andern auszeichnen, und nichts erhält so sehr den gemeinen Verstand, als im allgemeinen Sinne mit vielen Menschen zu leben. Wie vieles ist leider nicht in unserer Erziehung und in unsern bürgerlichen Einrichtungen, wodurch wir uns und unsre Kinder zur Tollheit vorbereiten.

Wilhelm verweilte bei diesem vernünftigen Mann einige Tage und erfuhr die interessantesten Geschichten, nicht allein von verrückten Menschen, sondern auch von solchen, die man für klug, ja für weise zu halten pflegt und deren Eigentümlichkeiten nahe an den Wahnsinn grenzen.

Johann Wolfgang Goethe

Resignation

Eine Phantasie

Auch ich war in Arkadien geboren,
auch mir hat die Natur
an meiner Wiege Freude zugeschworen,
auch ich war in Arkadien geboren,
doch Tränen gab der kurze Lenz mir nur.

Des Lebens Mai blüht einmal und nicht wieder,
mir hat er abgeblüht.
Der stille Gott — o weinet, meine Brüder —
der stille Gott taucht meine Fackel nieder,
und die Erscheinung flieht.

Da steh' ich schon auf deiner Schauerbrücke,
ehrwürdige Geistermutter — Ewigkeit!
Empfange meinen Vollmachtbrief zum Glücke,
ich bring' ihn unerbrochen dir zurücke,
mein Lauf ist aus. Ich weiß von keiner Seligkeit.

Vor deinem Thron erheb' ich meine Klage,
verhüllte Richterin.
Auf jenem Stern ging eine frohe Sage,
du thronest hier mit des Gerichtes Waage
und nennest dich Vergelterin.

Hier — spricht man — warten Schrecken auf den Bösen
und Freuden auf den Redlichen.
Des Herzens Krümmen werdest du entblößen,
der Vorsicht Rätsel werdest du mir lösen
und Rechnung halten mit dem Leidenden.

Hier öffne sich die Heimat dem Verbannten,
hier endige des Dulders Dornenbahn.
Ein Götterkind, das sie mir Wahrheit nannten,
die meisten flohen, wenige nur kannten,
hielt meines Lebens raschen Zügel an:

»Ich zahle dir in einem andern Leben,
gib deine Jugend mir!
Nichts kann ich dir als diese Weisung geben.«
Ich nahm die Weisung auf das andre Leben,
und meiner Jugend Freuden gab ich ihr.

»Gib mir das Weib, so teuer deinem Herzen,
gib deine Laura mir!
Jenseits der Gräber wuchern deine Schmerzen.«
Ich riß sie blutend aus dem wunden Herzen
und weinte laut und gab sie ihr.

»Die Schuldverschreibung lautet an die Toten«,
hohnlächelte die Welt,
»die Lügnerin, gedungen von Despoten,
hat für die Wahrheit Schatten dir geboten,
du bist nicht mehr, wenn dieser Schein verfällt.«

Frech witzelte das Schlangenheer der Spötter:
»Vor einem Wahn, den nur Verjährung weiht,
erzitterst du? Was sollen deine Götter,
des kranken Weltplans schlau erdachte Retter,
die Menschenwitz des Menschen Notdurft leiht?

Was heißt die Zukunft, die uns Gräber decken?
Die Ewigkeit, mit der du eitel prangst?
Ehrwürdig nur, weil Hüllen sie verstecken,
der Riesenschatten unsrer eignen Schrecken
im hohlen Spiegel der Gewissensangst.

Ein Lügenbild lebendiger Gestalten,
die Mumie der Zeit,
vom Balsamgeist der Hoffnung in den kalten
Behausungen des Grabes hingehalten,
das nennt dein Fieberwahn Unsterblichkeit?

Für Hoffnungen — Verwesung straft sie Lügen —
gabst du gewisse Güter hin?
Sechstausend Jahre hat der Tod geschwiegen;
kam je ein Leichnam aus der Gruft gestiegen,
der Meldung tat von der Vergelterin?«

Ich sah die Zeit nach deinen Ufern fliegen,
die blühende Natur
blieb hinter ihr, ein welker Leichnam, liegen,
kein Toter kam aus seiner Gruft gestiegen,
und fest vertraut' ich auf den Götterschwur.

All meine Freuden hab' ich dir geschlachtet,
jetzt werf' ich mich vor deinen Richterthron.
Der Menge Spott hab' ich beherzt verachtet,
nur deine Güte hab' ich groß geachtet,
Vergelterin, ich fordre meinen Lohn.

»Mit gleicher Liebe lieb' ich meine Kinder!«
Rief unsichtbar ein Genius.
»Zwei Blumen«, rief er, »— hört es, Menschenkinder —
zwei Blumen blühen für den weisen Finder,
sie heißen Hoffnung und Genuß.«

Wer dieser Blumen eine brach, begehre
die andre Schwester nicht.
Genieße, wer nicht glauben kann. Die Lehre
ist ewig, wie die Welt. Wer glauben kann, entbehre.
Die Weltgeschichte ist das Weltgericht.

Du hast gehofft, dein Lohn ist abgetragen,
dein Glaube war dein zugewognes Glück.
Du konntest deine Weisen fragen,
was man von der Minute ausgeschlagen,
gibt keine Ewigkeit zurück.

Friedrich Schiller

Hälfte des Lebens

Mit gelben Birnen hänget
Und voll mit wilden Rosen
Das Land in den See,
Ihr holden Schwäne,
Und trunken von Küssen
Tunkt ihr das Haupt
Ins heilignüchterne Wasser.

Weh mir, wo nehm ich, wenn
Es Winter ist, die Blumen, und wo
Den Sonnenschein,
Und Schatten der Erde?
Die Mauern stehn
Sprachlos und kalt, im Winde
Klirren die Fahnen.

Friedrich Hölderlin

Melancholie

Die Nachtigall klagt bang im Blütenschatten
Wie um den Liebling die verlassne Braut;
Der Abendstern blickt auf die Veilchenmatten,
Blaß, wie der Schmerz auf Sarkophage schaut;
Ein Trauerflor scheint längs dem See zu wallen;
Der Felsen Hörner bleicht ein falbes Licht,
Wie Vollmondglanz in dunkle Klosterhallen
Durch trübe Scheiben bricht.

Ihr Birkenhöhn, ihr Wiesengründe, lachtet
Einst holder mir, als Geßners Hirtenwelt!
Da glüht' am See, den Schwermut öd' umnachtet,
Der Zauberschein, so Lethes Blumen hellt.
Gebirge, Täler, Aun, ihr bleibt dieselben!
Doch dem Verirrten von der Hoffnung Spur
Wird jeder Stern zur Lamp' in Sarggewölben,
Zum Grabtal jede Flur!

Friedrich von Matthisson

Der Himmel war umzogen,

Der Himmel war umzogen,
Es war so trüb und schwül,
heiß kam der Wind geflogen,
Und trieb sein seltsam Spiel.

Ich schlich in tiefem Sinnen,
Von stillem Gram verzehrt. –
Was soll ich nun beginnen?
Mein Wunsch blieb unerhört.

Wenn Menschen könnten leben
Wie kleine Vögelein,
So wollt ich zu ihr schweben
Und fröhlich mit ihr sein.

Wär hier nichts mehr zu finden,
Wär Feld und Staude leer,
So flögen gleich den Winden
Wir übers dunkle Meer.

Wir blieben bei dem Lenze
Und von dem Winter weit,
Wir hätten Frücht' und Kränze,
Und immer gute Zeit.

Die Myrte sproßt im Tritte
Der Wohlfahrt leicht hervor,
Doch um des Elends Hütte
Schießt Unkraut nur empor.

Novalis

Elegie beim Grabe eines Jünglings

Heimgegangen bist du, Jüngling, rinne
Sehnsuchtsträne auf den Aschenkrug;
Halbbetäubt noch steh ich hier und sinne,
Ob es wahr sei oder Traumbetrug.
Kaum vor einem Sonnenschritte
Standst du, froh, mit blühendem Gesicht
Hier in deiner Lieben Mitte,
Und nun kam ich, ach! und fand dich nicht.

Fand statt biedern Händedrucks und Kusses
Einen Totenkranz und Aschenkrug,
Sah die Blüte jeglichen Genusses
Hingewelkt, gehemmt des Adlers Flug
Durch der Vorzeit lichte Haine —
Um mich sproßte düstrer Bilder Kranz;
Bei des Grabelämpchens Scheine
Sah ich nur der Todesengel Tanz.

Novalis

Der Gram

So kurz das Leben ist, so sehr mein Herz erschrickt
Vor seinem kühnen Unterfangen
Und still steht vorm Gedanken, daß die bangen
Akzente seines Grams bis zu ihr selbst gelangen,
Des Grams, den ich so gern verschwieg,
Der nie zur Sprache sich verstieg, –
Doch jetzt, ach jetzt, wer kann ihm widerstehen,
Dem Wunsch, sich wenigstens von ihr bedauert zu sehen –
Von euch, ihr himmelvollen Augen, deren Licht
Mir Witz und Sprache leiht, die meinem Schmerz gefehlet
Und jeden Mund, der von euch spricht,
Mit göttlicher Beredsamkeit beseelet.

Jakob Michael Lenz

Auf einem einsamen Spaziergang
der
Durchlauchtigsten Herzogin Louise
unter Bäumen
nach dem tödlichen Hintritt der Großfürstin von Rußland.

Darf eine fremde Hand gedämpfte Saiten schlagen
hier wo dein hoher Schmerz die Gegend schweigen macht —
Prinzessin! oft hat toter Bäume Klagen
In wunde Herzen Trost gebracht.

Darf ich es nennen, was in seufzenden Alleen
heut ahndungsvoll vielleicht durch deine Seele rann:
Daß selber Blüt' und Laub und was wir Göttlich's sehen
In der Natur, durch nichts als innern Schmerz entstehen
Und nicht einmal es sagen kann.

Jakob Michael Lenz

Verzweiflung

Verzweifeln und an etwas verzweifeln, sind nach dem Sprachgebrauche, zwei verschiedne Dinge. Unter letzterem versteht man eine Aufgebung irgend einer Hoffnung, daß etwas unsern Wünschen gemäß geschehen werde. Dasjenige, an dessen Erfolg wir verzweifeln, muß immer etwas sein, das uns angenehm ist, das unsern Zustand, unserer Meinung nach, verbessert, und eben darum muß die Überzeugung, daß unser Wunsch nach dem Besitz dieses Guts nicht in Erfüllung gehen werde, eine unangenehme Empfindung in uns hervorbringen; aber diese Empfindung ist doch nicht so heftig, daß sie in eine Leidenschaft ausartet. Verzweiflung hingegen setzt ein großes Unglück, das uns betroffen hat, voraus, ein Unglück, von welchem wir lebhaft überzeugt sind, daß es den Verlust unserer Ehre, unsers Vermögens, unserer ganzen zeitlichen und gar ewigen Glückseligkeit, unserer Gesundheit, unsers Lebens, nach sich ziehen werde, und mit dieser lebendigen Überzeugung muß die Aufgebung aller Hoffnung, uns je wieder in unsern vorigen glücklichen Zustand zu versetzen, und jenes höchst unglückliche Schicksal von uns abzuwenden, verbunden sein. Es kann hier immer das Unglück an sich so groß nicht sein, als wir uns einbilden; es ist schon genug, wenn sich der Mensch das Unglück, das ihn betroffen hat, nur so groß vorstellt, und seine Rettung daraus für unmöglich hält. Es ist auch nicht notwendig, daß ein so höchst unglückliches Los unsere eigene Person treffe; auch das traurige Schicksal unserer Angehörigen, unserer Eltern, Gatten, Kinder, Freunde und Wohltäter macht uns trostlos und verzweifelnd; und die Verzweiflung erreicht den höchsten Gipfel, wenn wir uns oder die Unsrigen sich dieses unwiderrufliche Schicksal durch eigene Schuld und Verbrechen zugezogen haben; ist es hingegen durch Ungefähr, unvorhergesehenen Zufall, ohne unsere Schuld, erzeugt worden, ist es die notwendige Folge eines unwiderruflichen, unüberwindlichen Naturgesetzes, so wirkt auch die Verzweiflung so mächtig nicht, und ist auch nicht von so anhaltender Dauer.

Die Wirkung, welche die Wahrnehmung eines so höchst unglücklichen Zustandes auf unsern Geist, und durch diesen auf unser Blut macht, ist jene Angst und Bangigkeit des Herzens, die durch die Anhäufung des Bluts in diesem Muskel, wodurch derselbe gewaltsam und übernatürlich ausgedehnt wird, entsteht. Diese Wahrnehmung, die plötzlich erfolgt, gleicht einem Schlage, der alle Geister aus den äußern Gefäßen nach dem Herzen zurücktreibt, die das Blut mit sich fortreissen, das dann, da es wegen seiner Übermaß leicht hindurch zu strömen verhindert wird, die Gefäße desselben ausdehnt, und stockend wird. Zu dieser großen Herzensangst gesellet sich alsbald eine Unordnung und Verwirrung der Lebensgeister, wenn wir, indem wir uns nach Hilfe und Rettung aus diesem Unglück umsehen, auf den ersten Blick gewahr werden, daß eine Rückkehr in unsern vorigen Zustand, eine Vermeidung und Abwendung des Übels unmöglich sei. Jene Angst und tiefe Geistesverwirrung hemmen den gewohnten Gang unserer Maschine, und lähmen unsere Denkkraft; mitten unter der gewaltigen Marter, die unser Herz zerreißt, stehen wir betäubt und sinnlos, und selbst diese Marter verwandelt sich durch langes Anhalten zuweilen in eine Art von Unempfindlichkeit und Erstarrung, in der jener Schmerz verschwunden zu sein scheint, aber bald mit verdoppelten Kräften zurückkommt. Aus diesem innern Zustande lassen sich die Kennzeichen desselben auf der Oberfläche und sein ganzer äußerer Ausdruck leicht bestimmen. Die Oberfläche ist geist- und blutlos, die Muskeln all ihrer Spannkraft beraubt, denn Geist und Blut sind nach dem Herzen zurückgetreten; Körper und Gliedmaßen sind kraftlos und hängend, an Armen und Füßen scheinen zentnerschwere Lasten zu hängen, die sie zur Erde ziehen, es sind tote schwere, von ihrem flüchtigen Wesen verlassene Massen; so auch das Haupt, das auf die Brust herabgesenkt ist, und sich nur dann und wann langsam erhebt, um die erstorbenen Augen mit einem Blicke voll Sehnsucht nach Hilfe umzuwenden. Die innere Marter des Herzens wird zuweilen so groß, daß der leidende Mensch seine äußerste Kraft anstrengt, um sie zu überwältigen, er preßt die Hände zusammen, ringt und windet sie, und stöhnt und seufzt. Sein Gesicht ist bleich, voll Kummer und Verwirrung, die Muskeln desselben erschlafft, und die aufgerissenen starren Augen auf einen Punkt geheftet; sein ganzes Ansehn, alle seine konvulsivischen Bewegungen zeugen von der innern Unordnung und Verwirrung seines Geistes. So zeigt sich Verzweiflung in der Unterdrückung stiller und gelassen duldender Naturen. Sie zeigt sich aber auch oft in lautern und ungestümern Ausbrüchen, und nimmt die Gestalt des Wahnsinns und der Raserei an. Dann ist der Mensch ganz aus aller Fassung, der verwirrte, umherschwärmende Geist zerreißt ihm die Gedanken seiner denkenden Seele, und sie schwärmen im wilden Wirrwarr umher; eine Furie scheint in seinem Innern zu toben, und ihn in Wildheit fortzureißen. Sein ganzer Anblick und Blick ist wild und verwirrt, seine Wangen bleich und eingefallen; sein Atem geht schnell und schnaubend, seine Haare sträuben sich wild empor, die Muskeln seines Gesichts und seiner Arme und Hände sind in gewaltsamer Anstrengung, er scheint alle Kräfte in sich zusammen zu raffen, und seine innere nagende Qual, seine eigne Natur zu überwinden, und sich den Gesetzen der Natur und den Menschen, bei welchen alle Hilfe unmöglich ist, entgegen zu stellen; er schlägt seine Hände über dem Haupte zusammen, preßt Lippen und Zähne zusammen, richtet sein Haupt zum Himmel empor, die Augen blitzen von einem wilden Feuer; seine Marter und Verwirrung bricht bald in Seufzer, bald in Ächzen, Stöhnen und tobende Klagen, bald in wilde ungestüme Verwünschungen aus; er wankt und irrt umher, und sieht sich, wohin er eilt, von Furien verfolgt. So gewaltsame übermäßige Anstrengungen ist der Mensch nicht fähig lange auszuhalten, und er versinkt bald in die seinem traurigen Zustande angemessnere Schwachheit, Schwermut und Ohnmacht; auch sind seine Augen seicht und fließen nicht in Tränen über, bis der erste heftige Anfall vorüber ist, das Blut allmählich mit der heilenden Zeit sich wieder besänftiget, die Geister sich wieder sammlen, und der Zustand der Verzweiflung sich in Wehmut verkehrt.

Ein schweres Unglück, das sich der Mensch durch einen schnellen Ausbruch tobender Leidenschaft zuzieht, kann ihn in Verzweiflung setzen, wenn die Tat vollbracht ist. Wer sich aber eine schändliche Tat mit langer Überlegung zu Schulden kommen läßt, wenn die erste Hitze der Leidenschaft schon verraucht ist, wer es darauf anlegt, eine solche Tat zu vollbringen, sie möge für ihn ausschlagen wie sie wolle, den ergreift die Verzweiflung, nach vollbrachter Tat, und wenn nun die Folgen derselben über ihn hereinbrechen, nicht; denn seine Reue darüber kann so innig nicht sein, als bei dem, der sie aus blinder Leidenschaft beging, und die Folgen sind ihm nicht so befremdend und auffallend, da er sie bei seiner langen kalten Überlegung voraus sah. Er ist jetzt nur der Angst ausgesetzt, womit ihn die Betrachtung der rächenden Folgen, die seiner warten, martert. Jener, der aus Übereilung und blinder tobender Leidenschaft eine höchst strafbare Tat beging, empfindet nicht nur diese Qual, sondern sie wird auch für ihn weit peinlicher, indem sich ihm alle diese Folgen nun nach begangener Tat, mit einemmal, mit einem unvermuteten Schlage vor das Gesicht stellen, da nun die Decke der Leidenschaft vor seinen Augen weggerissen ist, und er nun mit einem Blick vor sich die schreckenvolle Zukunft, und hinter sich einen verlassenen ruhigen und zufriednen Zustand sieht, nach welchem er sich jetzt mit inniger tiefster Reue vergebens zurück sehnt.

Bei einem Unglück, das ohne unser Wissen und Willen, plötzlich über uns ausbricht, eine in unserm Haus entstandene Feuersbrunst, ein Zufall, der einem der Unsrigen das Leben raubte, ist der Schrecken der erste Eindruck, der in unserm Innern vorgeht, und er verwandelt sich erst in Verzweiflung, wenn wir sehen – ein Akt der plötzlich erfolgt

— daß der Verlust, den wir in diesem Augenblicke erlitten haben, uns höchst elend macht, für uns unersetzlich ist, und uns kein Mittel zur Wiederersetzung möglich scheint. Bei solchen Szenen menschlichen Elends, besonders solchen, wo Sterbliche mit Flut oder Feuer für ihr Leben ringen, sieht man, wie hoch der Ausdruck der Verzweiflung steigt, und man kann sagen, daß Verzweiflung ein fortdauerndes Schrecken in seinem höchsten Grade sei. Denn der Schrecken verschwindet bald und legt sich wieder, sobald man sieht, daß keine Gefahr für uns zu befürchten, oder die Gefahr vorüber ist; der Mensch erholt sich wieder. Wenn wir aber über eine eingebrochene Gefahr erschrocken sind, und diese Gefahr dauert fort, hat uns ergriffen, und läßt nicht von uns ab, und die Zukunft stellt sich uns nun mit allen Schrecknissen dar, die die Einbildungskraft und ein Blick auf unsern Zustand, uns vor unsere betäubten Sinne führt, dann bleibt und erhebt sich das Schrecken und verdoppelt seinen Angriff, und erhält sich in Dauer; der Schrecken wandelt in Verzweiflung über.

Ewald Schack

Von der Hypochondrie

Die Schwäche, sich seinen krankhaften Gefühlen überhaupt, ohne ein bestimmtes Objekt, mutlos zu überlassen (mithin ohne den Versuch zu machen, über sie durch die Vernunft Meister zu werden), – die *Grillenkrankheit* (hypochondria vaga), welche gar keinen bestimmten Sitz im Körper hat und ein Geschöpf der Einbildungskraft ist und daher auch die *dichtende* heißen könnte – wo der Patient alle Krankheiten, von denen er in Büchern liest, an sich zu bemerken glaubt, ist das gerade Widerspiel jenes Vermögens des Gemüts über seine krankhaften Gefühle Meister zu sein, nämlich Verzagtheit, über Übel, welche Menschen zustoßen könnten, zu brüten, ohne, wenn sie kämen, ihnen widerstehen zu *können;* eine Art von Wahnsinn, welchem freilich wohl irgend ein Krankheitsstoff (Blähung oder Verstopfung) zum Grunde liegen mag, der aber nicht unmittelbar, wie er den Sinn affiziert, gefühlt, sondern als bevorstehendes Übel von der dichtenden Einbildungskraft vorgespiegelt wird; wo dann der Selbstquäler (heautontimorumenos), statt sich selbst zu ermannen, vergeblich die Hilfe des Arztes aufruft: weil nur er selbst durch die Diätetik seines Gedankenspiels belästigende Vorstellungen, die sich unwillkürlich einfinden, und zwar von Übeln, wider die sich doch nichts veranstalten ließe, wenn sie sich wirklich einstellten, aufheben kann. – Von dem, der mit dieser Krankheit behaftet, und so lange er es ist, kann man nicht verlangen, er solle seiner krankhaften Gefühle durch den bloßen Vorsatz Meister werden. Denn wenn er dieses könnte, so wäre er nicht hypochondrisch. Ein vernünftiger Mensch *statuiert* keine solche Hypochondrie: sondern wenn ihn Beängstigungen anwandeln, die in Grillen, d.i. selbst ausgedachte Übel, ausschlagen wollen, so fragt er sich, ob ein Objekt derselben da sei. Findet er keines, welches gegründete Ursache zu dieser Beängstigung abgeben kann, oder sieht er ein, daß, wenn auch gleich ein solches wirklich wäre, doch dabei nichts zu tun möglich sei, um seine Wirkung abzuwenden, so geht er mit diesem Anspruche seines inneren Gefühls zur Tagesordnung, d.i. er läßt seine Beklommenheit (welche alsdann bloß topisch ist) an ihrer Stelle liegen (als ob sie ihn nichts anginge) und richtet seine Aufmerksamkeit auf die Geschäfte, mit denen er zu tun hat.

Ich habe wegen meiner flachen und engen Brust, die für die Bewegung des Herzens und der Lunge wenig Spielraum läßt, eine natürliche Anlage zur Hypochondrie, welche in früheren Jahren bis an den Überdruß des Lebens grenzte. Aber die Überlegung, daß die Ursache dieser Herzbeklemmung vielleicht bloß mechanisch und nicht zu heben sei, brachte es bald dahin, daß ich mich an sie gar nicht kehrte, und während dessen, daß ich mich in der Brust beklommen fühlte, im Kopf doch Ruhe und Heiterkeit herrschte, die sich auch in der Gesellschaft nicht nach abwechselnden Launen (wie Hypochondrische pflegen), sondern absichtlich und natürlich mitzuteilen nicht ermangelte. Und da man des Lebens mehr froh wird durch das, was man im freien Gebrauch desselben tut, als was man *genießt*, so können Geistesarbeiten eine andere Art von befördertem Lebensgefühl den Hemmungen entgegen setzen, welche bloß den Körper angehen. Die Beklemmung ist mir geblieben; denn ihre Ursache liegt in meinem körperlichen Bau. Aber über ihren Einfluß auf meine Gedanken und Handlungen bin ich Meister geworden durch Abkehrung der Aufmerksamkeit von diesem Gefühle, als ob es mich gar nicht anginge.

Immanuel Kant

Melancholey redet selber

Ich, Mutter schweren Bluts, ich faule Last der Erden,
Will sagen, was ich bin und was durch mich kann werden.
Ich bin die schwarze Gall, 'nechst im Latein gehört,
Im Deutschen aber nun, und keines doch gehört.
Ich kann durch Wahnwitz fast so gute Verse schreiben,
Als einer, der sich läßt den weisen Phöbus treiben,
Den Vater aller Kunst. Ich fürchte nur allein,
Es möchte bei der Welt der Argwohn von mir sein,
Als ob vom Höllengeist ich etwas wollt ergründen,
Sonst könnt ich vor der Zeit, was noch nicht ist, verkünden,
Indessen bleib ich stets doch keine Poetin,
Besinge meinen Fall und was ich selber bin.
Und diesen Ruhm hat mir mein edles Blut geleget
Und himmlischer Geist, wann der sich in mir reget,
Entzünd ich als ein Gott die Herzen schleunig an,
Da gehn sie außer sich und suchen eine Bahn,
Die mehr als weltlich ist. Hat jemand was gesehen
Von der Sibyllen Hand, so ist's durch mich geschehen,
Von mir kommt's her, daß oft ein schuldenreiner Geist
Ein Hexer bei der Welt und Teufelsbanner heißt.
Wann nemlich meine Kraft, so hohe Sachen liebet,
Ihm auch, was göttlich ist, in Kopf und Feder giebet.
Wer war der Chalchas doch? wer war die kluge Magd –
Ich meine, Mantho, dich –, die beide weisgesagt?
Ein Par voll schwarzer Gall ...
... Mir, mir ists oft gelungen,
Daß freier Helden Mut durch meine Kraft bezwungen
Und schier gedämpfet ist. Durch meine Wundermacht
Ist manch so junges Blut von aller Lust gebracht,
Wie fröhlich es auch sprang. Furcht, Bleichsein, Leid und Klagen,
Dies sind die Wirkungen, davon ich weiß zu sagen.
Das Leben wird durch mich den Menschen selber leid,
Sie leben und sind tot, zum Henker wird die Zeit,

Das Grab ist bester Trost. Ich weine, wann zu lachen,
Ich traure, wann ich soll mir Lust und Freude machen.
Es treugt mich, was ich seh, und bild es mir doch ein,
Der Tag bedünkt mich Nacht, und Nacht der Tag zu sein.
Wem ich noch unbekannt, der kennt mich von Geberden,
Ich wende fort und für mein Augen hin zur Erden,
Weil von der Erden ich zuvor entsprossen bin,
So seh ich nirgends mehr, als auf die Mutter hin.
Ich finde nirgends Ruh, muß selber mit mir zanken,
Ich sitz, ich lieg, ich steh, ist alles in Gedanken,
Bin Amme meiner Pein. Bald bin ich ganz erblaßt
Und mein, es falle schon die schwere Himmelslast,
Der Atlas sei ermüdt. Bald bin ich unter Schlangen,
Bald haben Kröten sich an meinen Leib gehangen,
Bald hat ein Berg, ein Wall, ein Turm den Leib bedeckt,
Bald hat ein Henker mich bis auf den Tod geschreckt,
Weil er den Tod gedräut, bald denk ich an die Sünden
Und denn so muß ich Angst, o Zentnerangst, empfinden,
Wann je der große Gott mit Donner auf mich schlägt,
So mein ich, daß er auch zu mir mein Herze trägt.
Kann auch der Pluto fast mehr Plagen um sich führen?
Kann auch mehr Schmerz und Angst das Höllenheer
berühren?
Dann ich zweiköpfig bin, dreileibig, lahm und blind,
Ich, Her, ich raube mir, und was man Schändlichs findt,
Das bin in Wahrheit ich. Ich mache selbst mir Plage,
Ich bin mein eigner Feind, ich faste ganze Tage,
Bin selber mir genug, nach andern frag ich nicht,
Was der und jener auch von meiner Weise spricht.
So hat mein Timon auch das Griechenvolk gemieden,
Ich lebe zum Verdruß, bin nicht mit mir zufrieden,
Bin traurig, rauh und hart, der Leute Mär und Hohn,
Ich mache, was ich will, so krieg ich Spott zu Lohn,
Beklag ich, daß ich sei am Galgen aufgehenket,
Bewein ich meine Not, ich sei im Meer ertränket,
Beschwer ich, als mich dünkt, ich sei ein Topf, ein Hahn,

Ein Henne, Glas, ja, tot, so komm ich übel an.
Und werde bloß verlacht. Und dieses ist mein Leben,
Wo Elend Leben heißt. Heut will ich zwar mich geben
In eines Freundes Lust, ach Morgen, ach, o Leid,
Da tret ich wiederum in alte Traurigkeit.

Andreas Tscherning

Menschliches Elende

Was sind wir Menschen doch! Ein Wohnhaus grimmer
                                                   [Schmerzen.
Ein Ball des falschen Glücks, ein Irrlicht dieser Zeit,
Ein Schauplatz herber Angst, besetzt mit scharfem Leid,
Ein bald verschmelzter Schnee und abgebrannte Kerzen.

Dies Leben fleucht davon wie ein Geschwätz und
                                                   [Scherzen.
Die vor uns abgelegt des schwachen Leibes Kleid
Und in das Totenbuch der großen Sterblichkeit
Längst eingeschrieben sind, sind uns aus Sinn und
Herzen.

Gleich wie ein eitel Traum leicht aus der Acht hinfällt
Und wie ein Strom verscheußt, den keine Macht aufhält,
So muß auch unser Nam, Lob, Ehr und Ruhm
                                                   [verschwinden.

Was itzund Atem holt, muß mit der Luft entfliehn,
Was nach uns kommen wird, wird uns ins Grab
                                                 [nachziehn.
Was sag ich? Wir vergehn, wie Rauch von starken
                                                   [Winden.

Andreas Gryphius

Bibliografische Hinweise

Wer es nicht unterlassen kann, sich mit unserem Thema wissenschaftlich zu beschäftigen, findet nachfolgend eine Übersicht über einige ihm dann wohl wichtige, meist deutschsprachige Veröffentlichungen:

Bandmann, Günter: Melancholie und Musik, Köln/Opladen 1960.

Bauer, Johann: Die Wehmut des romantischen Menschen, Dissertation, Freiburg 1953.

Bieber, Gustav A.: Der Melancholikertypus Shakespeares und sein Ursprung, Heidelberg 1913.

Bienengräber, A.: Schmerz und Weltschmerz. Sammlung von Vorträgen für das deutsche Volk, Heidelberg 1880.

Binswanger, Ludwig: Melancholie und Manie. Phänomenologische Studien, Pfullingen 1960.

Biran, Sigmund: Melancholie und Todestriebe. Dynamische Psychologie der Melancholie, München/Basel 1961.

Braun, Wilhelm Alfred: Types of Weltschmerz in German poetry, New York 1905, Reprint New York 1966.

Breitinger, H.: Neues über den alten Weltschmerz, in: Studien und Wandertage, Frauenfeld 1890.

Bucher, Richard: Depression und Melancholie, Bern 1977.

Burton, Robert: The Anatomy of Melancholy, London 1676. Deutsche Ausgaben:
Anatomie der Melancholie. Über die Allgegenwart der Schwermut, ihre Ursachen und Symptome sowie die Kunst, es mit ihr auszuhalten. Nachwort und Übersetzung a.d. Engl. von Ulrich Horstmann. München 1988.
Die Anatomie der Melancholie. Ihr Wesen und Wirken, ihre Herkunft und Heilung philosophisch, medizinisch, historisch offengelegt und seziert. Vorwort und Übersetzung a.d. Engl. von Werner von Koppenfels. Mainz 1988.

Burger, Heinz Otto: Die Geschichte der unvergnügten Seele. Ein Entwurf. Rektoratsrede. Erlangen 4.11.1959, Erlangen 1961.

Diels, Hermann: Der antike Pessimismus, in: Schule und Leben, Schriften zu den Bildungs- und Kulturfragen der Gegenwart, Berlin 1921.

Ewald, J.H.: Über das menschliche Herz, 3 Teile, Frankfurt 1789.

Fawcett, Benjamin: Über Melankolie, ihre Beschaffenheit, Ursachen u. Heilung, Leipzig 1785.

Fischer-Homberger, Esther: Hypochondrie, Melancholie bis Neurose, Berlin 1970.

Flashar, Hellmut: Melancholie und Melancholiker in den medizinischen Theorien der Antike, Berlin 1966.

Freud, Sigmund. Trauer und Melancholie, in: Gesammelte Werke, Bd. 10, London 1946.

Giehlow, Carl: Dürers Stich »Melencolia I« und der maximilianische Humanistenkreis, in: Mitteilungen der Gesellschaft für vervielfältigende Kunst, Nr. 2, Wien 1903.

Goldschmidt, Kurt Walter: Der Wert des Lebens. Optimismus und Pessimismus in der modernen Literatur und Philosophie, Berlin 1908.

Gothein, Marie: Die Todsünden, in: Archiv für Religionswissenschaft, Bd.10, H.l. Leipzig 1907.

Guardini, Romano: Vom Sinn der Schwermut, Zürich 1949.

Hartmann, Eduard von: Zur Begründung und Geschichte des Pessimismus, Leipzig 1892.

Häußler, Gustav: Schopenhauers und Nietzsches Pessimismus, Halle 1910.

Hof, Walter: Der Weg zum heroischen Realismus. Pessimismus und Nihilismus i.d. deutschen Literatur v. Hamerling bis Benn, Bebenhausen 1974.

Huber, Johannes: Der Pessimismus, München 1876.

Holzer, Erika: Das Bild Englands in der deutschen Romantik, Dissertation, Bern 1951.

Kahn, Charlotte: Die Melancholie in der deutschen Lyrik des 18. Jahrhunderts, Heidelberg 1932.

Kassner, Rudolf: Melancholia. Eine Trilogie des Geistes, Erlenbach-Zeh 1953.

Klibansky, Raymond/Panofsky, Erwin/Saxl, Fritz: Saturn and Melancholy. Studies in the History of Natural Philosophy, Religion and Art, London 1964.

Kofman, Sarah: Melancholie der Kunst, Köln 1988.

Kowalewski, Arnold: Die Psychologie des Pessimismus, Wiesbaden 1904.

Küfner, Hans K.: Der Mißvergnügte in der Literatur der deutschen Aufklärung 1688 - 1759, Dissertation, Würzburg 1960.

Küssner, Gustav: Kritik des Pessimismus. Versuch einer Theodizee. Halle/Saale 1888.

Lavater-Sloman, Mary: Einsamkeit und Leidenschaft. Das Leben der Annette von Droste-Hülshoff, Zürich-München 1976/München 1981.

Lepenies, Wolf: Melancholie und Gesellschaft, Frankfurt 1972.

Marcuse, Ludwig: Unverlorene Illusionen. Pessimismus, ein Stadium der Reife. München 1965.

Maduschka, Leo: Das Problem der Einsamkeit im 18. Jahrhundert, Weimar 1933.

Mattenklott, Gert: Melancholie in der Dramatik des Sturm und Drang, Stuttgart 1968. Neuauflage 1987.

Mattenklott, Gert: August von Platen – ein Melancholiker, in: August von Platen: Memorandum meines Lebens. Herausgegeben von Gert Mattenklott und Hansgeorg Schmidt-Bergmann, Frankfurt 1988.

Mehnert, Henning: Melancholie und Inspiration, Heidelberg 1978.

Müri, Walter: Melancholie und schwarze Galle, in: Museum Helveticum, Vol.10, Fasc.l, Zürich 1953.

Obermüller, Klara: Studien zur Melancholie in der deutschen Lyrik des Barock, Bonn 1974.

Oeschger, Johannes (Hrsg.): Melancholie. Texte, zusammengestellt von J. Oeschger. Geleitwort Jakob Wyrsch, Privatdruck, Basel 1965.

Panofsky, Erwin/Saxl, Fritz: Dürers Melencolia I. Eine quellen- und typengeschichtliche Untersuchung, Leipzig/Berlin 1923.

Plümacher, Olga: Der Pessimismus in Vergangenheit und Gegenwart, Heidelberg 1884.

Popov, Stephan: Am Ende aller Illusionen. Der europäische Kulturpessimismus. Köln 1982.

Rehm, Walther: Der Todesgedanke in der deutschen Dichtung vom Mittelalter bis zur Romantik, Halle 1928.

Rehm, Walther: Gontscharow und Jacobsen oder Langeweile und Schwermut, Göttingen 1963.

Reuter, Eva: Die Schwermut als eine Grundstimmung der modernen Dichtung in den Werken von Rainer Maria Rilke, Georg Trakl und Hugo von Hofmannsthal, Dissertation, Innsbruck 1949.

Rintelen, Fritz Joachim: Pessimistische Religionsphilosophie der Gegenwart, München 1924.

Rose, William: Die Anfänge des Weltschmerzes in der deutschen Literatur, in: Germ.-Roman. Monatsschrift, Jahrgang 1924.

Salinger, R.: Der Weltschmerz in der Poesie, in: Monatsschrift für neue Literatur und Kunst, Jahrgang 1897.

Schalk, Fritz: Diderots Artikel »Mélancolie«, in: Zeitschrift für französische Sprache und Literatur, 66, 1956.

Schings, Hans J.: Melancholie und Aufklärung, Stuttgart 1977.

Schmitt, Franz Anselm: Stoff- und Motivgeschichte der deutschen Literatur, 3. Aufl. Berlin/New York 1976.

Schmitz, Heinz-Günter: Phantasie und Melancholie. Barocke Dichtung im Dienste der Diätetik, in: Medizinhistorisches Journal, 4, 1969.

Schulte, Walter/Mende, Werner (Hrsg.): Melancholie in Forschung, Klinik und Behandlung, Stuttgart 1969.

Sommer, Hugo: Der Pessimismus und die Sittenlehre, Berlin 1883.

Sena, John F.: A bibliography of melancholy 1660 - 1800, London 1970.

Starobinski, Jean: Geschichte der Melancholiebehandlung von den Anfängen bis 1900, Basel 1960.

Staiger, Emil: Schellings Schwermut, in: Die Kunst der Interpretation. Studien zur deutschen Literaturgeschichte, 2. Aufl. Zürich 1957.

Tellenbach, Hubert: Die Räumlichkeit der Melancholischen, in: Der Nervenarzt, 27, 1956.

Tellenbach, Hubert: Zum Verständnis von Bewegungsweisen Melancholischer, in: Der Nervenarzt, 28, 1957.

Tellenbach, Hubert: Gestalten der Melancholie, in: Jahrbuch für Psychologie, Psychotherapie und medizinische Anthropologie, 7.Jg., Freiburg/München 1959.

Tellenbach, Hubert: Melancholie, Berlin/Göttingen/Heidelberg 1961.

Tieghem, P.v.: La Poésie de la Nuit et des Tombeaux en Europe en XVIIIe siècle. Bruxelles 1921.

Vaihinger, Hans: Pessimismus und Optimismus vom Kantschen Standpunkt aus, Berlin 1924.

Viedebrantt, H.: Optimismus und Pessimismus. Zwei gefährliche moralische Krankheiten und ihre Heilung, Bonn 1888.

Völker, Ludwig: Muse Melancholie – Therapeutikum Poesie, München 1978.

Völker, Ludwig (Hrsg.): »Komm, heilige Melancholie«. Eine Anthologie deutscher Melancholie-Gedichte, Stuttgart 1984.

Wahlmüller, Franz: Der Kulturpessimismus in der deutschen Dichtung von 1912 - 1932, Dissertation, Wien 1939.

Watanabe-O'Kelly, Helen: Melancholie und die melancholische Landschaft, München 1978.

Weidel, Karl: Pessimismus und Religion, Magdeburg 1909.

Weygoldt, G.P.: Kritik des philosophischen Pessimismus der neuesten Zeit; Leyden 1875.

Winterstein, A.: Dürers »Melancholie«, Wien 1929.

Zyro, Ferd. Friedrich: Wissenschaftlich-praktische Beurteilung des Selbstmords nach allen seinen Beziehungen, als Lebensspiegel für unsere Zeit, Bern/Chur/Leipzig 1837.

Die Autoren/ Quellenangaben

Alexander, Elisabeth (S. 72 ff.)
* 1932. »Lebensabend«, »Spanien«, »Zum Totensonntag« und »Allerseelen«: alle Beiträge sind Originalbeiträge.
Seit 1970 freie Schriftstellerin. Lese-Tourneen in der BRD, im europäischen Ausland, sowie in den USA und Kanada. Visiting Writer der Texas Tech University. Zuletzt erschienen: *Ich hänge mich ans schwarze Brett*, Gedichte, Merlin Verlag, Gifkendorf 1981; *Damengeschichten*, 1987; *Sie hätte ihre Kinder töten sollen*, Roman, 2. Aufl. 1988; *Die törichte Jungfrau*, Roman, 2. Aufl. 1988; *Im Korridor geht der Mond*, Gedichte, 2. Aufl. 1989; alle éditions trèves, Trier.

Bachmann, Ingeborg (S. 214)
1926 – 1973. »Dunkles zu sagen« aus: Ingeborg Bachmann, Werke in vier Bänden, Band I: *Gedichte, Hörspiele, Übersetzungen, Libretti*, R. Piper und Co. Verlag, München 1978.

Bächler, Wolfgang (S. 112 ff.)
*1925. »Kirschkerne« und »Im Uhrwerk« aus: Wolfgang Bächler, *Nachtleben*, S. Fischer Verlag GmbH, Frankfurt/M. 1982.
1925 in Augsburg geboren, lebte von 1956 bis 1966 in Frankreich, seit 1967 in München, studierte Germanistik, Romanistik, Geschichte und Theaterwissenschaft. Gründungsmitglied der »Gruppe 47«; VS, PEN. Kulturjournalist, vorübergehend auch Lektor und Schauspieler in mehreren Filmen. Publikationen u.a.: *Türen aus Rauch*, Insel Verlag 1963; *Traumprotokolle*, Hanser Verlag, München 1972; *Nachtleben* und *Im Schlaf/ Traumprosa*, beide S. Fischer Verlag GmbH, Frankfurt/M. 1982 bzw. 1988.

Becher, Johannes R. (S. 217)
1891 – 1958. »Melancholie« aus: Johannes R. Becher, *Gesammelte Werke*, Band 5, Aufbau Verlag Berlin und Weimar 1966.

Benn, Gottfried (S. 224 ff.)
1886 – 1956. »Melancholie« aus: Gottfried Benn, Sämtliche Werke. Stuttgarter Ausgabe, Band I: *Gedichte 1*, Klett-Cotta, Stuttgart 1986.

Bergengruen, Werner (S. 222)
1892 – 1964. »Abendschwermut« aus: Werner Bergengruen, *Die Heile Welt*, © Verlags-AG Die Arche, Zürich 1950.

Berkes, Ulrich (S. 175)
*1936. »Strandstück«: Originalbeitrag.
In Halle/Saale geboren. Hilfsarbeiter, Lehrer, Dreher, Gütekontrolleur. 1967 – 70 Studium am Institut für Literatur »Johannes R. Becher« in Leipzig. Seitdem freischaffender Schriftsteller, lebt in Berlin. Zuletzt erschienen: *Eine schlimme Liebe*, Tagebuch, 1987.

Berger, Roland
*1942. Frontispiz: Allegorie zu Dürers »Melancholie«.
In Weinböhla geboren, lebt in Berlin/DDR. 1972 Diplom als Maler und Graphiker an der Kunsthochschule Berlin, 1976 Promotion. Zahlreiche Ausstellungen und Beteiligungen in der DDR, UdSSR, Brasilien, Polen, Italien, Japan u.v.a. Ländern. Mitarbeit bei Graphikeditionen und Zeitschriften. Professur an der Humboldt-Universität Berlin.

Binding, Rudolf G. (S. 239)
1867 – 1938. »Trauer« aus: Rudolf G. Binding, *Gesàmmelte Werke*, Band 1, Dulk Verlag, Hamburg 1954. © C. Bertelsmann Verlag München.

Block, Detlev (S. 170 ff.)
*1934. »Weihnachtsoratorium« und »Ende vierzig« aus: Detlev Block, *Hinterland*, Gesammelte Gedichte, Quell Verlag, Stuttgart 1985.
Geboren in Hannover, lebt als Pfarrer und Schriftsteller in Bad Pyrmont. Publikationen u.a.: *Anhaltspunkte*, Gedichte, Delph'sche Verlagsbuchhandlung München, 2. Aufl. 1983; *In deinen Schutz genommen* – Geistliche Lieder, Vandenhoeck und Ruprecht, Göttingen, 3. Aufl. 1984; *Wann ist unser Mund voll Lachen?*, Biblische Gesänge für die Gemeinde, Quell-Verlag, Stuttgart 1986.

Böhme, Thomas (S. 81 ff.)
*1955. »die verleugnung von winkelmann«: Originalbeitrag.
»vom lebensrhythmus« und »mandragora« aus: *Stoff der Piloten*, Aufbau Verlag, Berlin und Weimar 1988.
Lebt in Leipzig. Lyriker. Weitere Bücher: *Mit der Sanduhr am Gürtel* und *Die schamlose Vergeudung des Dunkels*, beide: Aufbau Verlag Berlin und Weimar, 1983 und 1985.

Buber, Martin (S. 223)
1878 – 1965. »Zuseiten mir« aus: *Nachlese*, 2. Aufl. 1966, S. 257, Verlag Lambert Schneider GmbH, Heidelberg.

Büchner, Georg (S. 261 ff.)
1813 – 1837. »Unter dem Fatalismus der Geschichte« und »Lenz. Ein Auszug«. Empfehlenswerte Ausgabe: *Werke und Briefe*, Deutscher Taschenbuch Verlag, München. Außerdem: *Georg Büchner/ der Katalog*, Stroemfeld/ Roter Stern, Basel/ Frankfurt 1987.

Celan, Paul (S. 215)
1920 – 1970. »Mit wechselndem Schlüssel«: © 1955 Deutsche Verlagsanstalt GmbH, Stuttgart.

Chotjewitz, Peter O. (S. 163 ff.)
*1934. »Römische Elegie« und »Tagung der Gruppe 47 Berlin 1965«: Originalbeiträge.
Geboren in Berlin-Schöneberg. 1948 bis 1950 Malerlehre, Gesellenprüfung. Ab 1955 Jurastudium, Staatsprüfung, später Zweitstudium (Publizistik, Philosophie, neue Geschichte). 1967 als Stipendiat der Villa Massimo nach Rom. 1973 Rückkehr

nach Nordhessen, seit 1982 wechselnde Aufenthalte: Hamburg, Florenz, Nordhessen, Köln.
Erste Buchveröffentlichung 1965; Hörspiele, zahlreiche Funkfeatures, seit Anfang der 70er Jahre auch zahlreiche Übersetzungen aus dem Italienischen. Zuletzt erschienen: *Saumlos*, Roman, Rowohlt Taschenbuchverlag 1980; *Mein Mann ist verhindert*, Novelle, Eremiten-Presse, Düsseldorf 1985; *Der Mord in Davos*, Historischer Bericht (mit Emil Ludwig), März Verlag 1986; *Tod durch Leere*, Romanstudien, Oberon Verlag 1986.

Droste-Hülshoff, Annette von (S. 257)
1797 – 1848. »Der Schwermütige«. Empfehlenswerte Ausgabe: *Sämtliche Werke*, Hrsg. von Günther Weydt und Winfried Woesler, Winkler Verlag, München 1978.

Ehrenstein, Albert (S. 226 ff.)
1886 – 1950. »Leid« und »Melancholie«: © The Jewish University, Jerusalem.

Eichendorff, Joseph von (S. 256)
1788 – 1857. »Wehmut«. Empfehlenswerte Ausgabe: *Neue Gesamtausgabe der Werke und Schriften*. Hrsg. von Gerhart Baumann in Verbindung mit Siegfried Grosse, Cotta Verlag, Stuttgart 1957.

Enigmatter, Josef Maria (S. 144 ff.)
*1945. »Zillis Zeit«: Originalbeitrag.
Freier Künstler, nach Studienaufenthalten in Rom, Palermo und St. Vito lo Capo (Sizilien) heute ansässig in Heldenbergen, bisher hervorgetreten durch graphische Mappenwerke (Radierung, Lithographie). Ästhetische Schriften: *Der archimedische Punkt als Loch*, Sagenswyl 1984; *Die Post geht ab*, Sagenswyl 1986; *Kunst kommt von Kennen*, Schweizerisches Jahrbuch f.d. aktive Heimatpflege, Jg. 112, S. 63- 84.

Erb, Ute (S. 114 ff.)
*1940. »Indischer Hanf« aus: Ute Erb: *Schulter an Schulter*, 75 Gedichte und Sprüche auf einen Griff, Edition Neue Wege, Berlin 1979. »Endzeiten« aus: Ute Erb: *Ein schöner Land: Gedichte*, Fietkau Verlag, Berlin 1976.
Geboren im Landkreis Bonn, 1949 – 1957 Emigration in die DDR, Rückkehr ins Rheinland, seit 1960 in Westberlin. Zwei Söhne. In der APO-Zeit Freisprüche in mehreren Prozessen, Abitur auf dem 2. Bildungsweg 1968. Abgebrochene Studien der Pädagogik, Philosophie und Arabistik. Arbeit als Composersetzerin und Korrektorin, darin seit 1978 freiberuflich, gelegentlich Sozialhilfe und Jobs. Weitere Veröffentlichung: *Die Kette an deinem Hals – Aufzeichnungen eines zornigen jungen Mädchens aus Mitteldeutschland*, Europäische Verlagsanstalt, Frankfurt/M. 1960.

Frei, Frederike (S. 62 ff.)
*1945, gestorben täglich. »Immer hab ich Lust auf alles« und »Der Unbekannte Bamberger Reitersoldat« sind Originalbeiträge.
»Abendleid« aus Frederike Frei: *Losgelebt*, Verlag Dölling und Galitz, Hamburg 1987.
VS-Mitglied, Bundesdichterin von eigenen Gnaden, Gründerin der Hamburger Literaturpost, heute Literaturlabor, Schreiben: Brot- + Wein-Beruf, Lieblingsbuch als Kind: »Wohin mit Fritzi«. Weitere Veröffentlichung: *Ich dich auch*, Eichborn-Verlag, Frankfurt 1986.

Fritz, Walter Helmut (S. 102 ff.)
*1929. »Degas« und »Tänzerin« aus: Walter Helmut Fritz, *Cornelias Traum und andere Aufzeichnungen*, © Hoffmann und Campe Verlag, Hamburg 1985.
Studium der Literatur und Philosophie in Heidelberg (1949 - 54). Mitgliedschaften: Akademie der Wissenschaften und der Literatur, Bayerische Akademie der Schönen Künste, Deutsche Akademie für Sprache und Dichtung, PEN. Lebt in Karlsruhe. Zuletzt erschienen: *Immer einfacher, immer schwieriger*, Gedichte, und *Zeit des Sehens*, Prosa/ Erzählungen, beide Hoffmann und Campe, Hamburg 1987 bzw. 1989.

Fühmann, Franz (S. 188 ff.)
1922 — 1984. »Die schwarzen Zimmer« aus: Franz Fühmann, *Gedichte und Nachdichtungen*, VEB Hinstorff Verlag, Rostock 1978.

Geerk, Frank (S. 93 ff.)
*1946. »Ode an die Trauer«: Originalbeitrag.
Geboren in Kiel, aufgewachsen bei Basel. Verschiedene Auszeichnungen. Zuletzt den »Welti-Preis« für das Theaterstück »Der Genetiker, fast eine Komödie«. Veröffentlichte zahlreiche Bücher, zuletzt einen Roman über die Widerstandsbewegung der nordamerikanischen Indianer: *Das Ende des grünen Traums*, von Loeper Verlag, Karlsruhe.

George, Stefan (S. 234 ff.)
1868 — 1933. »Juli-Schwermut« aus: Stefan George, *Die Lieder von Traum und Tod*, S. 211. »Kreuz der Straße« aus: Stefan George, *Der Siebente Ring*, S. 310. Stefan George, Werke, Ausgabe in zwei Bänden, Band 1, hrsg. v. Robert Boehringer, Klett-Cotta, 4. Aufl. Stuttgart 1984.

Goes, Albrecht (S. 190 ff.)
*1908. »Verschwendung (Frage und Antwort)« aus: Albrecht Goes, *Gedichte*, S. Fischer Verlag, Frankfurt/M. 1958.
Geboren im Pfarrhaus Langenbeutingen in Württemberg, Kindheit in Berlin und im Schwäbischen. In Tübingen und Berlin studierte er Theologie. Pfarrer in Württemberg. Seit 1953 freier Schriftsteller. Ehrendoktor der Theologie der Universität Mainz. 1979 zum Professor ernannt. Lyriker, Essayist, Erzähler. *Das Brandopfer; Das Löffelchen; Tagwerk; Mit Mozart und Möricke; Lichtschatten du*, alle bei S. Fischer Verlag, Frankfurt; *Noch und schon*, Radius-Verlag; *Der Knecht macht keinen Lärm*, Wittig Verlag.

Goethe, Johann Wolfgang, (S. 278 ff.)
1749 — 1832. »Trübsinn aus Schuldgefühl« aus: Wilhelm Meisters Lehrjahre, 7. Buch, 4. Kapitel. »Arbeitstherapie« aus: Wilhelm Meisters Lehrjahre, 5. Buch, 16. Kapitel. Empfehlenswerte Ausgabe: Werke, Hrsg. im Auftrag der Großherzogin Sophie von Sachsen, 133 Bände, Weimar 1887 — 1919 (Kassettenausgabe dtv, München 1987).

Goll, Yvan (S. 220 ff.)
1891 — 1950. »Unheilbare Melancholie des Steins« und »Des Dichters Tod«. Empfehlenswerte Ausgaben: *Dichtungen*, Luchterhand Verlag, Neuwied 1960; *Traumkraut*, Limes Verlag, Wiesbaden 1951; *Malaiische Liebeslieder*, Luchterhand 1967.

Grass, Günter (S. 133)
*1927. »Helene Migräne« aus: Günter Grass: *Die Gedichte*, Luchterhand Literaturverlag GmbH, Darmstadt.
Geboren in Danzig. Letzte Veröffentlichung: *Zunge zeigen*, Luchterhand Verlag, Darmstadt 1988.

Grüning, Uwe (S. 56 ff.)
*1942. »Der Gast«: Originalbeitrag.
In Pabianice geboren, 1960 – 1966 Studium der Fertigungstechnik, 1970 Promotion zum Dr.-Ing., 1975 – 1982 Ingenieur und Schullehrer. Seit 1982 freiberuflicher Schriftsteller; von 1977 – 1988 erschienen 9 Bücher (Lyrik, Erzählungen, Romane, Essays) im Union-Verlag, Berlin. Lebt in Reichenbach/DDR.

Gryphius, Andreas (S. 302)
1616 – 1664. »Menschliches Elende«. Empfehlenswerte Ausgabe: *Gesamtausgabe der deutschsprachigen Werke*. Hrsg. von Marian Szyrocki und Hugh Powell, Verlag Niemeyer, Tübingen 1963.

Guesmer, Carl (S. 134 ff.)
*1929. »Mein 58. Geburtstag«: Originalbeitrag.
»Umschau« aus: Carl Guesmer: *Auswahl. Gedichte 1949 – 1979*, Gotthold Müller Verlag, München 1979.
Carl Guesmer, geb. in Kirch Grambow (Mecklenburg). Lebt seit 1951 als Bibliothekar in Marburg (Lahn). Von 1954 bis 1985 neun Gedichtbände, u.a. *Von Minuten beschattet*, Limes Verlag, Wiesbaden 1957; *Dächerherbst*, Gotthold Müller Verlag, München 1970.

Hannsmann, Margarete (S. 52 ff.)
*1921. »Melancholie ist nicht häßlich«: Originalbeitrag.
Freie Schriftstellerin, lebt in Stuttgart. Geboren in Heidenheim/Württemberg. Schauspiel-Ausbildung, Fronttheater. Nach dem frühen Tod des Mannes mancherlei Tätigkeiten, die Kinder durchzubringen. Begann spät mit Schreiben. Inzwischen zahlreiche Gedichtbände und Autobiographisches. Präsidiums-Mitglied im PEN-Club, Vorstandsmitglied im VS Baden-Württemberg.
Zuletzt erschienen: *Landkarten*, Gedichte, 1980; *Spuren*, Gedichte, 1981; *Drachmentage*, Gedichte, 1986; *Pfauenschrei, Die Jahre mit HAP Grieshaber*, 1986; *Rabenflug*, Gedichte, 1987.

Haringer, Jakob (S. 230)
1898 – 1948. »Schwermut« aus: Jakob Haringer, *Das Schnarchen Gottes und andere Gedichte*, Hrsg. Jürgen Serke, © Carl Hanser Verlag, München Wien 1979.

Hausemer, Georges (S. 86 ff.)
*1957. »Der Pfau« aus: *Letzeburger Almanach 1989*, Editions Guy Binsfeld, Luxemburg 1988.
Georges Hausemer, in Differdingen (Luxemburg) geboren, lebt als Autor und Übersetzer in Esch/Alzette (Luxemburg). Mehrere Auszeichnungen beim Luxemburger »Concours littéraire Nationale«, 1988 Teilnahme am viermonatigen »International Writing Program« in Iowa City (USA), 1989 Stipendium des »Fonds Culturel Natio-

nal«; veröffentlichte mehrere Bücher, zuletzt: *Das Buch der Lügen*, Roman, Schneekluth Verlag, München 1985; *Milan 412*, Notizen und Berichte, Editions Guy Binsfeld, Luxemburg 1987.

Hausmann, Manfred (S. 187)
*1898. »Wald der Schwermut« aus: Manfred Hausmann, *Jahre des Lebens*, Neukirchener Verlag, Neukirchen-Vluyn 1974.

Hebbel, Friedrich (S. 252)
1813 – 1863. »Alle Wunden ...«. Empfehlenswerte Ausgabe: *Werke*. Hrsg. von Gerhard Fricke, Werner Keller und Karl Pörnbacher, Hanser Verlag, München 1965.

Heise, Hans-Jürgen (S. 140 ff.)
*1930. »Alltag« aus: Hans-Jürgen Heise, *Der Phantasie Segel setzen*, Gesammelte Gedichte, Verlag Kerle (Herder), Freiburg 1983. »Ich hatte ein Haus« aus: *Einhandsegler des Traums*, s.u..
Geboren in Bublitz/Pommern, lebt in Kiel, verheiratet mit Annemarie Zornack, der Co-Autorin des Reisebuchs *Der Macho und der Kampfhahn* (Neuer Malik-Verlag, Kiel 1987). Essayist und Literaturkritiker. Rund 20 Versbände, deren Extrakt enthalten ist in *Einhandsegler des Traums*, Gedichte, Prosagedichte und Selbstdarstellungen, Neuer Malik Verlag, Kiel 1989.

Herrmann-Neisse, Max (S. 236)
1886 – 1941. »Der Zauberkünstler« und »Türme in der großen Stadt« aus: *Werke*, © Zweitausendeins Versand Dienst GmbH, Frankfurt/Main.

Hesse, Hermann (S. 218 ff.)
1877 – 1962. »Im Nebel« und »An die Melancholie« aus: Hermann Hesse, *Die Gedichte*, Suhrkamp Verlag, Frankfurt/M. 1977.

Heym, Georg (S. 246)
1887 – 1912. »Hora mortis«. Empfehlenswerte Ausgabe: *Dichtungen und Schriften*. Gesamtausgabe. Hrsg. von Karl Ludwig Schneider, Ellermann Verlag, Hamburg/München 1964.

Hilscher, Eberhard (S. 118 ff.)
*1927. »Schwermut mit Schwingen« und »Laß alle Hoffnung schwinden«: Originalbeiträge.
Geb. in Schwiebus; Studium der Germanistik, Geographie und Pädagogik an der Humboldt-Universität Berlin; seit 1953 freiberuflich als Schriftsteller tätig. Bisher acht Buchpublikationen, u.a.: *Thomas Mann, Leben und Werk*, Volk und Wissen-Verlag, Berlin 1965 (BRD 1983); *Gerhart Hauptmann, Leben und Werk*, Verlag der Nation, Berlin 1969 (BRD 1988); *Der Morgenstern*, Roman, Verlag der Nation, Berlin 1976; *Die Weltzeituhr*, Roman einer Epoche, Buchverlag Der Morgen, Berlin 1983 (BRD 1985).

Hölderlin, Friedrich (S. 286)
1770 – 1843. »Hälfte des Lebens«. Empfehlenswerte Ausgabe: *Sämtliche Werke*,

Frankfurter Ausgabe, histor.-krit. Ausgabe hrsg. v. D. E. Sattler, Verlag Roter Stern, Frankfurt/Main.

Hohmann, Joachim S. (S. 9 ff.)
*1949. »Ein Kistchen voller Schwermut« und »Zur Einführung«: Originalbeiträge. Geboren in Hünfeld. Zunächst Redakteur (u.a. bei der »Frankfurter Rundschau«), dann nach dem Studium geistes- und sozialwissenschaftlicher Fächer Unterrichtstätigkeit an Schulen und Hochschulen. Lehrt Politikwissenschaft und Kulturanthropologie. Professor h.c., belletristische und wissenschaftliche Publikationen, zuletzt *Melancholia oder Die Rückkehr der Taschenuhren*. Ausgewählte Gedichte Band 1, Foerster Verlag, Frankfurt/Berlin 1988. Herausgeber der Schriftenreihen »Beiträge zur Geschichte des Deutschunterrichts« und der »Studien zur Tsiganologie und Folkloristik« (Verlag Peter Lang).

Horstmann, Ulrich (S. 104 ff.)
*1949. »Rückzugsgefecht für die Melancholie« aus: Der Spiegel 6/87, S. 202/203. Veröffentlichte u.a. die Streitschrift *Das Untier*, Suhrkamp Verlag, Frankfurt/M. 1985. Vielbeachtete Übersetzung von Robert Burtons *Anatomie der Melancholie*, Artemis Verlag, München 1988.

Huchel, Peter (S. 212 ff.)
1903 – 1981. »Elegie« aus: Peter Huchel, *Chausseen, Chausseen*, © S.Fischer Verlag GmbH, Frankfurt/M. 1963.

Jandl, Ernst (S. 157 ff.)
*1925. »kind und stein«, »selbstporträt 18. juli 1980«, »begebenheit«, »wie eltern zu land« und »so ein trost« aus: Ernst Jandl, *Gesammelte Werke* in drei Bänden, Luchterhand Literaturverlag, Darmstadt 1985.
Geboren in Wien. Studium der Germanistik und Anglistik. Promotion 1950. Langjährige Tätigkeit als Lehrer an allgemeinbildenden höheren Schulen. Lebt in Wien. Seit 1954 Freundschaft und Arbeitskontakt mit Friederike Mayröcker. Weitere Veröffentlichungen u.a.: *Laut und Luise*, Walter Verlag, Olten 1966; *Sprechblasen*, Luchterhand, Neuwied 1968; *der künstliche baum*, Luchterhand, Neuwied und Darmstadt 1970.

Jens, Walter (S. 120 ff.)
*1923. »Briefe des Schriftstellers A über seinen Plan, einen Melancholiker bzw. die Melancholie zu beschreiben.« aus: Walter Jens, *Der Mann, der nicht alt werden wollte*, © Droemer Knaur Verlag, München 1987.

Jöhling, Wolfgang (S. 68 ff.)
*1944. »Trennung« und »Wagnis«: Originalbeitrag.
»Chopin«: Erstveröffentlichung in der Wochenschrift *Sonntag* Nr. 22 vom 31. Mai 1970 (Berlin, DDR).
Geboren in Görlitz. Studium an den Universitäten Leipzig und Poznań. Diplomphilologe. Lebt seit 1974 in Polen. 1977 polnische Staatsbürgerschaft. Journalist, Übersetzer für Kunstverlage, Film, Bühne und Fernsehen. In den 70er Jahren Gedichtver-

öffentlichungen in den Anthologien *auswahl 70* und *auswahl 72* (Verlag Neues Leben Berlin, DDR), *Das Wort Mensch* (Mitteldeutscher Verlag Halle 1972). Publikationen auch in Polen.

Kästner, Erich (S. 216)
1899 – 1974. »Traurigkeit, die jeder kennt« aus: *Gesammelte Schriften für Erwachsene*, Atrium Verlag, Zürich 1969, © by Erich Kästner Erben, München.

Kant, Immanuel (S. 297 ff.)
1724 – 1804. »Von der Hypochondrie« aus: Streit der Fakultäten.
Empfohlene Ausgabe: *Werke*, hrsg. von Ernst Cassirer, 11 Bände, Berlin 1921 - 23.

Kaschnitz, Marie-Luise (S. 211)
1901 – 1974. »Gerontologie« aus: *Ein Wort weiter*, © Claassen Verlag GmbH, Hamburg 1965.

Keller, Gottfried (S. 258 ff.)
1819 – 1890. »Melancholie«. Empfehlenswerte Ausgabe: *Sämtliche Werke und ausgewählte Briefe*. Hrsg. von Clemens Heselhaus, Hanser Verlag, München 1958.

Kipphardt, Heiner (S. 210)
1922 – 1982. »Traumstenogramm«: Abdruck mit freundlicher Genehmigung von Pia Maria Kipphardt. Aus: *Angelsbrucker Notizen*, Gedichte, Autoren Edition München 1977.

Kirchner, Annerose (S. 116 ff.)
*1951. »Concerto lugubre« und »Invention«: Originalbeiträge.
Geboren in Leipzig, lebt in Gera. Arbeitet u.a. als Sekretärin in einer Zeitungsredaktion und als Tastomatensetzerin, gegenwärtig am Theater tätig. 1976 und 1979 Studium am Institut für Literatur »Johannes R. Becher«, Leipzig.
Zahlreiche Veröffentlichungen von Lyrik in Zeitschriften, Zeitungen und vor allem in Anthologien. 1979 erschien *Mittagsstein*, Gedichte, im Aufbau-Verlag Berlin.

Klemm, Wilhelm (S. 233)
1881 – 1968. »Melancholie« aus: Wilhelm Klemm, *Ich lag in fremder Stube*, Gesammelte Gedichte. Hrsg. von Hanns-Josef Ortheil, © Carl Hanser Verlag, München Wien 1981.

Kolbe, Uwe (S. 99)
*1957. »die not zu schreiben« aus: Uwe Kolbe *Hineingeboren*, Aufbau Verlag Berlin und Weimar 1982.
Geboren in Berlin/DDR; lebt dort als freiberuflicher Schriftsteller. Mehrere Gedichtbände, zuletzt *Bornholm II*, Aufbau Verlag Berlin und Weimar 1986.

Krolow, Karl (S. 186)
*1915. »Die Überwindung der Schwermut« aus: Karl Krolow, *Gesammelte Gedichte*, Band 1, Suhrkamp Verlag, Frankfurt/M. 1965.
Geboren in Hannover, lebt seit 1956 in Darmstadt. 1956 Georg-Büchner-Preis,

1965 Niedersächsischer Staatspreis, 1983 Hessischer Kulturpreis, 1987 Hölderlin-Preis; Ehrendoktorat der TH Darmstadt 1988. Poetik-Dozenturen in Frankfurt und München. Zahlreiche Lyrik- und Prosa-Veröffentlichungen. *Gesammelte Gedichte* erschienen 1965, 1975 und 1985 im Suhrkamp Verlag, Frankfurt/M.

Kunert, Günter (S. 61)
*1929. »Beim Lesen Lenaus« aus: Günter Kunert, *Warnung vor Spiegeln*, Gedichte, Carl Hanser Verlag, München Wien 1970.

Kunze, Reiner (S. 100 ff.)
*1933. »Elegie« aus: Reiner Kunze, *Sensible Wege*, © by Rowohlt Verlag GmbH, Reinbek 1969. »Alter grossstadtfriedhof« aus: Reiner Kunze, *Eines jeden einziges Leben*, S. Fischer Verlag GmbH, Frankfurt/M. 1986.

Lasker-Schüler, Else (S. 228 ff.)
1869 – 1945. »Weltschmerz« und »Weltende« aus: Sämtliche Gedichte. 4. Aufl. 1988, Kösel Verlag München.

Lenau, Nikolaus (S. 270 ff.)
1802 – 1850. »Herbstgefühl«, »Der Seelenkranke« und »Am Sarge eines Schwermütigen der sich selbst den Tod gegeben«. Empfehlenswerte Ausgabe: Sämtliche Werke und Briefe. Hrsg. von Eduard Castle, Insel Verlag, Leipzig 1910.

Lenz, Jakob Michael (S. 290 ff.)
1751 – 1792. »Der Gram« und »Auf einem einsamen Spaziergang«. Empfehlenswerte Ausgabe: *Gesammelte Werke in 4 Bänden*, hrsg. v. Richard Daunicht, München 1967 ff.

Loerke, Oskar (S. 231)
1884 – 1941. »Melancolia« aus: *Gedichte und Prosa*. Hrsg. von Peter Suhrkamp, Band 1, Suhrkamp Verlag, Frankfurt/M. 1958.

Marti, Kurt (S. 71)
*1921. »spät«: Originalbeitrag.
Pfarrer, Schriftsteller und Publizist in Bern. 1972 erhielt er den Johann-Peter-Hebel-Preis des Landes Baden-Württemberg und den Großen Literaturpreis des Kantons Bern. Trotz seiner politischen und theologischen Umstrittenheit hat ihn die Universität Bern zum Dr. h.c. ernannt. Gedichte von Kurt Marti wurden bisher in 14 Sprachen übersetzt.

Matthisson, Friedrich von (S. 287)
1761 – 1831. »Melancholie«. Empfehlenswerte Ausgabe: *Gedichte*, Hrsg. von G. Bölsing, Litterarischer Verein in Stuttgart, Tübingen 1913.

Mayröcker, Friederike (S. 130 ff.)
*1924. »Wesentliche Verwandlung« aus: *Gute Nacht, guten Morgen*, Gedichte 1978 – 1981, Suhrkamp Verlag, Frankfurt/M. 1982. »hörst du noch irgendwas« aus: *Ausgewählte Gedichte 1944 – 1978*, Suhrkamp Verlag, Frankfurt/M. 1979.

Meckel, Christoph (S. 84 ff.)
*1935. »Hymne« und »Am Fenster« aus: *Nebelhörner*, Gedichte, Deutsche Verlagsanstalt, Stuttgart 1959.
Geboren in Berlin, lebt dort und in Südfrankreich als Lyriker, Erzähler und Zeichner. Neuerscheinungen seit 1987: *berliner doodles*, Oberbaum Verlag; *Das Buch Jubal*, Eremiten-Presse; *Poetische Grabschriften*, Insel Verlag; *Anzahlung auf ein Glas Wasser*, Hanser Verlag; *Kirschbäume*, Keicher Verlag; *Pferdefuß*, Ravensburger Verlag.

Meidinger-Geise, Inge (S. 136 ff.)
*1923. »Halbdunkles Porträt«: Originalbeitrag.
Berlinerin, seit 1943 als freie Schriftstellerin in Erlangen. Mitglied des PEN, seit 1967 Vorsitzende der Europäischen Autorenvereinigung »Die Kogge e.V.«. Lyrik, Prosa, Essays, Herausgeberin von Anthologien. Kritikerin im In- und Ausland. Zahlreiche Auszeichnungen, darunter Kulturpreis der Stadt Erlangen 1972. Über fünfzig Buchveröffentlichungen. Letzte Titel: *Zwischenzeiten*, Lyrik, Delp-Verlag, München 1988; *Mauros Partner*, Erzählungen, Quell-Verlag, Stuttgart 1988.

Meier-Lenz, D.P. (S. 66 ff.)
*1930. »mondlose nacht« und »dornröschen«: Originalbeiträge.
Geboren in Magdeburg; studierte Germanistik, Soziologie, Politologie und Philosophie, Staatsexamen 1974 mit einer Arbeit über »Heinrich Heine – Wolf Biermann. Ein Werkvergleich«, (Bouvier 1977, 3. Aufl. 1985). Seit 1984 Schriftsteller, Redakteur, Herausgeber, lebt in Südfrankreich. Mitglied des internationalen PEN. Zahlreiche Veröffentlichungen, zuletzt: *Der Tatort ist in meinem Kopf*, Gedichte, Verlag Atelier im Bauernhaus, Fischerhude 1984; *Die fünfte Jahreszeit*, Gedichte, éditions trèves, Trier 1989.

Meyer, Conrad Ferdinand (S. 260)
1825 – 1898. »Il Pensieroso«. Empfehlenswerte Ausgabe: *Sämtliche Gedichte*, Reclam Verlag, Stuttgart 1978.

Morgenstern, Christian (S. 241 ff.)
1871 – 1914. »Vöglein Schwermut« und »Geier Schwermut«. Empfehlenswerte Ausgabe: *Gesammelte Gedichte in einem Band*. Hrsg. von Margarete Morgenstern, Piper Verlag, München 1968.

Moßmann, Manfred (S. 50)
*1955. »Definition«: Originalbeitrag.
Aufgewachsen im Hunsrücker Hochwald. Studium in Trier, Liverpool und Winnipeg/ Kanada. Lebt in Bremen und Niederzerf/ Hunsrück; zuletzt erschienen: *Aus dem Leben auf dem Lande*, Gedichte, éditions trèves, Trier 1987.

Mühsam, Erich (S. 238)
1878 – 1934. »Allein«: Abdruck mit freundlicher Genehmigung des Verlages Klaus Guhl, Berlin. Empfehlenswerte Ausgabe: *Wüste – Krater – Wolken*, Gedichte, Reprint bei Verlag Klaus Guhl, Berlin.

Nauschütz, Hans Joachim (S. 172 ff.)
*1940. »Ein Vergehen« aus: *Temperamente*, Blätter für junge Literatur, Verlag Neues Leben, Berlin 4/1982.
In Strasburg geboren. Studium Germanistik und Geschichte. Tätigkeit als Lehrer. Freiberuflicher Schriftsteller in Frankfurt/Oder. Lyrik, Prosa, Publizistik in Presse und Funk. *Urlaub in Sachen Familie* und *Die Unterbrechung*, Mitteldeutscher Verlag, Halle/Leipzig 1975 bzw. 1979; *Ein Sommer im Luch* und *Die Hinterlassenschaft*, Militärverlag der DDR, Berlin 1983 bzw. 1988.

Nick, Dagmar (S. 167)
*1926. »Melancholischer März« aus: Dagmar Nick, *Fluchtlinien*, Delp-Verlag, München 1978.
Geboren in Breslau. Lebt in München. Hörspiele, Radioessays, Sachbuch. Lyrik und Prosa in über 120 Anthologien des In- und Auslandes. Mehrere Literaturpreise, darunter Liliencron-Preis der Stadt Hamburg 1948, Eichendorff-Preis 1966, Roswitha-von-Gandersheim-Medaille 1977. Mitglied des PEN-Clubs. Veröffentlichungen: Sechs Gedichtbände, zuletzt: *Gezählte Tage*, Heiderhoff-Verlag, 1986; Prosa: *Götterinseln der Ägäis*, Langen-Müller Verlag, 1981; *Medea, ein Monolog*, Eremiten-Presse, Düsseldorf 1988.

Nietzsche, Friedrich Wilhelm (S. 247 ff.)
1844 – 1900. »An die Melancholie« und »Mitleid hin und her«. Empfehlenswerte Ausgabe: *Werke*. Kritische Gesamtausgabe. Hrsg. von Giorgio Colli und Mazzino Montinavi, de Gruyter Verlag, Berlin 1967 ff.

Novalis (S. 288 ff.)
1771 – 1801. »Der Himmel war umzogen« und »Elegie beim Grabe eines Jünglings«. Empfehlenswerte Ausgabe: *Schriften*. Hrsg. von Jakob Minor, 4 Bände, Jena 1923.

Pietraß, Richard (S. 177 ff.)
*1946. »Das Wrack« aus: Richard Pietraß, *Notausgang*, Aufbau-Verlag, Berlin und Weimar 1980; »Was mich im Leben hält« und »Klausur« aus: Richard Pietraß, *Freiheitsmuseum*, Aufbau-Verlag, Berlin und Weimar 1982.
Geboren in Lichtenstein (Sachsen); Metallhüttenwerker, Hilfspfleger, Armeedienst, 1968 – 1975 Studium der klinischen Psychologie und Forschungsstudium; 1975 bis 1979 Verlagslektor und Lyrikredakteur, seither freiberuflicher Schriftsteller. Weitere Veröffentlichungen: *Poesiealbum 82*, Verlag Neues Leben, Berlin/DDR 1974; *Spielball*, Aufbau-Verlag, Berlin und Weimar 1987.

Platen, August von (S. 274 ff.)
1796 – 1835. »Widerspruch des Lebens« (Aus den Sonetten). Empfehlenswerte Ausgabe: *Sämtliche Werke*. Historisch-kritische Ausgabe von Max Koch und Erich Petzet, Verlag Hesse und Becker, Leipzig 1910.

Poethen, Johannes (S. 2)
*1928. »und morgens aus dem spiegel ...« aus: *Auch diese Wörter*, Gedichte, Drumlin Verlag, 1985.
Geboren in Wickrath am Niederrhein. Schulzeit in Köln, Schwaben und Bayern. Nach dem Kriegsdienst Abitur in Köln. Studium der Germanistik in Tübingen. Zahl-

reiche Reisen, vor allem in und um Griechenland. Lebt als Rundfunkredakteur in Stuttgart. Mitglied des PEN, mehrere Auszeichnungen, zahlreiche Veröffentlichungen, u.a.: *Gedichte 1946 – 1971*, Claassen Verlag 1973; *Rattenfest im Jammertal*, Gedichte 1972 – 1975, Claassen Verlag; *Ach Erde du Alte*, Gedichte 1976 – 1980, Klett-Cotta 1981; *Wer hält mir die Himmelsleiter*, Gedichte 1981 – 1987, Braun 1988.

Rauchfuss, Hildegard Maria (S. 180 ff.)
*1918. »Aug in Auge« und »Bilanz«: Originalbeiträge.
»Widerspruch« aus: *Kopfbälle*, Mitteldeutscher Verlag, Halle/Leipzig, 3. Aufl. 1976.
Geboren in Breslau. Gesangsstudium. Im Krieg Bankangestellte. Seit 1947 in Leipzig, seit 1949 freischaffende Autorin. Mehrere hohe Auszeichnungen, darunter Nationalpreis und Vaterländischer Verdienstorden in Bronze. Romane, Fernsehspiele, Gedichte, Erzählungen, auch Lieder und Chansons z.B. für Gisela May und die Gruppe »City« (»Am Fenster«). Zuletzt erschienen: *Schlußstrich*, Roman, Mitteldeutscher Verlag, Halle/Leipzig 1986.

Rilke, Rainer Maria (S. 247)
1875 – 1926. »München, Mai 1919« aus: *Sämtliche Werke*, Insel Verlag, Frankfurt 1956.

Risse, Heinz (S. 192 ff.)
1898 – 1989. »Über das Melancholische in der Kunst« aus: *Familienfürsorge. Eine Erzählung/ Über das Melancholische in der Kunst. Ein Gespräch*, Merlin Verlag, Gifkendorf 1985.
Geboren in Düsseldorf. Wirtschaftsprüfer. Begann erst mit etwa 50 Jahren zu schreiben und war bis in die 60er Jahre einer der am meisten gelesenen deutschen Autoren. Viele seiner rund 30 Bücher wurden übersetzt und erschienen in zahlreichen Ländern, selbst in Ägypten und Japan. »Vielleicht auch wegen seiner manchen gar schon als militant erscheinenden Einstellung zu bestimmten Kritikern sowie zur Literaturkritik schlechthin« (Börsenblatt für den Deutschen Buchhandel) wurde es still um ihn. In den 80ern entdeckte ihn der Merlin Verlag wieder. Dort zuletzt erschienen: *Fiscalia Cariosa* (1986), *Das letzte Kapitel der Wahrheit* (1986) und *Es hätte anders ausgehen sollen* (1988), alle Merlin Verlag, Gifkendorf.

Rückert, Friedrich (S. 269)
1788 – 1866. »Müde«. Empfehlenswerte Ausgabe: *Werke in 6 Bänden*, hrsg. v. Conrad Beyer, Leipzig 1900.

Salis-Seewis, Johann Gaudenz von (S. 276)
1762 – 1834. »Abendwehmut«. Empfehlenswerte Ausgabe: *Gedichte*, Zürich 1794.

Schack, Ewald (S. 292 ff.)
1754 – 1801. »Verzweiflung« aus: *Über das menschliche Herz*, 3 Teile, Frankfurt 1789.

Schiller, Friedrich (S. 282 ff.)
1759 – 1805. »Resignation«. Empfehlenswerte Ausgabe: *Sämtliche Werke*, Büreau d. Dt. Classiker, Karlsruhe 1817 ff.

Schopenhauer, Arthur (S. 253 ff.)
1788 – 1860. »Melancholie in philosophischer Einsicht« aus: *Die Welt als Wille und Vorstellung*, 1. Band, 4. Buch; 2. Band, 3. Buch; 2. Band, 2. Buch.

Schütt, Peter (S. 166)
*1939. »Depression«: Originalbeitrag.
Geboren in einem Dorf an der Niederelbe. Lebt heute als freier Schriftsteller in Hamburg-Eppendorf. Schreibt vor allem Lyrik (zuletzt *Liebesgedichte*, Atelier im Bauernhaus, Fischerhude 1987), und literarische Reisereportagen über Vietnam, die Sowjetunion, die USA, Afrika und Iran (*... wenn fern hinter der Türkei die Völker aufeinander schlagen*, Weltkreis-Verlag, Köln 1987).

Schützbach, Rupert (S. 176)
*1933. »Impromptu«: Originalbeitrag.
In Hals bei Passau geboren, in Passau als Zollbeamter tätig. Erhielt mehrere literarische Auszeichnungen; zahlreiche Buchveröffentlichungen, u.a. *Marktbericht*, Gedichte, Delp-Verlag, München 1970; *Nachschläge und andere Epigramme*, Delp-Verlag, München 1978; *Kopfkonfekt*, Aphorismen, Lippmann, Passau 1983; *Glückssachen und andere Epigramme*, Delp-Verlag, München 1985; *Tage, geschrumpft wie getrocknete Pflaumen*, Gedichte, Edition Toni Pongratz, Hauzenberg 1987.

Strittmatter, Eva (S. 142 ff.)
*1930. »Nach einem Schmerz« aus: *Zwiegespräch*, Aufbau Verlag Berlin und Weimar, 1987. »Trauer nach Süden«: dto.
Geboren in Neuruppin. Zahlreiche Publikationen, u.a. *Mondschnee liegt auf den Wiesen*, 6. Aufl. 84; *Mai in Pistany*, 1986.

Tieck, Ludwig (S. 277)
1773 – 1853. »Trauer«. Empfehlenswerte Ausgabe: *Gedichte*, Dresden 1821 – 1823.

Trakl, Georg (S. 244 ff.)
1887 – 1914. »Melancholia« und »In ein altes Stammbuch«. Empfehlenswerte Ausgabe: *Dichtungen und Briefe*. Historisch-kritische Ausgabe von Walther Killy und Hans Szklenar, Verlag Otto Müller, Salzburg, 2. Aufl. 1987.

Tscherning, Andreas (S. 299 ff.)
1611 – 1659. »Melancholey redet selber«. Empfehlenswerte Ausgabe: *Vortrab des Sommers Deutscher Getichte von Andreas Tscherningen*, Keyl Verlag, Rostock 1655.

Vesper, Guntram (S. 80)
*1941. »Licht in das Leben« aus: Guntram Vesper, *Die Inseln im Landmeer*, Pfaffenweiler Presse, Pfaffenweiler 1982.
In Frohburg bei Leipzig geboren. 1957 in die Bundesrepublik. Lebt als Schriftsteller und Privatgelehrter in Göttingen. Peter-Huchel-Preis 1985, Prix Italia 1987. Mitglied der Deutschen Akademie für Sprache und Dichtung. Zahlreiche Hörspiele und Radioessays. Zahlreiche Bücher, fünf davon als Fischer-Taschenbücher.

Werfel, Franz (S. 232)
1890 – 1945. »Fünf Uhr nachmittags Traurigkeit« aus: Franz Werfel, *Das lyrische Werk*, © S. Fischer Verlag GmbH, Frankfurt/M.

Zahl, Peter-Paul (S. 168 ff.)
*1944. »Bürgerliche Laster« aus: *Aber nein, sagte Bakunin und lachte laut*, Gedichte, Rotbuch Verlag, Berlin 1983.
9 Jahre in der DDR, 10 Jahre im Knast, 15 Jahre in Westberlin, 12 Jahre in der BRD verbracht, lebt heute auf Jamaica. Er ist verheiratet, hat 5 Kinder und arbeitet an Lyrik, Prosa und neuen Theaterstücken und führt Regie bei den Portland Comedians, Jamaica. Letzte Veröffentlichungen: *Die Glücklichen*, Roman, Berlin 1979/Reinbek 1986; *Alle Türen offen*, Gedichte, Berlin 1978; *Johann Georg Elser*, Hörspiel, 1982; *Fritz, a German Hero*, Theaterstück, 1988.

Zornack, Annemarie (S. 96 ff.)
*1932. »Selbstmord aus Versehen«: Originalbeitrag.
»Burgenland« aus: Annemarie Zornack, *kußhand*, Eremiten-Presse, Düsseldorf 1987. »Heute« aus: Annemarie Zornack, *stolperherz*, Eremiten-Presse, Düsseldorf 1988.
Geboren in Aschersleben am Harz, Schulzeit in Magdeburg, lebt heute in Kiel. 1979 Preis der Friedrich-Hebbel-Stiftung. Nach einer Reihe von Lyrikbänden, die seit 1968 kontinuierlich erschienen sind, zog sie ein erstes Fazit ihres Schaffens in dem o.a. Band *stolperherz*.

Zweig, Stefan (S. 240)
1881 – 1942. »Abendtrauer« aus: *Ausgewählte Gedichte*, Insel Verlag, Leipzig o.J..
Mit freundlicher Genehmigung des S. Fischer Verlags, Frankfurt/M..

trèves & crime

Die Kriminalromane der Reihe »trèves & crime« sind keine Dutzendware, sondern Literatur. Entsprechend die Aufmachung: schöne Ausstattung, Hardcover, Lesebändchen. Die Autoren und Autorinnen sind Entdeckungen des englischen und amerikanischen Sprachraums.
Eine Auswahl aus dem Programm:

Gordon DeMarco: Ein verdammt heißer Oktober
ISBN 3-88081-151-2, 19,80 DM, 3. Aufl.
»Das Erstlingswerk des jungen US-Autors brilliert durch seine schnoddrig-perfekte Sprache, seine gut recherchierte Atmosphäre und gelungene Darsteller. Ein Actionkrimi der gehobenen Klasse, der an die ›Schwarze Serie‹ jener Zeit erinnert. – Vorzügliche Unterhaltung.« (Jürgen Seefeldt, EKZ-Infodienst)

Gordon DeMarco: Friso Blues
ISBN 3-88081-205-5, 19,80 DM, 2. Aufl.
Der neue Roman mit DeMarcos Privatschnüffler Riley Kovachs, der im San Francisco des Jahres 1947 mit Rassendiskriminierung und den Machenschaften zwischen Polizei, Politikern und Wirtschaft zu tun hat.

Jeremy Pikser: Schnee auf N.J.
ISBN 3-88081-171-7, 19,80 DM, 2. Aufl.
»Pikser ist sehr gut, schlagfertig und witzig, mit einer fast chandlerischen Würze in seinem Stil.« (Maj Sjöwall).

Nick Vanderfort: Nie wieder Grünlilien
ISBN 3-88081-208-X, 19,80 DM, 2. Aufl. i.V.
In atemberaubendem Tempo jagt Ernst Guell, arbeitsloses Überbleibsel der Studentenbewegung, Ende der 80er Jahre bei seinen Ermittlungen kreuz und quer durch die Bundesrepublik, die DDR, England und Schottland. Um den Tod eines Freundes zu klären, sucht er die Ex-Genossen aus alten Tagen auf, wobei er auf arrivierte Existenzen, grüne Lehrer, kleinkriminelle Nietzsche-Fans und Kleinbürger in der DDR trifft. Und auf eine Leiche.

Judith Cook: Der Dreck aber bleibt
ISBN 3-88081-172-5, 19,80 DM, 2. Aufl.
»Cooks beklemmender, spannender Roman basiert auf zwei tatsächlichen Giftgasunfällen in den 40er und 60er Jahren und stellt Machtmißbrauch, Korruption, politische Intrige und Zensur bloß. (...) ein Fall von Überheblichkeit und Fahrlässigkeit mit gefährlichen Waffen und von Einschränkung der Informationsfreiheit ... – Ein empfehlenswerter aktueller Roman.« (Jürgen Seefeldt, EKZ-Infodienst)
»Intelligentes, alarmierendes Debüt.« (Sunday Times)

trèves literatur

In einer mit der des Ihnen hier vorliegenden Bandes vergleichbaren Ausstattung finden Sie in der Reihe »trèves literatur« folgende Ausgaben:

Elisabeth Alexander: Im Korridor geht der Mond
Gedichte. ISBN 3-88081-264-0, DM 19,80

Elisabeth Alexander: Damengeschichten
Erzählungen. ISBN 3-88081-255-1, DM 19,80

Elisabeth Alexander: Sie hätte ihre Kinder töten sollen
Roman. ISBN 3-88081-260-8, DM 28,00

Elisabeth Alexander: Die törichte Jungfrau
Roman. ISBN 3-88081-259-4, DM 36,00

D.P. Meier-Lenz: Die fünfte Jahreszeit
Gedichte. ISBN 3-88081-274-8, DM 19,80

Manfred Moßmann: Aus dem Leben auf dem Lande
Gedichte. ISBN 3-88081-194-6, DM 19,80

Unsere Bücher bekommen Sie im Buchhandel.
Da wir hier nur wenige Bücher vorstellen können,
senden wir Ihnen gerne unseren ausführlichen Prospekt.
Bitte anfordern bei:
éditions trèves, Postfach 1550, D - 5500 Trier 1.

Christel Hildebrandt (Hrsg.)
Liebes- und andere Erklärungen. Texte von und über DDR-Autorinnen
ISBN 3-923261-18-7, DM 18,80

In den 70er Jahren machten Frauen in der Literatur massiv auf sich aufmerksam. Auch in der DDR meldeten sich schreibende Frauen in großer Zahl und mit für viele unerwarteter Kraft zu Wort. Bücher wie »Nachdenken über Christa T.«, »Guten Morgen, du Schöne« oder »Troubadora Beatriz« erregten Aufsehen in Ost wie in West. Was hat sich seitdem getan – wie sieht die Literatur von DDR-Autorinnen in den 80er Jahren aus?
Unterschiedliche Autorinnen stellen sich hier durch Texte vor, die sie für diesen Band selbst ausgewählt haben – Autorinnen wie Helga Schubert, Waldtraut Lewin und Charlotte Worgitzky, deren Werke anerkannt und vielgelesen sind, und andere, die es, besonders in der BRD, oft erst zu entdecken gilt. Ergänzt wird dieser Einblick durch Beiträge westdeutscher Literaturwissenschaftlerinnen, die Hintergrundinformationen geben und generelle Linien aufzeigen.
Ein breites Spektrum: Erzählungen stehen neben Essays, Interviews und Fachartikeln. Die Herausgeberin Christel Hildebrandt ist Literaturwissenschaftlerin und befaßt sich seit vielen Jahren speziell mit der Literatur von DDR-Autorinnen.

Roswitha Iasevoli:
Meine Sommer in Italien.
ISBN 3-923261-22-5, DM 19,80

Roswitha Iasevoli verbrachte Mitte der 60er Jahre zum ersten Mal ihren Urlaub in Süditalien. Ihr Mann, ein waschechter Neapolitaner, brachte sie heim zu seiner Mama. Und die Mama musterte mit kritischem Auge die neue Schwiegertochter: sie wurde bestaunt und begutachtet, bevormundet und belehrt – wie das eben so ist, wenn frau in eine italienische Familie einheiratet. Sie wird der ganzen Verwandschaft und Bekanntschaft vorgeführt, geküßt und getätschelt, an breite Busen gedrückt und – obwohl doch so anders – auf echt italienische Art akzeptiert.
Aus allernächster Nähe schildert Roswitha Iasevoli Einblicke in das (süd)italienische Familienleben, das fest in Frauenhand ist; mit Menschen, die mal lustig, mal traurig sind, moralisierend oder äußerst freizügig, immer ein bißchen bigott, die aber auf jeden Fall soviel Herzlichkeit und Wärme ausstrahlen, wie sie uns schon längst abhanden gekommen sind. Die Figuren, denen wir begegnen, sind real – obwohl sie manchmal haargenau denen gleichen, die wir aus der Literatur (z.B. den Don Camillo-Büchern) kennen. Alle unsere Vorurteile über Süditalien finden wir bestätigt, aber Roswitha Iasevolis amüsanter Umgang mit ihnen zeigt, daß unsere Sicht bestimmt nicht immer die richtige ist.

verlag kleine schritte
Postfach 3903 – D-5500 Trier